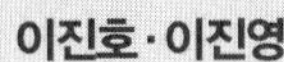

이진호·이진영

글쓰기와 생활

솔문
SOLMUN

글쓰기 교육의 당위성을 제기하며

대학의 글쓰기 교육은 인간과 사회에 대한 이해와 윤리적 태도를 기르고, 적극적인 사회 참여를 가능하게 하는 기술과 능력을 배양하는 과정이다. 동시에 효과적인 학문적 경험에 필수적인 기본 학습 능력을 개발하는 것을 목표로 한다. 합리적인 지성을 훈련하고 실용적 지식을 습득하는 과정인 셈이다. 그러나 그러한 의의에도 불구하고 대학의 글쓰기 교육은 들러리 정도에 머물러 있는 것이 사실이다. 특히 인문학의 위기 담론과 더불어 대학의 국어 교육은 상당수 축소되거나 심지어는 폐지되는 경우까지 본다. 이는 실용성 위주의 사고가 만연하고, 더불어 무엇이 인간의 '유용성'을 계발시키는 데 위력적인지 모르는 데서 연유한 것이다.

대학의 국어 교육은 대학 이전 교육기관에서의 국어 교육과 차별된다. 입시 위주의 기존 잣대로 현재의 교육을 재단할 수는 없는 노릇이다. 그리고 변화하는 사회에 대처할 만한 기본적인 힘과 지혜를 습득하는 과정이라는 점에서 큰 차별성이 존재한다. 즉 대학의 국어 교육은 '인간학'이다. 쓰기와 말하기 그리고 문학을 비롯한 문화 전반에 걸친 이해를 토대로, 인간에 대한 이해와 나아가 사회에 대한 인식을 확장시키고 자기 정체성을 찾아나가는 과정이다. 결국 유동적인 교환가치가 아닌 인간의 고유한 정체성을 확대하는 사용가치를 제고하는 것이다.

위기가 닥쳤을 때는 항상 기본으로부터 다시 시작하라는 말이 있다. 현대 사회의 위기의식은 어쩌면 소통의 부재에서 비롯된 것일 수 있다. 그렇다면 소통의 기본이 되는 쓰기와 말하기를 교육하는 것은 현대의 위기를 타개할 대안이 아닌가. 이 책을 편하면서 가장 중점을 둔 부분은 이와 관련한다. 원활한 소통을 목표로 하는 것, 즉 개인과 개인, 개인과 집단 그리고 집단과 집단과의 '길

트기'가 목표인 셈이다. 더불어 개인이 사회의 흐름과 대화할 수 있는 기회도 마련한 것이다.

그리고 이 책을 엮는 과정 내내 머릿속을 떠나지 않는 것은, 그렇다면 과연 그러한 목표와 변화하는 사회 그리고 수용자인 학생의 욕망을 충족시킬 만한 교재가 있었는가 하는 점이다. 이는 일종의 자기 반성으로, 인문학의 위기와 관련한 유용성 압박의 전범으로서의 책임에서 자유로울 수 없었다는 것이다. 따라서 일종의 소명의식만이 교육의 질적인 향상과 스스로의 죄를 모면할 수 있는 길이라 생각했다.

이에 이 교재는 다음과 같은 특징으로 구성하였다.

먼저 이 교재는 처음부터 끝까지 수용자들의 현실 적합성과 흥미성을 제고하는 데 중점을 두었다. 말하기와 쓰기 등의 기본 교육부터 학생들 스스로가 사회에 산재에 있는 정보를 활용할 수 있는 능력을 기르는 실습 중심의 교재를 의도하였다. 다양한 제재와 자료를 제시함으로써 주체적으로 대상을 인식하고 행동하게 만드는 것이다. 또 하나는 학생들의 문화적인 욕망을 충족시켜 주는 데 주력하였다. 현대의 시와 (단편)영화와 회화를 통해 시대의 고민을 공유하여 일상에서 접하는 문화에 대한 분석력을 기르는 고도의 사고력 배양까지 목표로 한 것이다. 이는 철저하게 수용자 중심의 교육을 시행하겠다는 의지의 다른 표현임은 두 말의 여지가 없다.

그럼에도 이 교재에서 아쉬움이 남는 것은 우리의 욕심이 과했거나, 의도와 실제의 간극을 채우지 못하는 능력의 한계라고 인정하지 않을 수 없다. 그래도 이 교재가 아무쪼록 다양한 용도로 쓰였으면 하는 바람을 떨치지 못하는 것이 편자의 솔직한 심정이다.

2011. 1.

이진호 · 이진영

차 례

제1장 글쓰기의 기반 다지기

1. 글쓰기가 왜 중요한가
2. 글쓰기의 기초체력

제1장 글쓰기의 기반 다지기

1. 글쓰기가 왜 중요한가

고등학생들의 대학진학률이 85%를 상회하는 시대를 살아가는 우리에게 '대학입학=경쟁력 확보'라는 등식은 이제 먼 나라의 이야기가 되었다. 대학이 보편적인 고등교육기관이 되어버린 현실에서 대학을 통한다고 지성인 혹은 전문직업인으로 인정해주던 것도 다 옛말이 되었다. 대학 졸업장만 가지면 평생 고용 안정을 보장받던 호시절도 이제 더 이상 우리 곁에 머물지 않는다. 그러한 조건의 변화 속에서 이제 자기 스스로가 지성을 갖추기 위해, 전문직업인으로서 고용 안정을 확보하기 위해 노력해야 한다. 이는 곧 대학에서 치열하게 연구하고 스스로의 경쟁력을 확보해야만 '88만원'세대라는 어두운 현실에서 어느 정도 자유로울 수 있다는 것이다.

그렇다면 그것과 대학의 글쓰기가 무슨 상관이 있는가를 먼저 살펴야 하겠다. 대학에서 우리는 글쓰기를 통하여 생각하고 표현하며 학문적, 정신적으로 성장한다. 우리에게 글쓰기는 지적인 창조행위일 뿐 아니라, 대학 안팎의 모든 일상과 교과에서 생활 그 자체가 된 것이다.

20년간 미국 대학의 교과과정에서 눈에 띄는 변화는 글쓰기 강좌의 증가라고 할 수 있다. 논문 쓰는 법을 가르치는 논술 강좌는 대개의 대학에서 필수 과목이

> 되었고, 문예창작 강좌에도 갈수록 많은 수강생이 몰린다. 텍스트를 정확하게 읽고 요약하는 능력, 그에 대한 자신의 생각을 논리적이고 명료하게 표현하는 훈련은 학자가 아니더라도 교양인이 되려면 반드시 필요한 일이다. 중요한 직책을 맡으려는 사람에겐 필수적인 자질이기도 하다. 자연과학 전공자라고 해서 예외는 아니다. 자연과학자의 일과에서도 30% 이상의 시간은 글쓰기에 사용된다는 연구조사 결과가 있다. MIT에서 글쓰기 강좌가 필수가 된 것은 자연스러운 일이다.
>
> — 이영준의 「미국의 글쓰기 교육」 중

대학에서 글쓰기 능력의 필요성은 크게 실용성과 창의성으로 나누어 살펴볼 수 있다. 먼저 실용성의 측면인데, 이는 대학 내의 수학능력과 사회 경쟁력 확보의 두 가지 면에서 필요하다.

첫째, 글쓰기 능력이 대학 내에서는 대학의 수학내용을 체계적으로 이해하고 논리적으로 표현하기 위해 필요하다. 모든 교과목에서 우리는 학습 내용을 글 혹은 말로 표현한다. 자신의 탐구내용과 그를 기반으로 한 자신만의 창의성 있는 견해를 표현할 때, 글쓰기를 반드시 전제로 한다. 어떤 내용에 대해 아무리 체계적으로 이해하고 있어도 이를 합리적 논리적으로 표현할 수 없으면 무용지물이 되는 것이다. 정당하게 표현되지 않은 것을 제대로 평가하거나 측정할 수는 도저히 없기 때문이다.

둘째로 여러 가치가 공존하는 다원화된 사회에서 다양한 형태의 글쓰기 능력은 결국 우리들의 경쟁력으로 이어질 수밖에 없다. 수직적 위계에서 수평적 계발의 시대를 맞이하고 있는 혼합잡종의 시대에서 자기표현 능력을 기르고 타자와 소통하는 방법을 아는 것이 점입가경의 무한경쟁시대, 적자생존의 무자비한 시대를 창의적으로 개척하는 토대로 작용할 것이기 때문이다. 무엇보다 현 기업들이 요구하는 인재상 역시 창의성, 커뮤니케이션 능력, 인성(품성) 등 주로 대학과정에서 역점을 두고 키워야 할 탄탄한 기본기를 강조하고 있다는 점을 참고할 필요가 있겠다. 그 기본기의 대부분을 향상시킬 수 있는 길은 글쓰기를 통해서 배양될 수 있는 것이다.

다음으로는 창의성의 측면이다. 프랑스의 레지스 드브레는 역사를 세 단계로 구분하는데, 문자가 생긴 이후인 로고스스페르의 시대와 인쇄술이 생긴 이후인 그라포스페르의 시대, 시청각기기가 생긴 이후인 비디오스페르의 시대가 그것이다. 이 역사 구분에서 특히 주목해야 할 점은 비디오스페르 시대의 특징 중 하나가 미디어가 현실성을 대신하며 이미지가 사건을 통제한다는 점이다. 감각적인 동영상의 이미지가 우리의 시선을 장악함으로써 사유의 틈을 용납하지 않는다. 컴퓨터 디지털 기술은 이러한 이미지 지배상황을 더욱 강화하여 우리의 글쓰기 능력, 발표 능력, 기억 능력, 계산 능력, 그림그리기 능력 등을 빼앗고 있다. 이러한 상황에서 우리는 글쓰기 교육을 통하여 보편적 사고를 형상화하고 섬세한 감각과 느낌을 표현할 수 있는 문자생활을 회복할 필요가 있는 것이다. 현재 우리는 이미 다른 사람이 생각한 것 혹은 표현한 것을 늘 되풀이하고 있다. 그러한 반복적 되풀이를 통해서는 기껏 다른 사람과 비슷한 사람이 되기는 하겠지만, 결코 그 사람을 추월할 수는 없다. 언제까지 다른 사람을 따라가기만 할 것인가. 나의 삶과 사회를 주도하기 위해서는 다른 사람과 차별되는 나만의 독창적인 사고와 표현으로 무장해야 한다. 이를 통해 자신의 영구적인 경쟁력을 확보해야 하는 것이다.

  이와 같이 우리 대학생들은 대학과정을 효율적으로 이수하고 사회에서 경쟁력 있는 인재로 거듭나기 위해서는 창의성과 실용성이라는 균형감각을 갖는 것이 제일 중요하다고 판단한다. 이는 다시 말해 깊이 있는 사유를 바탕으로 한 문제해결 능력과 세밀한 기술이 필요한 전문화된 실무능력이라고 말할 수 있겠는데, 그 능력은 바로 글쓰기 교육을 통해 효과적으로 견인할 수 있다.

  대학생이 되면 더 이상 글쓰기를 안 해도 될 것이라 생각하기 쉽지만, 우리의 경험을 돌아보면 결코 그렇지 않다. 오히려 대학생활에 제대로 적응하기까지 글쓰기와 관련하여 겪는 어려움이 크고, 그 어려움은 피해갈 수도 없다.
  우리가 대학에서 경험하는 글쓰기는 매우 다양하다. 책을 읽은 후 서평을 쓰고, 영화와 연극을 보고 나서는 감상문과 비평문을 쓴다. 답사를 다녀온 후 답사 보고서를, 설문과 인터뷰를 토대로 탐방기를 쓰기도 한다. 시험 때마다 답안 작성을 해야 하는 것도 중요한 글쓰기의 하나가 되었으며, 과목마다 부과되는 다양한 주제의 리포트를 써야 되는 경우는 보다 더 흔하다. 자기소개서나 편지, 일기 쓰기도 빼놓을 수 없다.

대학에서 우리는 숱한 글쓰기를 통해 체험과 지식을 정리하고, 생각하고 표현하고 학문하며 성장한다. 그러니 우리에게 글쓰기는 지적인 창조행위일 뿐 아니라 생활 그 자체이며, 글을 쓰는 능력은 곧 생존능력이나 마찬가지에게 된다.
- 최규수의 『대학에서 글쓰기를 어떻게 할 것인가』

특히 글쓰기는 우리사회에서 다양한 영역의 의미와 기능을 지닌다. 먼저 글쓰기는 의사소통행위로서의 의미를 지닌다. 특히 정보화 사회에서는 자신이 가진 정보를 타인에게 보다 정확하고 효과적으로 전달하는 능력이 중시되므로, 글쓰기 능력이 개인을 평가하는 하나의 척도로서 기능한다. 둘째, 사고력을 증진시키는 기능을 한다. 글을 쓸 때 필자는 머릿속에 들어 있는 경험들을 체계적으로 조직화하는 일종의 고등사고 과정을 겪게 된다. 즉, 글쓰기 활동은 글 쓰는 사람들로 하여금 사물들 사이의 관계를 바르게 인식하게 하고, 사물들에 대한 이해를 깊게 하며, 여러 가지 다양한 경험들에 대해서 질서를 부여하는 능력을 길러 준다는 것이다. 셋째, 의사결정능력을 길러 주는 역할을 한다. 글쓰기 과정에서 필자는 자신이 표현하고자 하는 내용과 목적이 무엇인지를 결정하고, 그것을 효과적으로 전달하여 예상 독자가 쉽게 이해할 수 있도록 하기 위해 글의 구성과 표현 방법을 검토하고 결정해야 한다. 이처럼 글쓰기에서는 복잡하고 정교한 의사결정과정을 거치게 된다. 마지막으로는 긍정적인 정서를 강화해 주는 역할을 한다. 우리의 모든 경험에는 정서가 뒤따르며, 그러한 정서는 문자언어를 통해서 보다 명료하게 드러날 수 있다. 또한 글쓰기 활동을 통해 사람들은 주위 환경에 대하여 보다 적극적인 흥미와 관심을 가지게 되는 것이다.

2. 글쓰기의 기초체력

1) 글쓰기의 시작 – 좋은 문장이란 무엇인가

좋은 문장이란 무엇인가? 무엇보다 먼저 좋은 문장은 정상적인 문장, 문법에 맞는 문장이어야 할 것이다. 그러나 한국어가 모국어라고 하여 우리가 모두 우리말에 대한 완벽한 구사 능력을 가지고 있는가. 우리는 한국어 문법을 다 습득하고 있는가. 그리하여 실수가 아니고서는 문법에 맞지 않는 문장을 쓰는 일이 없는가. 그렇지 않다는 것을 우리는 우리 주변을 살펴보면 곧 알 수 있다. 대학생 수준의 글에서도 문법적으로 틀렸거나 부적절한 문장이 드물지 않게 발견되는 것이다. 뒤에서 많은 비문법적 문장을 검토하겠지만, 그것들은 모두 대학생이나 그 이상의 학력을 가진 사람들의 글에서 뽑은 것들이다. 이 수준의 사람들이 가진 국어의 구사 능력은 매우 고도의 것이지만, 그들이 쓴 글이 아직도 어느 한 구석에 정밀화(精密化)되지 못한 일면을 가지고 있다는 것을 그 예들이 증명하고 있다.

글을 쓸 때, 문법은 '최소한(最小限) 지켜야 할 그 무엇'이라고 할 수 있다. 우리 주위에는 '문법쯤은'하면서 문법을 우습게 아는 경향이 없지 않다. 그러나 정말 좋은 문장이란 문법에 충실하면서도 좋은 문장이지, 문법을 초월함으로써 더 좋아지는 문장이란 결코 없다. 그것이 우리가 좋은 문장, 좋은 글을 쓰기 위해서는 문법에 맞는 문장, 정확한 문장을 쓰는 훈련부터 해야 하는 이유이다.

더불어 글쓰기를 필자와 독자 간의 의사소통 과정이라 할 때, 문장이 문법적으로 맞아서 독자들이 해독하는 데 어려움이 없어야 하고, 또 표현이 명료하고 정확하여 여러 다른 의미로 해석될 여지가 없어야 하는 것이다. 만약 어떤 문장을 읽고 바로 그 의미를 해독해 낼 수 없거나 생각해 낼 수 있는 의미가 여러 개라면, 그것은 일차적으로 필자의 책임이다. 독자를 이해시킬 만한 표현을 찾고, 필자가 말하고자 하는 바가 문장에 정확히 표현되고 있는지를 매번 확인하는 것은 전적으로 필자의 몫이다.

2) 말과 글, 그 간극

우리는 흔히 '말하듯이 글을 쓰라'는 말을 듣게 되지만 실제로 어떤 사실을 말로 하는 것과 글로 쓰는 것 사이에는 크나큰 차이가 있음을 실감하게 된다. 말로 할 때는 경우에 따라 비문법적인 문장이나 적절하지 않은 단어 혹은 잘못된 의미가 쓰인다 하더라도 그것을 곧 수정하거나 다른 말로 바꿈으로써 청자(聽者)를 쉽게 이해시킬 수 있다. 그러나 글로 쓸 때에는 그런 것이 용납되지 않는다.

일반적인 대화에서는 화자가 언어 외적으로 나타내는 표정이나 몸짓 등으로 말의 부족한 내용을 어느 정도 보충해 주어 청자를 이해시키는 데 크게 도움이 된다. 그런데 글을 쓸 때는 그러한 언어 외적인 모든 사항이 배제될 수밖에 없다. 작자의 표정이나 몸짓 등을 글 속에 나타낼 수가 없기 때문이다. 따라서 글 쓰는 사람이 나타내고자 하는 모든 내용은 글 속에서만 찾아볼 수밖에 없고 독자는 이것을 토대로 글의 내용을 이해해야만 한다. 그럼에도 불구하고 문장이 문법에 맞지 않는다든지 혹은 단어나 어미가 잘못 쓰였다든지 한다면 우리는 그 글의 내용을 이해할 수 없게 된다. 따라서 '말하듯이 글을 쓰라'는 말은 '내용이 쉽고 평이해서 누구나 읽으면 곧 그 내용을 올바르게 이해할 수 있도록 글을 쓰라'는 의미이지 실제로 우리가 대화에서 사용하는 비문법적인 문장이나 적절하지 않은 단어 사용을 묵인해도 좋다는 의미는 아니다.

글을 쓸 때 문장 하나 하나가 문법적으로 정확한 문장, 논리적으로 명확한 문장이어야 함을 강조하게 되는 것은 이와 같이 어떤 사실을 말로 할 때와 글로 쓸 때 상황이 매우 다르다는 데 그 큰 이유가 있다.

3) 정확한 문장이 가지는 힘

우리는 좋은 글이란 한 문장 한 문장이 문법적으로 정확한 문장이어야 한다는 점을 강조했다. 여기서는 우리가 글을 쓸 때 흔히 저지르게 되는 문법적인 오류가 무엇이며, 그것을 어떻게 극복할 수 있는지를 국어의 문장구조에 따라 몇 가지 유형으로 나누어 살펴보기로 하겠다.

(1) 문장어미의 일치

학생들의 글에서 흔히 볼 수 있는 것으로서 다음과 같은 글이 있다.

> (1) 아침에 일찍 눈을 뜬 나는 우선 창 밖으로 보이는 하늘을 쳐다보았다. 맑은 하늘이 내 눈에 크게 들어왔다. 나는 가슴이 방망이처럼 뛰는 것을 막을 길이 없었습니다.

문장의 종결어미들이 일치하지 않는 경우는 특히 이와 같은 데서 많이 발견된다. 처음엔 '~하였다'식으로 써 나가다가 갑자기 '~하였습니다'가 나오고, 또 뒤엔 '하였다' 등으로 혼란을 일으키는 경우를 흔히 발견한다. 별로 주의하지 않고 쓴 경우에 일어나는 그러한 혼란은 조금만 유의하면 막을 수 있다. '하였다' 식으로 시작하였으면 계속 '하였다'로, '하였습니다'로 시작하였으면 '하였습니다'로 통일시켜야 함은 말할 필요조차 없을 것이다.

또 다음과 같은 글도 흔히 볼 수 있다.

> (2) 나는 오늘도 낙엽을 밟으며 걸었오. 문득 친우의 얼굴이 떠올랐오. 그리고는 친우에게 편지를 쓰기로 생각하였네. 이 편지가 바로 그것일세.

이 편지는 친우를 대하는 태도에 변화를 보이고 있다. 처음엔 '~오' 식으로, 뒤에는 '~네', '~세' 식으로 변하고 있어, 그 편지를 읽는 사람은 어리둥절하게 될 것이다. 모두 '~오'로 통일시키거나 '~네'로 통일시키거나 하는 것이 좋을 것이다.

(2) 주어의 생략

한 문장을 이루는 가장 기본적인 두 요소는 주어와 서술어다. 정상적인 문장은 적어도 주어 하나와 서술어 하나를 갖추고 있어야 하는 것이 원칙이다. 그러나 실제의 국어 문장들에서는 주어가 생략되는 경우를 많이 볼 수 있다.

> (3) a. 무슨 책을 읽으셨습니까?
>   b. 주로 소설을 읽었습니다.
>   c. 온 겨레가 한결같이 사랑하고 그리워하는 꽃을 나라꽃이라 합니다.
>   d. 독서를 하기 위해선 먼저 주관이 서야 한다는 말을 위에서 했다.

위의 예문들은 모두 주어가 생략된 문장들인데, 주어가 표면에 나타나지 않고 있음에도 불구하고 우리에게 아무런 저항감을 주지 않는다. 국어는 이와 같이 주어가 잘 생략되는 것을 큰 특징으로 하는 언어이다. 가령 위의 예문들을 영어로 번역한다면 어느 문장도 주어를 찾아 번역하지 않고서는 온전한 영어 문장이 되지 않을 것이다. 이러한 점을 고려해 보면 국어가 주어를 얼마나 중요하게 생각하는 언어인가를 쉽게 알 수 있다.

이 주어의 생략은 잘 이용하기만 하면 문장의 간결미를 얻을 수 있다. 경우에 따라서는 주어가 생략된 문장이 도리어 자연스러울 때가 있다.

> (4) 드팀전 장돌림을 시작한지 이십 년이나 되어도 허생원은 봉평장을 빼논 적은 드물었다. 충주 제천 등의 이웃 군에도 가고, 멀리 영남지방도 헤매기는 하였으나, 강릉쯤에 물건을 하러 가는 외에는 처음부터 끝까지 군내를 돌아다녔다. 닷새 만큼씩의 장날에는 달보다도 확실하게 면에서 면으로 건너갔다. 고향이 청주라고 자랑삼아 말하였으나 고향에 돌보러간 일도 있는 것 같지는 않았다. 장에서 장으로 가는 길의 아름다운 강산이 그대로 그에게는 그리운 고향이었다.

위 글에서는 맨 첫 문장에서만 '허생원'이란 주어가 나올 뿐, 그 다음 문장부터는 주어가 생략되고 있다. 이런 경우에 문장마다 '그는'이라는 주어를 반복한다면 오히려 껄껄한 느낌을 줄 것이다.

그러나 여기서 우리가 주목해야 할 것은 국어가 주어의 생략을 잘 허용하는 언어라고 해서 아무 때나 주어를 생략해도 되는 것은 아니라는 사실이다. 주어의 생략은 그것이 생략되어도 무엇이 주어인지 알 수 있는 경우에, 그리고 흔히는 그러한 생략이 있음으로써 문장이 자연스러워지는 경우에만 허용된다. 그렇지 않은 경우엔 주어의 생략은 피하여야 한다. 왜냐하면 주어의 지나친 생략은 문장의 가장 중요한 주체를 모호하게 함으로써 문맥의 파악을 곤란하게 하는 수가 있기 때문이다. 우리 주변에서 보면 있어야 좋을 주어를 갖추지 않음으로써 불완전하게 된 문장들이 자주 발견된다. 몇 개의 예문을 검토해 보기로 하자.

> (5) 그런데 우리 소설사가 뒤에 단편소설로 자리를 바뀌면서 그 사고적인 것, 사상성 같은 것이 거의 무시되어 버리고 만 사실이다.

이 문장은 주어가 그 앞에서도 찾아지질 않고, 그렇다고 흔히 생략되어도 좋은 '우리는', '나는' 정도의 주어를 필요로 하는 문장도 아닌데 주어가 나타나지 않아 어색해진 일례다. '그런데' 다음에 '이상한 것은', 또는 '우리가 주목할 것은' 정도의 주어가 있어야 할 것이다.

> (6) K와 내가 처음 만난 것은 초등학교 3학년 되던 해의 겨울이다.

이 문장도 얼핏보기에는 문제가 없는 것 같지만 밑줄 친 부분, 즉 '초등학교 3학년 되던'의 주어가 명시되어 있지 않아서 의미가 불분명해진 경우이다. '초등학교 3학년 된' 사람이 '나'인지 'K'인지 아니면 '우리'(K와 나)인지 불분명하다. 이런 경우에는 주어를 명시해 주어서 의미의 불명료성이 초래되지 않도록 해야 할 것이다.

> (7) 70년 9월 대구 경찰서는 산업 스파이 R씨를 구속한 일이 있다. R씨는 B산업사의 기술자로 있으면서 카메라로 기계시설 전부를 촬영, 기술을 습득한 후 서울에서 같은 종목의 공장을 차린 데서 발단되고 있다.

이 문장의 뜻이 명료하지 못한 것은 필요한 주어가 생략되었기 때문이다. 즉

R씨의 위와 같은 행적 때문에 무엇이 '발단되고 있었다'는 것인지 알 수가 없다. 문장의 뜻을 분명히 하려면 적어도 '발단되고 있었다'는 말 앞에 '그 사건이'라는 주어를 두어야 할 것이다. 물론 좀더 자연스러운 문장이 되게 하려면 'R씨는… 공장을 차렸는데 그 사건은 여기서부터 발단되고 있었다'로 하는 것이 좋을 것이다.

> (8) 28일 백주 4명의 들치기단이 은행원을 가장하여 어음 교환소에 침입하여 총액면 240여 만원의 보증수표 49장을 뭉테기로 훔쳐냈는가 하면 같은 날 상업은행 본점에서는 91만원 짜리 보증수표를 찾아 가지고 나오다가 문 앞에서 날치기 당했다.

이 문장은 91만원 짜리 보증수표를 날치기 당한 주인공이 밝혀져 있지 않은 데에 결점이 있다. 즉 어음교환소에서 240여 만원의 보증수표를 훔쳐낸 4명의 들치기단과, 상업은행 본점에서 91만원 짜리 보증수표를 찾아 가지고 나오다가 날치기 당한 사람이 마치 동일 인물인 것처럼 표현되어 있다. 그러나 내용상으로 보아서 두 사건의 주인공은 동일 인물이 아니다. 이 문장은 전혀 다른 두 사건을 하나의 문장으로 묶어서 말하려고 한 데에 문제가 있다. 그러나 이 두 사건을 꼭 한 문장으로 묶어야 한다면 각 사건마다 주인공(주어)을 분명히 표시했어야 옳았을 것이다.

주어가 어떨 때 생략될 수 있고, 어떨 때 생략되어서는 안 되는지 분명히 선을 그어 말하기 어렵다. 현재로서는, 다만 국어에 대해 좋은 직관(直觀)을 가진 사람들에게는 위의 (3)~(6)과 같은 예문은 주어가 빠짐으로써 어딘가 한 구석이 비는 듯한 느낌을 줄 것이라는 것을 이야기할 수 있을 뿐이다. 그런데 많은 사람들이 글을 쓸 때 주어를 빠뜨림으로써 사람들에게 그러한 어색한 느낌을 주지 않도록 하고, 또 글을 읽을 때도 있어야 할 주어가 없으면 곧 그 이상을 깨달을 수 있는 힘을 스스로 길러야 할 것이다.

(3) 목적어의 생략

국어의 문장에서는 목적어도 생략되는 경우가 있다. 그런데 목적어의 생략도 주어의 생략과 마찬가지로 문장의 전후관계로 보아 목적어가 생략되어도 그것이 무엇인지 분명할 때에만 그 생략이 허용된다.

> (9) 여러 사람에게서 구운몽에 관한 이야기를 듣고 한번쯤은 <u>읽어 봐야</u> 한다는 생각이 없지 않았지만 고대소설이라서 대하기가 상당히 어려웠다.

첫 문장에서 밑줄 친 부분의 목적어가 표면상으로는 명시되어 있지 않다. 그러나 국어의 정상적인 화자라면 누구나 밑줄 친 부분의 목적어가 '구운몽'이라는 것을 쉽게 알 수 있을 것이다. 이런 경우에는 굳이 목적어를 명시할 필요가 없다. 즉 목적어의 생략이 허용되는 경우인 것이다.

그러나 다음과 같은 예문들의 경우에는 사정이 다르다.

> (10) 밤에는 그곳의 학생들에게 공부도 가르쳐 주었다. 낮의 일 때문에 피곤하였지만 눈을 또렷하게 뜨고서 나를 바라보는 그들에게서 힘을 얻고 나니 하루 중 가장 즐거운 시간으로 만들 수 있었다.

위 글은 '~을 ~으로 만든다'와 같은 구조를 가져야 하는 문장인데 '~을'에 해당하는 목적어가 나타나 있지 않다. 그렇다고 전후문맥을 통해서 그 목적어가 무엇인지를 쉽게 추측할 수 있는 것도 아니다. 따라서 이 경우에는 '하루 중' 앞에 목적어 '이 시간을'(구체적으로는 '가르치는 시간을') 넣어 주어야 어색하지 않은 문장이 될 것이다.

> (11) 또, 국어의 장래를 영화롭게 하려면 어떻게 해야 할 것이며, ①나라와 국어와는 어떠한 관계가 있는가를 ②알고 ③소중히 하는 국어애의 정신을 기르도록 하자.

이 문장은 구조적으로 ①이 ②의 목적어일 뿐만 아니라, ③의 목적어이기도 한 것처럼 되어 있다. 다시 말하면 ②와 ③이 ①을 공유하도록 되어 있다. 그러나 실제로는 '어떤 관계가 있는가를'이 '소중히 하다'의 목적어가 될 수 없다. '어떤 관계가 있는가를 소중히 하다'라는 문장은 윗 글의 문맥상으로 보아 성립하기 어렵기 때문이다. 여기서 '소중히 하다'의 목적어는 아마도 '국어'일 것이다. 따라서 ③의 앞에 그것의 목적어 '국어를'을 따로 두어야 한다.

위 경우 두 문장이 한 문장으로 통합될 때 생략할 수 없는 부분을 생략함으로써, 또는 공유시킬 수 없는 부분을 공유시킴으로써 혼란이 야기된 것이다. 이와 관련된 문제는 '문장의 접속과 포유' 부분에서 좀더 자세히 검토할 것이다.

다음 예문들도 있어야 할 목적어를 빠뜨림으로써 어색한 문장이 된 예들이다.

(12) 목표를 명중시키려고 정신을 모아 정곡을 노려보던 사수가 맞히고 난 후의 심정이라고나 할까?

(13) 외숙모님은 2년 전 어느 추운 겨울날 나의 외가에서 40을 평생으로 마치셨다.

(12)에서는 '맞히고' 앞에 '과녁을' 정도의, (13)에서는 '마치셨다' 앞에 '일생을' 정도의 목적어가 있어야 할 것이다.

(4) 주어와 서술어의 호응

주어와 서술어는 문장의 두 기둥으로써 한 쪽이 부르면 다른 한 쪽이 화답하는 관계에 있다. 말하자면 둘이 서로 호응하면서 한 문장을 이룬다. 이 주어와 서술어 사이의 호응을 흔히 '주술의 호응'이라 줄여 부른다.

그런데 우리 주변에서 보면 이 주술의 호응을 깨뜨려 세련되지 못하고 어색한 문장을 만드는 경우가 자주 발견된다. 예를 들자면 주어는 있는데 그 짝이 될 서술어가 아예 없거나, 무엇인가 서술어가 될 만한 내용은 있어도 군더더기 말이 덧붙어 결과적으로 적절한 서술어가 없게 되는 경우가 이에 속한다. 예문을 통해서 이 문제를 검토해 보기로 하자.

(14) 한 가지 더 첨가하고자 하는 것은 용비어천가와 같이 귀중한 책이 세종 27
　　　년에 이미 완성되었음을 보아도 가히 알 수가 있다.

(15) 내가 이공계열에 들어온 것도 따지고 보면 이공계열 출신들이 우리 나라 공
　　　업분야에 있어 선구자 역할을 하고 있다고 생각되고 또한 사회적으로 대우
　　　를 받을 수 있다는 자신감에서 이공계열을 택한 것이다.

(16) 문법을 맡으신 선생님들께 올릴 말씀은 이 책의 체계를 따질진댄, 비교 문
　　　법적 교수의 필요가 없으며, 종래의 의구를 버리고 안심할 수 있으리라고
　　　저자는 단언하는 바이다.

　(14)는 이 문장 전체의 주어 '한가지 더 첨가하고자 하는 것은'에 짝이 될 서
술어가 아예 없다. 문장 끝의 '알 수가 있다'의 주어는 여기서는 생략되어 있지
만 '우리가' 일 것이므로 결국 (14)는 주어만 있고 서술어는 없는 문장인 셈이
다. 문장 끝에 '알 수가 있다'는 '점이다'를 보충하여야 할 것이다. 한편 (15)와
(16)은 서술어 부근에 불필요한 군더더기 말이 덧붙어 있어서 주술의 호응을
해친 예들이다. (15)의 끝부분은 '자신감에서였다'로 고치고 (16)의 끝부분은
'안심할 수 있으리라는 점입니다' 정도로 고치면 좋을 것이다.

(17) 지금 전국에서 대학에 자제를 보내고 있는 가정의 수는 이백호에 일명씩이
　　　라고 한다.

　이 예문의 주어는 '가정의 수'인데 이에 호응한 서술어가 없다. 이 문장은 대
폭적인 수정이 요구된다. '지금 전국에서 대학에 자제를 보내고 있는 가정의 수
는 ○○호인데, 이 숫자는 이 백 가정에 대학생이 일명씩인 것을 의미한다' 정
도로 고쳐야 할 것이다.
　주술의 호응이 특히 문제가 되는 경우는 한 문장에 여러 개의 포유문이 포함
되어 있을 때이다. 이런 경우에는 한 문장 내에서 주술의 호응이 여러 번 이루
어져야 하기 때문에 자칫 잘못하면 비문법적이거나 어색한 문장이 되기 쉽다.
다음 예문을 보도록 하자.

(18) 여기서 우리가 ①주목하여야 할 것은 ②토인비는 마지막으로 삼천년 후의 미래로부터 현대를 ③회상하며 현대에 대한 대담한 예언! 곧 현대의 가장 중대한 문제는 종교의 문제이다 하는 ④예언은 일종의 종교적 심리전쟁시대를 ⑤의미하고 있다.

이 문장은 여러 가지 면에서 결함이 있는데 전반적으로 주술의 호응이 제대로 이루어지지 못하고 있다. 이 문장의 전체적인 주어는 ①의 '(우리가) 주목하여야 할 것은'인데 이 주어와 호응할 서술어가 발견되지 않는다. 문장구조상으로는 ⑤의 '의미하고 있다'가 ①과 호응하는 서술어이어야 할 것이나 ⑤는 ④의 '예언은'과 호응하는 서술어이지 ①과 호응하는 서술어는 아니다. 한편 포유된 문장 중에서 ②의 '토인비는'과 호응할 서술어도 마땅한 것이 발견되지 않는다. ③의 '회상하며'가 있기는 하나 그 뒤에 서술어가 하나 더 나와야 할 것이다.(예: 철수는 노래하며 공부한다) 의미상으로 본다면 '예언하다' 정도일 것이다. 그밖에 언제가 '종교적 심리전쟁시대'인지도 불분명하며, '예언' 다음의 느낌표도 어색하다. 이상과 같은 결함과 어색한 점을 해소하려면 이 문장은 다음과 같은 정도로 수정되어야 할 것이다.

(18') 여기서 우리가 주목하여야 할 것은 토인비가 마지막으로 삼천년 후의 미래로부터 현대를 회상하며 현대에 대해서 내리는 예언, 즉 현대의 가장 중대한 문제는 종교의 문제라고 한 예언은 현대가 일종의 종교적 심리전쟁시대임을 의미하고 있다는 것이다.

글을 쓸 때 (18)과 같은 복잡한 문장을 피하는 것이 좋으나 부득이해서 써야 할 경우에는 주술의 호응문제에 특히 유의하여야 할 것이다. 이런 복잡한 문장에서 주술의 호응이 분명하지 않으면 문장의 의미를 전혀 파악할 수 없거나, 여러 번 반복해서 읽어야만 문장의 의미를 이해할 수 있게 될 것이기 때문이다.

(5) 문장의 접속과 포유

복잡한 내용을 담으려면 단문만으로는 어렵기 때문에 이 단문들을 몇 개 모아 더 큰 문장을 만들게 된다. 단문들을 모아 더 큰 문장을 만드는 방식에는 크게 두 가지 경우가 있다. 접속과 포유가 그것이다. 접속은 두 문장을 거의 대등한 관계로 묶는 방식임에 반하여, 포유는 한 문장은 주문의 위치에 놓고 다른 한 문장은 한 단어의 자격으로 바꾸어 그 주문 속에 포유시키는 방법이다.

(19) a. 겨울이 갔다.　　　　}　겨울이 가고, 봄이 왔다.
　　　 b. 봄이 왔다.

(20) a. 영이는 그림을 그린다.　}　철수는 책을 읽고 영이는 그림을 그린다.
　　　 b. 철수는 책을 읽는다.

(21) a. 그가 지난 주에 귀국하였다.　}　그가 지난 주에 귀국하였음이 오늘 밝
　　　 b. 그것이 오늘 밝혀졌다.　　　　혀졌다.

(22) a. 모든 대학생이 이 모임에 참석할 수 있다.　　이 모임은 모든 대학생
　　　　　　　　　　　　　　　　　　　　　　}　이 참가할 수 있음을 원
　　　 b. 이 모임은 그것을 원칙으로 한다.　　　　칙으로 한다.

(23) a. 봄이 온다.　　　　　　　　　　}　나는 봄이 오는 소리를 듣는다.
　　　 b. 나는 봄이 오는 소리를 듣는다.

(24) a. 내가 책을 찾고 있다.　}　이것이 내가 찾고 있는 책이다
　　　 b. 이것이 그 책이다.

위의 예들 중 (19)와 (20)은 접속의 방식이고 (21)~(24)가 포유의 방식인데, (21), (22)는 종속문이 주문에 명사의 자격으로 포유된 경우이고, (23), (24)는 관형사의 자격으로 포유된 경우이다. 접속에 의하여 이루어진 문장을 대개 중문이라 부르고 포유에 의해 이루어진 문장을 복문이라 부른다.

그런데 접속에 의해 새 문장이 만들어질 때는 거기대로의 규칙이 있다. 일례로 애초의 두 문장에 공통되는 요소는 하나만을 남겨놓고 모두 생략시킨다는 규칙을 들 수 있다. 다음 예문들에서 그 실례들을 볼 수 있다.

$$(25) \quad \begin{array}{l} \text{a. 농부는 밭을 간다.} \\ \text{b. 농부는 씨를 뿌린다.} \end{array} \Big\} \text{ 농부는 밭을 갈고 씨를 뿌린다.}$$

$$(26) \quad \begin{array}{l} \text{a. 나는 연극을 좋아한다.} \\ \text{b. 창호는 연극을 좋아한다.} \end{array} \Big\} \text{ 나와 창호는 연극을 좋아한다}$$

글을 쓸 때 이 규칙들도 바로 잘 지켜야 할 것은 두말할 필요가 없다. 그런데 이 규칙을 바로 지키지 않아 문법적으로 온전하지 못하게 된 문장, 즉 비문법적인 문장을 쓰는 경우가 많다. 이는 특히 접속문에서 그러한데 접속문에서의 규칙은 공통되는 요소는 하나만을 제외하고는 모두 생략한다는 것이었다. 이를 역으로 생각해 보면 접속문을 만들 때 공통되지 않는 요소는 생략해서는 안된다는 의미가 된다. 그런데 만일 공통되지 않는 요소를 생략해 버리면 어떻게 될까. 자연히 비문법적인 문장이 될 수밖에 없을 것이다. 다음 예문에서 그 실례를 볼 수 있다.

(27) 인간은 자연을 지배하기도 하고 복종하기도 한다.

이 문장은 언뜻 보기에는 별 이상이 없는 것처럼 느껴지지만 자세히 검토해 보면 어딘가 어색한 느낌을 주는 문장이다. 그 이유는 이 문장을 본래의 두 문장으로 복원시켜 보면 쉽게 드러난다.

(28) a. 인간은 자연을 지배하기도 한다.
　　 b. 인간은 자연을 복종하기도 한다.

우리는 (28b)가 어색한 문장임을 우리는 금방 알 수 있다. '자연을 복종한다'는 말은 성립되기 어렵기 때문이다. 따라서 (28b)의 '자연을'은 '자연에'로 바뀌어야 한다. 그렇게 되면 '자연을'과 '자연에'는 공통되는 요소가 아니므로 접속문이 만들어지는 과정에서 '자연에'가 생략될 수 없다. 여기서 예문 (27)이 왜 어색하게 느껴졌는가, 그리고 왜 비문인가 하는 것은 저절로 드러난다. 생략할 수 없는 '자연에'를 생략함으로써 '자연을'을 부당하게 '복종하(기도 하)다'에까지 공유되게 하였기 때문이다.

　이러한 실수는 '하늘과 땅을 굽어보며'라든가 "아버지, 어머니, 그리고 귀여운 동생들 그 동안 안녕하셨습니까?", "이순신 장군은 난중일기와 거북선을 만들었다" 등에서 볼 수 있는 바와 같이 우리 주변에서 자주 발견된다. 몇 개의 예문을 더 검토해 보자.

　　(29) 대학은 모든 시대와 나라에서 형성된 ①가장 심오한 ②진리 탐구와 치밀한 ③과학적 정신을 ④배양·형성하는 도장입니다.

　이 문장은 우선 ①의 '가장 심오한'이 의미상 ②의 '진리'만을 꾸몄으면 좋았을 것을 '진리탐구' 전부를 꾸미도록 되어 있어 이상해졌다. 이 문장의 더욱 큰 결함은 ②가 그 다음의 ③, 즉 '과학적 정신'과 동등한 자격으로 ④의 목적어가 되도록 되어 있다는 데 있다. 다시 말해 ④가 부당하게 ②와 ③을 목적어로 공유하도록 되어 있는 것이다. 여기서 의미상으로 ②가 ④의 목적어가 될 수는 없다. '진리탐구를 배양·형성한다'는 말은 성립할 수 없기 때문이다. 이 문장에서는 ②를 '진리를 탐구하고'로 바꾸는 것이 좋다. 그러면 '대학은 가장 심오한 진리를 탐구하는 도장이면서 동시에 과학적 정신을 배양·형성하는 도장'이라는 자연스러운 문장이 되어 위의 두 결함이 동시에 극복될 수 있기 때문이다.

　　(30) ①제 말의 사전을 가지지 못한 것은 ②문화민족의 커다란 수치일 뿐 아니라 ③민족 자체의 문화향상을 꾀할 수 없음을 절실히 깨달아….

　이 문장에서는 구조적으로 ②와 ③이 ①을 주어로 공유하게 되어 있다. 그러나 ①이 ③의 주어가 될 수는 없다. ③은 '우리는' 정도의 주어가 생략되어 있는 문장으로 이해된다. 따라서 ③ 앞에 '그것(사전) 없이는' 정도의 말을 넣어서 ①이 ③의 주어가 되는 흐름을 막는 것이 좋다.

이상에서 우리는 접속문에서의 부당한 공유(혹은 부당한 생략)과 관련된 문제들을 검토하여 보았다. 그런데 접속문과 관련하여 또 하나 유의해 두어야 할 것이 있다. 접속문에서 접속되는 요소는 그것들이 단어든 어구든 또는 문장이든 동질적인 것이어야 한다는 것이다. 같은 자격의 두 요소가 접속되어야 할 곳에서 한쪽 요소가 다른 한쪽과 동질적인 성격을 갖지 못하면 어색한 문장이 되고 만다. '①형은 등산을 좋아하고, ②누나는 학생이다'와 같은 문장이 어색한 이유는 ①과 ②가 동질적인 문장이 아니라는 데 있다.

(31) 앞으로 더욱 더 친절하고 성심껏 돌보아 드리겠습니다.

위 문장에서 '친절하고'는 서술어(형용사)이고 '성심껏'은 수식어(부사)이다. 이와 같이 기본기능이 다른 두 단어를 접속시켜 놓으면 논리에 맞지 않거나 부자연스럽다. 밑줄 친 부분을 '친절하게 (그리고) 성심껏'으로 바꾸면 문장이 자연스러워지는데, 그것은 '친절하게'와 '성심껏'이 다 같이 수식어(부사어)가 되어 동질적인 요소의 접속이 되기 때문이다.

(32) 어디까지나 아름답고 의젓한 얼굴 모양은 그만두고라도 곱고도 부드러운 곡선을 그리며 드리운 오른팔 엄지와 장지 사이로 구슬줄을 들었는데, ①그 예쁜 손가락이 곰실곰실 움직이는 듯, ②병을 치켜 쥔 포동포동한 왼팔뚝!

위 문장에서 ①과 ②는 접속구조를 이루도록 하는 것이 바람직한데, 그렇게 되려면 ①이 '곰실곰실 움직이는 듯한 그 예쁜 손가락'으로 바뀌어야만 할 것이다. 그래야 ①과 ②가 다 같이 동사구가 되어 동질적인 요소의 접속이 된다.

(33) ①그들은 희망을 피안에 걸지 않고 ②현실에서 실현되기를 바랐었다.

위 예문에서 ①은 능동문인데 ②는 피동문이기 때문에 자연스럽지 못하다. 능동문과 피동문은 동질적인 문장이 아닌데 접속되고 있기 때문이다. 이 예문에서는 피동태인 '실현되기'를 능동태인 '실현하기'로 고치는 것이 좋겠다. 두 문장을 접속시킬 때 한쪽이 능동문이면 다른 한쪽도 능동문이어야 하고 한쪽이 피동문이면 다른 한쪽도 피동문이어야 한다. 접속되는 요소의 동질성이 유지되어야 하기 때문이다. 따라서 '쥐는 고양이에게 잡히고 족제비는 병아리를 잡았다'와 같은 문장은 '쥐는 고양이에게 잡히고, 병아리는 족제비에게 잡혔다'로 바뀌거나 '고양이는 쥐를 잡고, 족제비는 병아리를 잡았다'로 바뀌어야 할 것이다.

(6) 문장의 구조적 모호성

접속이나 포유에 의하여 두 문장이 한 문장으로 통합될 경우 그 통합된 문장은 가끔 구조적으로 모호성을 띠는 수가 있다. 여기서 어떤 문장이 구조적으로 모호성을 띤다는 것은 하나의 문장이 두 가지(혹은 그 이상)의 구조로 해석될 수 있다는 것을 뜻한다. 이와 같이 구조적 모호성을 지니는 문장은 둘 또는 그 이상의 의미로 해석될 수 있는 중의성을 띤다.

　(34) 아름다운 여인의 옷이 있다.

이 문장은 '여인의 옷이 있는데 그 옷이 아름답다'는 의미일 수도 있고, '여인이 아름다운데 그 여인의 옷이 있다'는 의미일 수도 있다. 전자는 '아름답다'의 주어가 '옷'인데, 후자에서는 '여인'이다. (34)가 이와 같이 중의성을 가지는 것은 수식어 '아름다운'이 여인을 수식하는 것일 수도 있고 '옷'을 수식하는 것일 수도 있기 때문이다. 이러한 중의성이 발생되는 이유는 서로 다른 두 쌍의 문장으로부터 이루어진 문장이, 동일한 형태를 가질 수 있는 구조적 모호성을 지니기 때문이다. 다음에서 그러한 사실을 확인할 수 있다.

(35)　a. 여인이 아름답다.　　　　} 아름다운 여인의 옷이 아름답다.
　　　b. 여인의 옷이 아름답다.

$$(36) \quad \begin{matrix} \text{a. 여인의 옷이 있다.} \\ \text{b. 여인이 아름답다.} \end{matrix} \Bigg\} \text{아름다운 여인의 옷이 아름답다.}$$

(35a,b)와 (36a,b)는 결코 동일한 문장들의 쌍이 아니다. (35b)와 (36b)가 서로 다른 문장이기 때문이다. 그런데 (35a,b)로부터 이루어진 문장이나 (36a,b)로부터 이루어진 문장이나 그 결과는 양쪽이 동일하다. 따라서 '아름다운 여인의 옷이 있다'는 구조적 모호성을 띨 수밖에 없다. (35a,b)로부터 만들어진 것일 수도 있고, (36a,b)로부터 만들어진 것일 수도 있기 때문이다. 이런 종류의 구조적인 모호성을 갖는 문장도 우리 주변에서 드물지 않게 발견된다. 예컨대 '키가 큰 형의 친구'는 '형의 키가 크다'라는 문장과 관련될 수도 있고, '형의 친구의 키가 크다'라는 문장과 관련될 수도 있다. '그녀의 옷에 대한 대단한 관심'도 '그녀가 입고 있는 옷에 대한 우리의 대단한 관심'일 수도 있고, '옷이란 물건에 대하여 가지고 있는 그녀의 대단한 관심'일 수도 있다.

다음과 같은 예문들도 구조적인 모호성을 띠어 중의성을 지니는 문장들이다.

(37) 바다는 불이 켜 있으면 고독을 알지 못하는 어린애의 양등과도 흡사하다.
(38) 사람들이 많은 도시를 다녀보면 재미있는 일이 많을 것이다.

(37)에서 밑줄 친 '불이 켜 있으면'은 '바다에 불이 켜져 있다'에서부터 왔을 수도 있고, 그것이 아니고 '어린애 곁에 불이 켜져 있다'에서부터 왔을 수도 있다(여기서는 후자다).

(38)의 밑줄 친 부분에서는 '많은'이 '사람들이'와 관련되는 것인지 '도시'와 관련되는 것인지 알 수가 없다. 그리하여 '사람들이 여러 도시를 다녀보면'의 의미인지, '사람들이 많아서 북적대는 도시를 다녀보면'의 의미인지 모호하다. 따라서 이 문장도 구조적인 모호성을 띠는 문장이다.

(39) 나는 영이와 철수를 때렸다.

이 문장도 두 가지 의미로의 해석이 가능하다. '나 혼자서 영이와 철수 두 사람을 다 때렸다'는 의미로도 해석이 가능하고, '나는 영이와 둘이서 철수 한 사람을 때렸다'는 의미로도 해석이 가능하다. 물론 일반적으로는 전자로 해석이 되겠지만 후자로의 해석도 불가능한 것은 아니다.

접속문이나 포유문에서의 이러한 구조적인 모호성은 대개는 전후문맥으로 해결되거나 그 문장 자체의 의미의 타당성으로 해결할 수 있다.

(40) 맑은 물과 흰 구름이 감도는 봉우리를 바라보며…….

에서 구조적으로 '맑은 물'이 '감도는'의 주어가 될 수 있다. 그러나 봉우리에 물이 감돌 수는 없기 때문에 '맑은 물'은 '감도는'의 주어가 아니라 '봉우리'와 함께 '바라보며'의 목적어임을 알아낼 수 있다.

문장의 구조적인 모호성이 이와 같이 전후 문맥이나 문장 자체에서의 의미의 타당성으로 어느 정도 해결할 수 있다고는 하나 모호성을 띤 문장들은 독자에게 많은 부담을 주는 것이 사실이다. 정확한 의미의 파악을 위해서 전후 문맥을 살펴야 하고 의미의 타당성 여부를 일일이 검토해 보아야 하기 때문이다. 따라서 글을 쓸 때엔 구조적으로 모호성을 띠는 문장을 되도록 쓰지 않도록 유의해야 할 것이다. 논리성이나 명확성을 요구하는 글에서는 더욱 그러하다.

그러면 문장의 구조적인 모호성을 타개하는 방법에는 어떤 것이 있을까?

첫째는 휴식부 < , >의 도입을 들 수 있다. 앞서의 (37), (38)에 휴식부를 도입하여 다음과 같이 바꾸어 놓으면 모호성이 한결 가시는 것을 볼 수 있다.

(37') 바다는, 불이 켜 있으면 고독을 아지 못하는 어린애의 양등과도 흡사하다.
(38') 사람들이, 많은 도시를 다녀 보면….
(40') 맑은 물과, 흰 구름이 감도는 봉우리를 바라보며….

둘째는 어순이 모호성을 제거하는 결정적인 역할을 할 수 있다. '옷에 대한 그녀의 관심'이 그 좋은 예이다. (39)도 다음과 같이 어순을 바꾸어 놓으면 일단 모호성은 문제가 되지 않는다.

(39') 영이와 나는 철수를 때렸다.

(7) 수식어와 피수식어

수식어란 체언이나 용언의 의미를 수식·한정하기 위해서 첨가되는 문장성분을 일컫는 말인데, 수식어 중 체언을 수식하는 것을 관형어라 하고, 용언을 수식하는 것을 부사어라 한다. 한편 관형어의 수식을 받는 체언이나 부사어의 수식을 받는 용언을 피수식어라 한다.

수식어와 피수식어의 결합을 우리는 수식구조라 부르는데, 이 수식구조와 관련하여 몇 가지 유의해 두어야 할 사항이 있다.

첫째 수식어의 길이는 가능한 한 짧은 것이 좋다. 수식어의 길이가 지나치게 길어지면 문의를 흐리게 하는 경우가 생길 수 있기 때문이다.

(41) 우리가 마주 보고 있는 방의 한 가운데에는 포도며 배, 사과 등이 무더기로 쌓여 있는 접시가 얹혀 있는, 누구나가 부러워 할 만한 자주빛 탁자가 놓여 있었다.
(42) 고운 나비의 날개, 비단결 같은 꽃잎, 아니 이 세상에 곱고 보드랍다는 아무 것으로도 형용할 수 없이 보드랍고 고운 이 자는 얼굴을 들여다 보라.

위 예문 (41), (42)의 경우 독자는 '자주빛 탁자' 그리고 '이 자는 얼굴'에 이를 때까지 그 앞에 긴 글이 무엇에 대하여 말하는 것인지 궁금하면서도 전혀 모르고 읽어 나갈 수밖에 없다. 물론 끝까지 읽고 나면 무슨 내용인지를 이해하게 되겠지만, 이런 문장은 독자에게 혼란을 줄 염려가 있다.

둘째, 수식어는 가능한 피수식어 가까이 위치하는 것이 좋다. 수식어와 피수식어의 거리가 멀어지면 수식어가 어느 말을 수식하는지가 모호해질 염려가 있기 때문이다.

(43) 편안한 여러분의 주거 생활을 위해 우리는 언제나 실비로 성실한 시공을 해
   드립니다.
(44) 나는 꾸준히 젊은 사람 못지 않은 봉사활동을 그 동안 전개해 왔다.

(43)에서 '편안한'은 '주거생활' 바로 앞에 위치하는 것이 좋을 듯하다. 이 문
장을 그대로 놓고 보면 '편안한'이 '여러분'을 수식한다고 오해될 소지가 없지
않기 때문이다. (44)에서도 수식어 '꾸준히'는 피수식어 '전개해 왔다' 바로 앞
에 놓이는 것이 좀 더 자연스럽다. 수식어와 피수식어가 멀리 떨어져 있는 것
은 바람직스럽지 못하다.

셋째, 어미가 같은 수식어가 여러 개 나열되지 않도록 하는 것이 좋다.

(45) 때 늦은 눈이 내리던 어느 날, 안경 낀 키가 보통인 한 남자가 걸어 오고 있
   었다. 내게로.
(46) 대학에 입학해 보니 축제다, 체육행사다, M.T.다, 동아리 모임이다 하여 새
   로운 흥미로운 일들이 상당히 많았다.

(45), (46)이 어색하게 느껴지는 이유는 동일한 어미로 끝나는 수식어들이 둘,
셋씩 나열되고 있기 때문이다. 이들 문장이 자연스러워지려면 (45)의 '안경낀
키가 보통인 한 남자'는 '보통 키에 안경을 낀 한 남자' 정도로, (46)의 '새로운
흥미로운 일들'은 '새롭고 흥미로운 일들'로 고쳐야 할 것이다.

4) 단어는 적재적소에서 빛을 낸다

우리는 문장을 통하여 우리의 생각을 표현한다. 그런데 이러한 사고를 담는
그릇인 문장은 단어들로 이루어진다. 물론 단어들의 단순한 나열이 문장이 되
고 글이 되는 것은 아니다. 그러나 단어를 떠나서 문장을 구성할 수는 없다. 그
러므로 우리의 말과 글이 더 좋은 표현성과 정확성을 띠게 하기 위해서는 우선,
그 기본을 이루는 단어를 적절히 선택하는 것이 무엇보다도 중요하다.

국어에는 우리의 사상이나 감정을 표현하는데 필요한 단어들이 매우 풍부하게 발달되어 있다. 예컨대 '살이 찐 모습'이라는 의미를 표현하는 단어들에도 '뚱뚱하다, 뚱뚱하다, 떵떵하다, 땅땅하다, 통통하다, 퉁퉁하다…' 등의 단어들이 발달되어 있고, 이들 단어들은 각각 다른 어감을 지니고 있다. 그 상태를 정확히 묘사하고 그 표현력을 살리려면 이들 단어들 중에서 가장 적합한 단어를 선택하여 사용하지 않으면 안 된다. 만약 키가 큰 사람에게 '뚱뚱하다'란 수식어를 붙여 표현한다면 적절한 표현이 되지 못할 것이다. 또한 '만들다'란 개념을 표현하려고 하더라도 '만들다'에 대한 대상에 따라 그 표현을 달리하지 않으면 안 될 것이다. 예컨대 '가마니를 만들다, 옷을 만들다, 그물을 만들다, 천을 만들다, 길을 만들다, 신을 만들다, 밥을 만들다'라고 하여, 모든 대상에 '만들다'란 단어를 선택한다면 '가마니를 치다, 옷을 짓다, 그물을 뜨다, 천을 짜다, 길을 닦다, 신을 삼다, 밥을 짓다'와 같이 다른 단어를 선택하는 것에 비하여, 그 전달 내용에 생동성을 잃게 될 것이다. 마찬가지로 '비가 온다'라는 표현도 그 '비'가 어떤 비인가에 따라 '온다' 대신 다른 단어를 선택하여 사용하는 것이 구체성을 띠고 서술의 형태성을 보여주게 될 것이다. 그래서 '소나기가 퍼붓는다', '소나기가 쏟아진다'가 '소나기가 온다'보다도, '여우비가 찔끔거린다'가 '여우비가 온다'나 '여우비가 내린다'보다도 더 나은 표현력을 가진다고 할 수 있을 것이다.

위에 든 예들은 더 나은 표현력을 지니게 하기 위하여 적절한 다른 단어를 선택하는 경우이지만, 어느 경우에는 부적절한 단어를 선택함으로써 그 문장에서 나타내려는 의미를 온전히 전달하지 못하는 것은 물론, 엉뚱한 의미로 변질시키는 경우가 있다. 예를 들어서 아버지가 다리를 다쳤다고 해서 아들이 그 아버지께 쓴 편지 중에 '아버님 다리는 어떠하신지요?'로 쓸 것을 한자를 사용한답시고 '아버님 족은 어떠하신지요?'라고 하였다면 그 편지를 받은 아버지는 어떤 표정을 지을 것인가? '다리'와 '족'은 비록 유의어 계열에 있다고 하나, 그 쓰임은 전혀 다른 것이다. 누가 만들어 낸 말일지 모르나 선생님께 보내는 편지의 마지막에 '선생님의 명복을 빌면서 이만 줄입니다'라고 썼다고 하는 일화도 적절하지 않은 단어를 선택한 결과인 것이다.

이와 같은 실수를 하지 않기 위해서는 그리고 어떤 문맥에 가장 적합한 단어를 적절히 선택해 쓰기 위해서는 스스로 독서 등을 통하여 어휘력을 증진시키도록 노력해야 할 것이며, 각 단어의 정확한 의미와 용법에 대해서도 세심한 관심을 기울여야 할 것이다.

다음 예문들을 통해서 단어가 적절히 선택되지 못한 경우들을 보기로 하자.

> (48) (그는) 사회현상은 사회적 환경과 제도에 근거하여 설명되어야 한다는 제도주의적 입장을 주장하였다.
>
> (49) 그의 본질주의적 정의론은 그 본질적 모순 때문에 결과에 가서는 사소한 것을 꼬치꼬치 따지는 말장난만을 권장해 주었다.
>
> (50) 그러나 기분이 좋지 않을 때는 한 마디 말도 없다. 될수록이면 사람들과 잘 어울리려고 하지만….
>
> (51) 밖으로는 내색을 하지 않았지만 속으로는 기분이 몹시 언짢았을 것이다.
>
> (52) 그 집에는 아들이 4형제가 있다. 장남이 28살, 그리고 2살, 3살 차이로 쭉 내려간다. 그리하여 영남이까지 오면 모두 4형제이다.

(48)에서 '입장을 주장하였다'는 어색하다. '입장'은 처해 있는 상황, 즉 처지이다. 처지는 '내세운다'라고 말한다. 문장 전체의 뜻에 따라서는 '고집하였다, 고수하였다'라고 말할 수도 있다. 여기서는 '내세웠다'가 적당하다. (49)의 '권장하다'도 적합하지 못하다. '권장'은 좋은 일을 하도록 부추기는 경우에 쓰는 말이다. 좋지 않는 일에는 '조장'이란 말이 쓰인다. 따라서 말장난이라면 '조장하다'가 적당하다. (50)에서 '될수록'의 '~ㄹ수록'은 일의 정도가 더하여 감을 뜻한다. 따라서 이 문장에 어울리는 말이 아니다. 또 '~수록이면'이란 말도 실제로는 쓰이지 않는 말이다. '되도록이면'이나 '될 수 있는 대로'로 바꾸는 것이 좋겠다. (51)의 '밖으로'도 '겉으로'가 더 적절하다. '밖'과 '겉'이 의미상의 유의성을 갖기는 하지만 사람에 대해서는 '겉'을 쓴다. '그 사람은 속과 겉이 다르다. 겉으로는 태연한 척했지만 속으로는 애간장이 탔을 것이다. 겉으로만 뻔지르하면 뭘 하느냐?' 등에서 '겉'의 쓰임을 볼 수 있다. (52)에서 '차이'가

잘못 쓰인 것이라고 말할 수는 없을 것 같다. '영수와 나는(나이가) 두 살 차이다'에서 볼 수 있는 바와 같이 나이와 관련하여 '차이'란 말이 흔히 쓰이기 때문이다. 그런데 한 어머니에게서 낳은 자녀들 사이의 나이 차이를 말할 때는 '터울'이란 말이 쓰인다. (52)에서는 형제간의 나이 차이를 뜻하는 것이므로 '차이'란 말보다는 '터울'이란 말이 더 적절하지 않을까 생각된다. 단, 젊은 세대들에게는 이 단어가 약간은 생소하게 느껴져서 저항감을 느낄 수도 있다. 그러나 어떤 문맥에 가장 적절한 고유어가 있을 때에는 그것을 찾아 쓰는 노력을 게을리 해서는 안 될 것이다.

적합한 단어의 선택과 관련하여 특히 유의해야 할 것 중의 하나가 접속부사이다. 접속부사란 앞에 지나간 말을 이어서 그 뒤에 오는 말을 수식하는 부사를 말한다. 우리가 쓰는 문장 가운데에는 이 접속부사를 잘못 골라 쓰는 예가 허다할 뿐만 아니라 또한 그 대응관계에 상당한 오류를 범하는 일이 많다. 다음과 같은 문장을 생각해 보자.

(53) 중국인은 옛부터 돈 씀새가 몹시 알뜰하다. 그래서 팁제도가 없는 것은 아니다.

위 예문에서는 접속부사 '그래서'가 잘못 쓰였다. '없는 것은 아니다'는 이중부정이므로, 이것은 팁제도가 있기는 있다는 소극적이긴 하나 긍정적인 내용이다. 여기서 '돈 씀새가 몹시 알뜰하다'와 '팁제도가 있다'는 내용상 반대적인 사실로 받아 들여진다. 그러므로 그 사이를 접속시키는 접속부사로는 '그러나', '그렇다고'가 쓰여야 한다.

(53') 중국인은 옛부터 돈 씀새가 몹시 알뜰하다. 그러나(그렇다고) 팁제도가 없는 것은 아니다.

한편 접속부사 중에는 특정의 단어나 문법 요소와 항상 짝이 되어서만 쓰이는 것이 있다. 예를 들자면 '왜냐하면'은 '~기 때문이다'와 '그렇다고 해서'는

'~은 아니다(말다)'와 짝이 되어서만 쓰인다. 이를 접속부사의 대응이라고 한다면 다음 글은 그러한 대응이 잘 이루어지고 있는 예가 되겠다.

(55) 운명관을 거부한다면 운명이란 우리들 자신의 노력에 달려 있게 될 것이고, 우리는 운명을 뜻대로 통제하기 위해서 실력을 길러야 한다. 우리는 활동의 밑바탕이 되는 토양을 든든히 다져 놓아야 한다. ①왜냐하면 땅 속 깊이, 그리고 넓게 뿌리를 뻗는 나무만이 무성한 거목으로 자랄 수 ②있기 때문이다. ③그렇다고 해서 지식만이 토양이 된다고 말하는 ④것은 아니다. 지식과 품성을 닦고, 아울러 이 모든 것을 가능하게 할 몸을 튼튼히 닦을 ⑤때에라야 ⑥비로소 우리가 뿌리박을 양질의 토양도 갖추어질 것이다.

위 글에서 ①~②, ③~④, ⑤~⑥은 서로 대응하고 있다. 그런데 어떤 글에서는 '왜냐하면'으로 시작된 문장이 '~기 때문이다'라는 종결부를 지니고 있지 않는 등, 접속부사의 대응이 제대로 이루어지지 않는 경우들을 가끔 본다. 접속부사의 선택에 있어서는 이런 점도 잘 고려해야 할 것이다.

5) 긴 문장에 대한 경계

글을 쓸 때 지나치게 긴 문장은 쓰지 않는 것이 좋다. 길이가 긴 문장일수록 난해해지기 쉽고, 비문법적이거나 비논리적인 문장이 되기 쉽기 때문이다. 그렇지 않다고 하더라도 한 문장이 어느 한도를 넘어 길게 계속되면 그것이 독자에게는 매우 부담이 되어 읽기에 힘들다. 읽어버린 부분의 기억을 오래 유지하지 않으면 안된다는 심리적 부담을 감당하기 어렵기 때문이다.

(56) 많이 사귄다고 무조건 좋은 친구가 아니라 한둘이라도 좋으니 자기의 생각을 아무런 부담 없이 털어놓을 수 있는 진정한 친구가 진짜 친구지 수적으로는 많아도 자기의 생각을 털어놓고 얘기할 수 없는 사람은 정말 외롭고 불쌍한 소외감을 느끼는 사람이라는 것이다.

이 문장은 106음절로 된 장문인데 중간에 주제의 관점이 바뀌는 등, 매우 미숙한 문장이다. 몇 개의 문장으로 나누어 썼으면 좋을 내용을 무리하게 하나의 문장으로 쓰다보니 그리 된 것이다. 따라서 이 문장은 그 내용에 따라 다음과 같이 3개의 문장으로 분할하여 쓰는 것이 좋겠다.

   (56') 친구는 많이 사귄다고 무조건 좋은 것이 아니다. 한둘이라도 좋으니 자기의 생각을 아무런 부담 없이 털어놓을 수 있는 진정한 친구가 있어야 하는 것이다. 수적으로 아무리 많아도 자기 생각을 털어놓고 얘기할 수 있는 친구가 없는 사람은 소외감을 느끼는, 정말 외롭고 불쌍한 사람이다.

다음 예문을 보자.

   (57) 그의 아버지는 사람을 즐겨 대하며 어려서부터 공부를 열심히 한 덕으로 남부럽지 않은 직위에 올랐으며, 경제적으로도 매우 풍족하다고는 할 수 없으나 쪼들리지 않는 사람이었고, 직장생활에서도 충실하며 쉬는 날에는 시간을 충분히 활용하여 여행, 낚시, 골프 등등 여가를 즐기며 또한 식도락가이기도 하다.

이 예문은 필자가 '그의 아버지'를 소개한 글이다. 128음절로 된 장문인데, '-며/-고' 등 많은 나열형 어미에 의해 여러 가지 사실이 열거되어 있다. 이들 열거된 사실들은 대칭이 되지 않는 상태로 접속되어 있다. 즉 동질적이지 못한 여러 문장들을 접속시켜 놓고 있는 것이다. 그래서 논리적인 결함이나 문법적인 결함이 거의 없음에도 불구하고 문장의 흐름이 매끄럽지 못하다. 따라서 이 문장도 내용에 따라 다음과 같이 4개의 문장으로 구분하는 것이 좋겠다.

   (57') 그의 아버지는 사람을 즐겨 대하며 어려서부터 공부를 열심히 하였다. 그 덕으로 그는 남부럽지 않은 직위에 올랐으며, 경제적으로도 아주 풍족하다고는 할 수 없으나, 쪼들리지 않는 생활을 하는 사람이 되었다. 직장에 충실하며 쉬는 날에는 시간을 충분히 활용하여 여행, 낚시, 골프 등등 여가를 즐

긴다. 그는 또한 식도락가이기도 하다.

이상의 두 예문은 그대로 비교적 정도가 덜한 장문에 속한다 다음 예문을 보자.

(58) 공산주의 사회의 숨가쁜 대결을 특징지은 중·소분쟁과 그로 말미암아 후퇴한 후루시초프 수상의 실각, 그리고 소련 지배하에 반발한 중공의 핵실험 성공 등은 모택동 정권의 정치적 군사적 위치를 한층 높여 놓았고, 드골은 최근 또 남미 10개국을 순방, 제3세력 결성을 호소하는 한편 미국의 정치적 경제적 시장에 대한 잠식 가능성을 터 놓았고, 선진국에 대한 경제적인 예속의 위치를 벗어나려는 아랍공화국을 비롯한 중립세력 58개국의 방대한 비동맹국 회의가 카이로에서 있었고, 스카르노 인도네시아 대통령이 유럽, 아시아, 아프리카 각국과 북한까지 왕래하면서 1965년에 있을 반둥회담에 대비하는 포석을 준비하고 있고, 도르티코스 쿠바 대통령이 모스크바를 방문하여 미국의 집단 위협을 항의하고 있고, 또 중공의 핵 보유를 계기로 일본 정계 일각에서 재무장론이 대두되고 있다는 사실 등, 극히 최근에 일어난 일련의 사태만을 가지고 보아도 그 모두가 결국 다원화 경향의 진일보를 뜻하고 있는 것이다.

이 예문은 장장 363음절이나 되는 긴 문장이다. 이 글은 최근 국제정세가 ‘결국 다원화 경향의 진일보를 뜻하고 있다는 것’을 입증하는데 그 목적이 있는 것으로 되어 있다. 그러나 이 글에서 ‘다원화 경향’의 그 많은 실례는 첫째 읽기 힘들고, 둘째 읽고 난 다음에 그것이 머리 속에 뚜렷이 남아 있지 않는다. 그 까닭은 무엇일까? 첫째는 앞에서 지적한 바 있는 ‘심리적 부담’ 때문이며, 둘째는 한 문장 속에 많은 예들을 계통 없이 늘어놓았기 때문이다. 이 글에서 여러 국제사태들이 예시된 모양은 마치 만국기를 넓은 울타리 안에 함부로 흩어 놓은 것 같다. 이 글이 장문인 만큼 주제 자체도 막연하고 산만하다. ‘다원화 경향의 진일보’라는 것 자체가 아무리 보아도 선명한 관념이 될 수 없는 주제다.

이 예문과는 달리 주제가 선명한 인상을 주는 경우에도 독자에게 주는 작용 면에서 긴 문장보다 짧은 문장이 효과적이다. 단, 문장에 '엄숙과 신중'의 느낌을 살려야 할 경우에는 긴 문장이 약간은 효과적일 수 있다. 그러나 그런 경우에도 (58)과 같은 장문이어서는 곤란할 것이다. 다음 예문을 보자.

(59) 체코의 비극은 남의 일이 아니다. 우리는 일제에 강점되었었고, 6·25남침을 당하였다. 동병상련이다. 체코의 위기는 무엇을 말하는가. 무장이 없는 곳에 자유가 없다는 냉엄한 정치적 법칙을 말한다.

이 글을 읽으면, 우리는 완만한 이해에만 머물러 있을 수가 없다. 단도직입적으로 신속하게 육박해 오는 힘, 그것이 시각을 통하여 혈관의 피를, 심장의 고동을 몹시 격화시킨다. 단문은 이처럼 동적인 힘을 갖는다. 독자의 심장에 돌진해 가는 박력을 가진다.

그러나 단문이 이러한 장점을 갖는다고 해서 언제나 단문만 써야 한다든지 장문은 절대로 써서는 안 된다고 일률적으로 말할 수는 없다. 사람들은 각기 개성이 다르므로 개성에 따라서 간결체의 단문을 선호하는 사람도 있을 수 있고, 만연체의 장문을 선호하는 사람도 있을 수 있다. 또 글의 성격에 따라서 단문이 보다 효과적인 경우도 있을 수 있고, 장문이 보다 효과적인 경우도 있을 수 있다. 대체로 장문이 정적인 특성을 갖는다면 단문은 동적인 특성을 갖는다고 할 수 있다. 따라서 우리는 장문과 단문의 이러한 장·단점을 충분히 이해하여 문장의 효과적인 표현에 만전을 기해야 할 것이다.

다만 여기서 다시 한번 강조하고자 하는 것은 어떤 경우에도 문장이 너무 길어져서 난해한 문장이 되게 한다든가 독자에게 지나친 부담을 주게 하는 일은 없도록 해야 한다는 것이다.

연습문제

학과 : ______________   학번 : ______________   이름 : ______________

1. 다음의 단어 중 올바른 단어를 찾아 ○표 하고, 틀린 이유도 확인해보자.

〈정서법 평가〉

단 어	정답률(%)	단 어	정답률(%)
1. 싹둑 : 싹뚝	60.3	26. 송곳니 : 송곳이	72.0
2. 법석 : 법썩	63.6	27. 새빨갛다 : 시빨갛다 : 싯뻘겋다	68.6
3. 갑자기 : 갑짜기	85.3	28. 초점 : 촛점	38.6
4. 오뚝이 : 오뚜기	25.3	29. 사육신 : 사륙신	87.0
5. 홀쭉이 : 홀쭈기	75.3	30. 횟수 : 회수	85.3
6. 딱따구리 : 딱다구리	80.3	31. 수벌 : 숫벌 : 수펄	45.3
7. 일찍이 : 일찌기	62.0	32. 수소(황소) : 숫소	32.0
8. 댑싸리 : 대싸리	30.3	33. 모가치 : 몫아치	50.3
9. 휴게실 : 휴계실	70.3	34. 서슴지 : 서슴치	27.0
10. 늴리리 : 닐리리	15.3	35. 생각건대 : 생각컨대	29.4
11. 남녀 : 남여	58.3	36. 가까워 : 가까와	75.3
12. 은닉 : 은익	72.0	37. 아무튼 : 아뭏든	72.0
13. 쌍룡 : 쌍용	18.6	38. 나무꾼 : 나뭇꾼 : 나뭇군	45.3
14. 백분율 : 백분률	60.3	39. 곱빼기 : 곱배기	33.6
15. 성공률 : 성공율	62.0	40. 집에 갈게 : 집에 갈께	33.6
16. 등용문 : 등룡문	83.6	41. 강낭콩 : 강남콩	44.4
17. 정릉 : 정능	65.3	42. 사글세 : 삯월세	37.8
18. 깍두기 : 깍뚜기 : 깍둑이	40.3	43. 깡충깡충 : 깡총깡총	41.1
19. 촉촉이 : 촉촉히	28.6	44. 뻗정다리 : 뻗장다리	66.1

단 어	정답률(%)	단 어	정답률(%)
20. 낭랑하다 : 낭낭하다	62.0	45. 주추 : 주초	37.8
21. 찌개 : 찌게	47.0	46. 냄비 : 남비	69.4
22. 육개장 : 육계장	55.3	47. 아지랑이 : 아지랭이	56.1
23. 떡볶이 : 떡복기 : 떡뽁기	58.6	48. 귀염둥이 : 귀염동이	81.1
24. 덮밥 : 덥밥	77.0	49. 시골내기 : 시골나기	77.8
25. 며칠 : 몇일	67.0	50. 괴팍하다 : 괴퍅하다	94.4
51. 미루나무 : 미류나무	82.8	76. 넉자 : 네자	59.4
52. 케케묵다 : 켸켸묵다	86.1	77. 담배꽁초 : 댐배꽁추	94.4
53. 바람 : 바램	42.8	78. 설거지 : 설겆이	32.9
54. 주책 : 주착	87.8	79. 샛별 : 새벽별	81.1
55. 윗분 : 웃분	82.8	80. 맞춤 전문 : 마춤 전문	77.8
56. 재봉틀 : 자봉틀	94.4	81. 흐리멍덩하다 : 흐리멍텅하다	31.1
57. 애달프다 : 애닳다	69.4	82. 채신머리 : 체신머리	52.8
58. 잔돈 : 잔전	86.1	83. 괴나리봇짐 : 개나리봇짐	32.7
59. 흰말 : 백말	42.0	84. 왠지 : 웬지	64.4
60. 총각무 : 알타리무	42.8	85. 해님 : 햇님	34.4
61. 멍게 : 우렁쉥이	9.4	86. 지루한 : 지리한	91.1
62. 물방개 : 선두리	2.8	87. 메밀국수 : 모밀국수	54.4
63. 애순 : 어린순	4.4	88. 수꿩 : 숫꿩	51.1
64. 숙성하다 : 숙지다	84.4	89. 수놈 : 숫놈	32.8
65. 우레 : 우뢰	32.8	90. 수퇘지 : 숫돼지	26.1
66. 왼손잡이 : 왼손잽이	87.8	91. 숫양 : 수양	72.8
67. 창피 : 챙피	81.1	92. 윗목 : 웃목	74.4
68. 까다롭다 : 까탈스럽다	84.4	93. 위층 : 윗층	36.1
69. 멋쟁이 : 멋장이	67.8	94. 웃어른 : 윗어른	56.1

단 어	정답률(%)	단 어	정답률(%)
70. 숯장이 : 숯쟁이	47.8	95. 삼수갑산 : 산수갑산	26.1
71. 개구쟁이 : 개구장이	62.8	96. 혈혈단신 : 홀홀단신	38.4
72. 돌 : 돐	41.1	97. 풍비박산 : 풍지박산	27.8
73. 무 : 무우	47.8	98. 아연실색 : 아연질색	44.4
74. 상추 : 상치	66.1	99. 괴발개발 : 개발쇠발	39.4
75. 서돈 : 세돈	46.1	100. 홑몸(임산부) : 홀몸	37.8
합계		100문항	55.8

2. 다음은 부적절한 단어를 사용한 문장이다. 바르게 고쳐보자.

1) 지은 지 몇 년 안 되는 건물인데도 벽에 분열의 흔적이 있다.

2) 시의 언어는 보통의 경우 비약적이고 날카로운 것이 일례이다.

3) 시험을 앞두고 안절부절하는 수험생들이 의외로 많다.

4) 물고기가 어제보다 세 갑절이나 많이 잡혔다.

5) 영업부에서는 포괄적으로 사표를 쓰기로 했다.

6) 그 비행기는 악천후로 인한 기체고장 때문에 추락한 것으로 예측되었다.

7) 야단을 맞은 학생이 풀이 죽어 땅만 쳐다보고 있었다.

8) 교각살우(矯角殺牛)라더니 소 잃고 외양간 고치는 격이로군.

9) 새들이 바위에 입을 닦고 있었다.

10) 미국산 농산물들에서 다량의 농약 성분이 검출되었다는 보도가 있었다.

11) 이번 회의에 붙여진 안건은 다음과 같다.

12) 외국으로부터 빌어다 쓰는 돈을 차관이라고 한다.

13) 지금 이 시간부터 모든 금융 거래는 실명으로 해야 한다.

14) 버스 정류장에서 매일 그녀와 부딪히곤 했다.

____

15) 연주회가 끝나자 객석에 앉은 관중들은 일제히 박수를 쳤다.

____

16) 마지막 한 발만 과녁 중앙에 맞췄더라면 금메달을 땄을 것이다.

____

3. 다음은 경제성을 위반한 문장이다. 바르게 고쳐보자.

1) 그는 약관(弱冠) 이십 세의 나이에 소설가로 이름을 온 나라에 펼쳤다.

____

2) 주지하다시피 민주주의 정착 과정에는 얼마간의 혼란이 있게 마련임을 잘 알고 있다.

____

3) 도저히 수용하지 못해 용납할 수 없는 경우가 매우 허다하게 많습니다.

____

4) 돌이켜 회고해 보면 형극(荊棘)의 가시밭길을 우리는 걸어 왔습니다.

____

5) 사방에서 들리는 터지는 폭음(爆音) 소리에 귀가 멍멍했다.

____

6) 이디오피아에서는 지금 이 순간에도 굶주림으로 죽어 가는 아사자들이 매우 많다.

4. 다음은 조사의 쓰임이 잘못된 문장이다. 바르게 고쳐보자.

1) 언론은, 그것은 선수들보다 감독의 책임이다라고 지적하였다.

2) 원시 시대부터 인간은 끊임없이 발전해 왔다는 점은 사실이다.

3) 철수의 어머니는 온갖 화초를 기르는 데 친자식과 같이 화초에게도 정성을 다 쏟는다.

4) 백두산으로부터 흘러내린 물이 두만강을 이루어 동해에 이른다.

5) 가장 기쁜 일은, 나를 지도해 주신 박 교수님으로부터 칭찬과 격려의 글을 보내 주신 것이다.

6) 인류의 장래에 대해 생각한다면 환경 보호를 앞장서야 한다.

7) 요즈음 대학생들 사이에는 우리의 전통을 발굴해서 전승하자라는 바람이
불고 있다.

___

8) 소크라테스는 "악법도 법이다."고 말했다.

___

9) 통일은 우리 민족의 역사적 과제임으로 반드시 이루어야 한다.

___

5. 다음은 수식 관계가 모호한 문장이다. 바르게 고쳐보자.

1) 그녀는 미소를 머금고 이야기하는 아이를 바라보고 있었다.

___

2) 이 나무는 우리 나라의 습기가 많은 언덕과 계곡에서 잘 자란다.

___

3) 나는 젊었을 때 너무 방탕한 생활을 했다고 후회할 때 이미 때는 늦을 거
라 시던 어머니의 말씀을 떠올렸다.

___

4) 뚱뚱한 여자와 남자가 찾아왔다.

___

5) 생일 잔치에 초대받은 사람이 다 오지 않았다.

6) 국문학을 전공한 형님의 친구가 어제 우리 집에 왔었다.

7) 철수는 영수가 미경이가 집에 돌아오지 않았다는 사실을 영수가 잊었다고
생각한다.

8) 달 밝은 밤, 이슬과 바람이 솔솔 분다.

6. 호응 관계가 부적절한 문장이다. 바르게 고쳐보자.

1) 단편 소설은 길이가 짧은 대신, 장편 소설이 제공할 수 없는 강한 인상이다.

2) 산업 스파이는 향수에서 자동차, 비행기, 로켓에 이르기까지 공업 생산품
은 모두가 빠짐 없이 대상에 오른다.

3) 내가 여러분께 드릴 말씀은, 우리 학교의 발전은 학생들의 면학 분위기
조성이 필요하다고 단언하는 바입니다.

4) 신문은 정치, 경제, 사회, 문화 등의 우리 주변 일들이 모두 기사 대상이다.

5) 무엇보다 중요한 것이 인간이 문명의 이기를 사용할 때 그것이 인간 자신을 위하여 슬기롭게 사용되어야 한다.

6) 연이은 행사로 말미암은 피로에도 불구하고 나는 내내 마음이 편하지 못했다.

7) 다리뼈가 부러진 것으로 보도됐던 그녀는 사실 타박상과 경미한 상처만을 입고 곧 퇴원할 예정이다.

8) 모든 국민은 자연을 사랑하고 수련해야 된다.

9) 추석 같은 명절에 귀향하는 사람들은 각자가 자가용 승용차를 삼가야 한다.

10) 현대 스포츠는 상업주의가 팽창하여 많은 문제점들이 발생한다.

11) 심지어 친구들까지도 나를 얌전 내지는 말이 없다는 식으로 이야기를 했다.

12) 잠시 후 대통령께서 긴급 담화문 발표가 계시겠습니다.

13) 맑은 물과 흰 구름이 감도는 봉우리를 바라보았다.

14) 폭 넓은 독서와 부지런히 운동을 하면 훌륭한 사람이 될 거야.

15) 수험생치고 누구나 열심히 공부하게 마련이다.

16) 사과는 빨갛고 배는 달다.

17) 모든 학생들이 축구를 하고 있는데 철수가 철봉을 하고 있다.

7. 일주일 간의 각종 신문이나 방송에서 나타나는 여러 가지 언어의 오용 사례를
조사하여 발표해보자.

날짜	방송 매체	프로그램	오용 실태	
			틀린 말	바른 말

8. 인터넷 상에서 이루어지는 국어의 변질된 유형과 실태, 문제점, 국어의 미래에
   끼칠 영향에 대해 조사하여 발표해보자.

제2장 글쓰기는 어떻게 완성되는가

1. 주제의 발견
2. 글쓰기의 네비게이션, 개요
3. 절차를 알면 글이 보인다
4. 효과적인 글쓰기에 이르는 방법

제2장 글쓰기는 어떻게 완성되는가

1. 주제의 발견

1) 왜 글을 쓰는가

글을 쓸 때에 글을 쓰는 동기와 목적이 무엇인지를 분명히 하는 것이 올바른 글쓰기를 위해 반드시 필요한 일이다. 왜 글을 쓰게 되었는지 무엇 때문에 글을 쓰는지를 분명하게 해두지 않으면 글의 방향을 제대로 잡기 어렵다.

글은 일상적인 생활의 필요에 의해 쓰는 경우가 많다. 부모님께 보내는 안부 편지나 동창회 모임을 알리는 글 등은 모두 실용적인 목적을 지닌다. 새로 나온 물건을 소개하는 광고문 같은 것은 상업적인 필요에 의해 작성된다. 회사에 취직하기 위해 자기 자신을 소개하는 글도 실용적인 목적에 의해 쓰는 것이다.

자신의 주장이나 의견을 내세우기 위해 쓰는 글도 많다. 어떤 문제를 제기하고 새로운 사실을 밝히기 위해 글을 쓰기도 한다. 신문의 논설이나 단평과 같은 글은 논리적으로 자신의 주장을 내세우는 글이다. 조사 내용을 보고하거나 실험 내용과 결과를 기록하는 객관적인 글은 정확하게 사실을 기록해 두는 것이 가장 중요하다.

글쓰기는 개인적인 표현 욕구에 의해 이루어지기도 한다. 책을 읽고 그 느낌을 기록한다든지, 아름다운 음악을 듣고 그 감상을 적어 두는 것은 흔히 볼 수 있는 글쓰기이다. 자신의 하루 생활을 기록하는 일기는 실용적인 목적에 따라 쓰는 경우도 있지만, 자기 표현의 한 방법으로써도 의미가 있다. 시나 소설이나 수필과 같은 예술적인 글은 개인적인 표현 욕구에서 이루어지는 것이 대부분이다. 이와 같이 목적에 따라 글을 쓰는 방법도 달라지게 된다.

2) 무엇을 쓸 것인가

누구나 글을 쓰기 전에 먼저 '무엇'을 쓸 것인가를 생각하게 된다. 그리고 '이런 것'을 쓰겠다는 구체적인 뜻을 갖게 되면, 곧바로 그 내용을 정리하여 글쓰기의 준비를 시작한다. 여기서 '이런 것'을 쓰겠다고 마음먹는 일이 곧 글의 주제를 선정하는 일에 해당한다.

글의 주제란 글 속에서 말하고자 하는 가장 중요한 내용이다. 글쓴이가 자기 글을 통해 드러내고자 하는 핵심적인 뜻이 주제다. 예를 들어, "이 글은 자연보호의 필요성에 대하여 쓴 것이다" 또는 "이 글은 민주주의의 참뜻에 대해서 썼다"고 할 경우, '자연 보호의 필요성'이나 '민주주의 참뜻'이 바로 글의 주제가 된다는 말이다.

글쓰기의 가장 주요한 첫 번째의 열쇠가 주제의 설정이다. 주제를 정하는 일은 글쓰기의 출발점에 해당한다. 주제가 결정되어야 그 다음에 재료를 수집하고 정리하여 하나의 글을 완결지을 수 있다. 카메라의 초점이 맞아야 선명한 사진을 만들 수 있는 것처럼, 글의 중심을 이루는 주제가 적절하게 설정되어야만 균형 있고 짜임새 있는 글을 쓸 수 있는 것이다.

글을 쓰고자 할 경우, 글의 재료를 늘어놓고 거기서 어떤 주제를 찾아내야 하는 때도 있지만, 대개 쓰고 싶은 주제를 먼저 정해 놓는 것이 보통이다. 그런 다음 그 주제를 표현하는 데 적합한 소재를 찾게 된다.

주제가 결정되지 않으면 글이 되지 않는다. 주제를 정하지 못하고 있다는 것은 글쓰는 이가 무엇을 써야 할 지 모르고 있다는 뜻이다. 그러므로 알맞은 주제를 설정하는 것은 다음과 같은 문제들을 전제로 한다.

(1) 생활 속에서 오랫동안 관심을 가지고 생각해왔던 일을 다루어야 한다. 왜

냐하면 자기 자신도 명확히 판단할 수 없는 모호한 대상을 주제로 잡는다면, 그만큼 불투명한 내용을 글로 써야 하는 어려움을 겪게 되기 때문이다. 처음부터 거창한 문제를 내세우기보다는 자신의 주변에서 보고, 듣고, 생각하고, 느꼈던 일을 주제로 설정하되 작고, 쉽고, 흥미 있는 일을 택하는 것이 좋다.

(2) 누구나 공감을 느낄 수 있는 것이어야 한다. 다른 사람들이 글을 읽고 관심을 표하며, 흥미를 느낄 수 있는 문제를 다루는 것이 좋다. 글을 읽을 사람들의 반응을 고려하여, 가급적이면 모든 사람들에게 연관될 수 있는 문제를 고르는 것이 바람직하다.

(3) 글을 쓰는 목적에 맞는 주제를 택해야 한다. 어떤 사실을 상대방에게 알리기 위한 글이라면, 사실을 정확하게 전달할 수 있도록 주제를 분명하게 제시하여야 한다. 그러나 시나 소설과 같은 예술적인 글에서는 글 속에 주제를 감추어 자연스럽게 그 표현을 통해 전달할 수도 있다. 어떤 문제를 제기하기 위한 글이라면, 그 문제점이 구체적으로 드러날 수 있도록 주제를 정해야 한다. 글을 쓰는 목적과 글의 주제가 일치되어야만 글의 일관성을 지킬 수 있다.

글을 쓰기에 알맞은 주제를 설정하기 위해서는 다음과 같은 단계를 거쳐 주제를 설정하는 것이 좋다.

제1단계	막연한 주제
무엇에 대해 쓸 것인가를 생각한다.	

⇩

제2단계	주제의 정리
자신의 관심과 능력에 맞춰 방향과 범위를 한정한다.	

⇩

제3단계	주제의 확정
자신의 견해를 분명하게 드러낼 수 있는 문제를 택한다.	

제1단계에서는 어떤 내용의 글을 쓸 것인가를 생각한다. '사랑'에 대해 글을 쓴다든지, '공해'에 대해 글을 써보겠다든지 하는 계획을 세울 수 있다. 그러나 주제의 범위가 너무 넓고 막연하여 그 방향을 정하기 어렵다.

제2단계에서는 막연한 주제의 내용을 정리하고 그 범위를 한정해야 한다. 역시 주의할 것은 무엇보다도 먼저 자기 자신의 능력과 관심에 맞춰서 주제의 범위와 방향을 정해야 한다는 점이다. '우주의 개발'이라든지 '식량의 위기'와 같은 주제는 분명 매력적인 것이지만, 그런 문제를 제대로 다룰 수 있는 것으로 한정한다. 그리고 자기 자신이 충분히 다룰 수 있는 문제를 골라야 한다.

제3단계에서는 자신의 주관적인 견해를 명확히 드러낼 수 있는 주제를 확정한다. 여기서 글의 핵심적인 내용과 그 방향이 결정되는 것이다.

3) 주제문 작성은 글쓰기의 반

글의 주제가 정해지면, 그 주제를 구체화하는 작업이 뒤따라야 한다. 주제를 더욱 분명히 드러낼 수 있도록 주제문을 작성해보는 것이 좋다. 주제를 결정했다 하더라도, 그 전체적인 방향은 하나의 문장으로 표현할 수 있을 때 비로소 명확해진다. 주제문을 써보면 생각이 한데로 모아져서 글이 주제에서 벗어나는 일을 막는다.

주제문은 글 전체의 통일성을 유지하기 위해서 필요한 것이다. 그러므로 주제를 하나의 명확한 문장으로 표현해야 한다. 주제문을 작성하는 것은 자신의 생각을 확인하는 것이기 때문에, 다음과 같은 사항에 유의해야 한다.

첫째, 완결된 문장으로 정리해야 한다. 생각을 메모하듯이 대강 적어두면, 자신의 생각이 흐트러질 우려가 있다. 자신이 생각하여 정리한 바를 문장으로 정확히 진술해 두면, 그 내용이 과제로 자각될 수 있을 뿐만 아니라, 사고가 흐트러지는 것도 방지할 수 있다.

둘째, 의문문, 감탄문, 부정문 등을 피하여 정리한다. 의문문으로 정리된 주제문은 '확신'보다는 '회의감'을 보여준다. 그러므로 주제문으로 의문문을 사용한다는 것은 처음부터 명확하지 않은 목표를 설정하는 것이다. 감탄문이나 부정문 역시 글쓴이의 감정이 전제되기 때문에 사고가 흐트러진 상태에서 글이 시작되는 것을 막기 어렵다.

셋째, 두 개의 내용이 맞서서 실질적으로 두 개의 주제문이 되는 경우를 피해야 한다. 주제문을 작성할 때 지나치게 욕심을 부려 여러 내용이 한 문장에 포함되는 경우가 있다. 이 경우 사고가 흐트러지는 것을 막기 어렵다. 따라서 세밀한 설명이나 논증 과정은 개요에서 구체적으로 드러내는 것이 바람직하다.

다음은 주제문을 작성할 때 나타나기 쉬운 잘못이다.

첫째, 불완전성이다.

- 현대 과학과 인류에 대하여
- 사회 안정의 필요성

주제문은 글을 쓸 때 필자의 의도를 흐트러지지 않게 하기 위한 장치가 될 수 있다. 따라서 완결된 문장 형식을 갖추어, 논지 전개 과정에서 혼동을 일으키지 않을 수 있도록 써야 한다.

둘째, 모호성이다.

- 시적 화자인 나의 태도는 바람직하지 못하다.
- 대원군과 같은 삶을 살아야 한다.
- 사형 제도는 나쁘므로 폐지되어야 한다.

주제문이 모호하면 필자의 의사가 정확히 드러나지 않을 수밖에 없으며, 때로는 필자 스스로 논지 전개 과정 가운데 혼란에 빠지는 수도 있다.

셋째, 의문이나 감탄문을 쓰는 경우이다.

- 사람은 누구나 행복을 추구하는가?
- 이 세상에서 행복보다 중요한 것이 있을까?
- 안정된 사회는 얼마나 아름다우냐!

필자의 태도를 모호하게 하는 주요한 요소가 되므로 반드시 주의해야 한다. 넷째, 수식어가 들어가는 경우이다.

- 환경 보호를 위해서는 악마와 같은 대기 오염을 방지해야 한다.
- 중동은 세계의 화약고이다.

이와 같은 수식어는 명확한 기준과 범주를 제시해야 하는 주제문과 전혀 어울리지 않는다. 비유적인 수식어가 보는 사람에 따라 다르게 생각할 수 있는 여지를 제공하기 때문이다.

4) 주제와 관련된 자료 찾기

**표절은 곧 폐가망신의 지름길이다.
절대 표절하지 말자.**

네이버 지식인이나, 1,000원 2,000원짜리 리포트 절대 이용하지 말자. 이는 이미 독창성을 상실한 자료일 뿐만 아니라, 부정확한 자료를 근거로 한 형편없는 내용을 다루고 있다. 그러므로 공신력 있는 기관의 자료를 찾아, 논리의 근거로 삼아야 한다. 즉 학교 도서관이나 국회도서관, 국립도서관의 자료를 검색하여 이용하는 것이 좋다. 자료를 신속히 찾아 정리하는 능력은 21세기 인재의 대표적인 징표이다. 무한히 많은 고급정보와 저급정보가 넘쳐나는 현 시점에 이를 객관적으로 판단하고, 필요한 자료를 탐색하는 능력은 무척 중요한 능력이자 자질이다.

글의 주제가 정해지고 나면 그 내용을 풍부하게 살려줄 수 있는 자료를 찾아야 한다. 글의 내용을 이루는 여러 가지 소재는 많지만, 그것들이 모두 글을 쓰는 데에 필요한 것은 아니다. 글의 주제와 관련되는 것만을 선택해야 한다.

글의 소재는 다음과 같은 기준에 의해 수집 선택하는 것이 좋다.

첫째, 주제를 뒷받침할 수 있는 것이어야 한다. '여성의 사회 진출'에 대한 글을 쓰고자 할 경우에는 여성의 교육, 취업률, 취업 분야, 직장에서의 처우 등과 같은 문제에 관련되는 자료를 모아야 한다. 주제 내용과 직접적으로 연관되지 않는 자료를 일부러 모을 필요가 없다. 주제를 정확하게 효율적으로 전달할 수 있는 소재만을 선택해야 한다.

둘째, 내용이 확실한 소재를 골라야 한다. 글의 소재는 근거가 분명해야 한다. 어디에 근거한 것인지 알 수 없거나, 그 내용의 확실성을 보장할 수 없는 자료를 이용해서는 안 된다. 정확한 내용을 담고 있지 않은 소재는 글의 주제를 살릴 수가 없을 뿐만 아니라, 글의 생명도 유지할 수 없게 만든다.

셋째, 글의 소재는 다양하고 풍부해야 한다. 소재가 부족하면 글의 내용이 단조롭게 되거나 흥미가 줄어든다. '여성의 사회 진출' 문제를 다루는 데 있어서 주제를 부정적으로 해석하도록 하는 자료들만 나열한다면, 글의 내용도 충실하지 못하고 논지의 균형을 잃기 쉽다.

넷째, 다른 사람들이 흥미와 관심을 가질 수 있는 소재이어야 한다. 최신의 정보를 담지 않은 자료는 관심을 끌 수가 없다. 예를 들면, 지난 80년대에 조사된 여성의 취업 인구에 대한 조사 자료만으로 '여성의 사회 진출'이라는 글을 제대로 쓸 수가 없다. 최소한 90년대 이후 또는 2000년 이후 여성의 취업률을 보여주는 자료가 있어야만 훨씬 구체적이며 흥미있는 글을 쓸 수 있을 것이다.

글의 소재를 선택한 뒤에는 글을 쓰는 데에 편리하도록 모든 소재들을 정리해 놓아야 한다. 소재를 정리할 때는 하나의 초점을 발견할 수 있도록 하고, 글의 내용과 중요성에 따라 정리해 두어야 한다. 일반적으로 글의 소재는 다음과 같이 정리하는 것이 좋다.

첫째, 모든 소재들은 주제에 잘 부합되는 것인가를 확인해야 한다. 소재들이 어느 한쪽으로만 치우친 경우에는 부족한 부분의 자료를 더 조사해야 한다. 그리고 나서 그 소재들을 내용이 서로 관계되는 것끼리 묶어 둔다. 글의 내용을 전개하는 데에 편리하게 이용할 수 있다.

둘째, 글의 주제와 직접적으로 관계되는 것과 부수적인 것을 구분해 둔다. 흔히 일차적인 자료와 이차적인 자료로 구분하기도 하고, 직접적인 자료와 간접적인 자료로 구분하기도 한다. 글의 주제와 직접적으로 관계되는 소재는 글의 내용에 적절하게 활용하고, 그렇지 않은 것은 글을 쓰는 데에 참고한다.

셋째, 모든 소재들은 글의 전체적인 구상에 따라 대강의 순서를 정하여 배열해 두는 것이 좋다. 실제로 글을 쓸 때 효과적으로 소재들을 활용할 수 있다.

학과 : ___________   학번 : ___________   이름 : ___________

1. 다음과 같은 생활 체험을 바탕으로 글을 쓰고자 할 때, 어떤 방향으로 주제를 정하는 것이 좋은가를 생각해 보자. 적절한 주제를 정하고 주제문을 작성해보자.

   1) 상암 월드컵경기장에서 남북이 축구시합을 하고 있는데, 남북이 일방적으로 자기 측의 선수만을 응원하고 있다.

   ____

   2) 서울역 지하보도에 아무도 돌보지 않는 외로운 노인들이 많다.

   ____

   3) 만원인 지하철에서 노약자석이 비어있음에도 불구하고 사람들이 그 자리에 앉지 않는다.

   ____

   4) 여름 농촌봉사활동을 가 모내기를 하는데, 실수로 넘어진 여학생에게 같이 일하던 할머니가 욕을 하며 빨리 일어나라고 소리치신다.

   ____

2. 다음 사항들을 주제 설정의 방법에 따라 자신의 생각에 알맞은 주제로 한정해 보고, 주제문을 작성해보자.

   1) 대학

   ____

2) 우리 농산물

3) 인터넷

3. 다음 글을 읽고 아래의 문제를 생각해보자.

> 이 글은 1854년 미국 대통령 피어스에 의해 파견된 백인 대표자들이 이 땅을 팔 것을 제안한 것에 대한 답글로서, 미국 독립 200주년을 기념한 고문서 비밀해제로 120년 만에 세상에 알려졌다.

우리는 모두 형제들이다

나와 함께 온, 지금 당신들 앞에 서 있는 한 무리의 이 사람들은 나의 부족이며 나는 그들의 추장이다. 우리는 왜 이곳에 왔는가? 연어 떼를 구경하기 위해서이다. 올해의 첫 연어 떼가 강물로 거슬러 올라오는 것을 축하하기 위해 여기에 왔다.

연어는 우리의 주된 식량이기 때문에 연어 떼가 일찌감치 큰 무리를 지어 강의 위쪽으로 거슬러 오는 걸 보는 일만큼 우리에게 즐거운 일은 없다. 그 숫자를 보고서 우리는 다가오는 겨울에 식량이 풍부할 것인가를 미리 안다.

오늘 우리의 마음이 더없이 기쁜 까닭은 그 때문이다. 수를 헤아릴 수 없을 만큼 많은 연어 떼가 햇살에 반짝이며 춤추는 것을 우리는 우리의 눈으로 직접 보았다. 또 한 번의 행복한 겨울이 우리를 찾아올 것을 짐작한다.

우리가 무리를 이루어 몰려왔다고 해서 전투를 벌이려고 온 것으로 생각하지 말아 달라. 나는 당신들이 우리의 땅에 온 것을 기쁘게 여기고 있다. 당신들과 우리는 모두가 이 대지의 아들들이며, 어느 한 사람 뜻 없이 만들어진 사람이 없다. 하지만 한 가지 묻고 싶은 것이 있다. 당신들은 이 땅에 와서, 이 대지 위에 무엇을 세우고자 하는가? 어떤 꿈을 당신들의 아이들에게 들려주는가? 내가 보기에 당신들은 그저 땅을 파헤치고 건물을 세우고 나무들을 쓰러뜨릴 뿐이다. 그래서 행복한가? 연어 떼를 바라보며 다가올 겨울의 행복을 짐작하는 우리만큼 행복한 것인가? 워싱턴의 대추장이 우리 땅을 사고 싶다는 전갈을 보내왔다. 대추장은 우정과 선의의 말도 함께 보냈다. 그가 답례로 우리의 우의를 필요로 하지 않는다는 것을 잘 알고 있으므로 이는 그로서는 친절한 일이다. 그의 부족은 숫자가 많다. 그들은 초원을 뒤덮은 풀과 같다. 하지만 나의 부족은 적다. 마치 폭풍이 휩쓸고 간 다음에 드문드문 서 있는 들판의 나무들과 같다. 백인 대추장은 우리의 땅을 사고 싶다는 제의를 하며 우리에게는 아무런 불편 없이 살 수 있도록 하겠다고 덧붙였다. 우리는 그대들의 제안을 진지하게 고려해 볼 것이다. 우리가 땅을 팔지 않으면 백인이 총을 들고 와서 우리 땅을 빼앗을 것임을 우리는 알고 있다.

그대들은 어떻게 저 하늘이나 땅의 온기를 사고 팔 수 있는가? 우리로서는 이상한 생각이다. 공기의 신선함과 반짝이는 물은 우리가 소유하고 있지도 않은데 어떻게 그것들은 팔 수 있다는 말인가?

우리에게는 이 땅의 모든 부분이 거룩하다. 빛나는 솔잎, 모래 기슭, 어두운 숲속 안개, 맑게 노래하는 온갖 벌레들, 이 모두가 우리의 기억과 경험 속에서는 신성한 것들이다. 나무속에 흐르는 수액은 우리 홍인(紅人)의 기억을 실어 나른다. 백인은 죽어서 별들 사이를 거닐 적에 그들이 태어난 곳을 망각해 버리지만, 우리가 죽어서도 이 아름다운 땅을 결코 잊지 못하는 것은 이것이 바로 우리 홍인의 어머니이기 때문이다. 우리는 땅의 한 부분이고 땅은 우리의 한 부분이다. 향기로운 꽃은 우리의 자매이다. 사슴, 말, 큰 독수리, 이들은 우리의 형제들이다. 바위산 꼭대기, 풀의 수액, 조랑말과 인간의 체온 모두가 한 가족이다.

워싱턴 대추장이 우리 땅을 사고 싶다는 전갈을 보내온 것은 곧 우리의 아버지가 되고 우리는 그의 자식이 되는 것이다. 그러나 땅을 사겠다는 그대들의 제안을 잘 고려해 보겠지만, 우리에게 있어 이 땅은 거룩한 것이기에 그것은 쉬운 일이 아니다. 개울과 강을 흐르는 이 반짝이는 물은 그저 물이 아니라 우리 조상들의 피다. 만약 우리가 이 땅을 팔 경우에는 이 땅이 거룩한 것이라는 걸 기억해 달라. 거룩할 뿐만 아니라, 호수의 맑은 물속에 비추인 신령스러운 모습들 하나하나가 우리네 삶의 일들과 기억들을 이야기해 주고 있음을 아이들에게 가르쳐야 한다.

물결의 속삭임은 우리 아버지의 아버지가 내는 소리이다. 강은 우리의 형제이고 우리의 갈증을 풀어준다. 카누를 날라주고 자식들을 길러준다. 만약 우리가 땅을 팔게 되면 저 강들이 우리와 그대들의 형제임을 잊지 말고 아이들에게 가르쳐야 한다. 그리고 이제부터는 형제에게 하듯 강에게도 친절을 베풀어야 할 것이다.

아침 햇살 앞에서 산안개가 달아나듯이 홍인은 백인 앞에서 언제나 뒤로 물러났지만 우리 조상들의 유골은 신성한 것이고 그들의 무덤은 거룩한 땅이다. 그러니 이 언덕, 이 나무, 이 땅덩어리는 우리에게 신성한 것이다.

백인은 우리의 방식을 이해하지 못한다는 것을 우리는 알고 있다. 백인에게는 땅의 한부분이 다른 부분과 똑같다. 그는 한밤중에 와서는 필요한 것을 빼앗아 가는 이방인이기 때문이다. 땅은 그에게 형제가 아니라 적이며, 그것을 다 정복했을 때 그는 또 다른 곳으로 나아간다. 백인은 거리낌 없이 아버지의 무덤을 내팽겨 치는가 하면 아이들에게서 땅을 빼앗고도 개의치 않는다. 아버지의 무덤과 아이들의 타고난 권리는 잊혀지고 만다. 백인은 어머니인 대지와 형제인 저 하늘을 마치 양이나 목걸이처럼 사고 약탈하고 팔 수 있는 것으로 대한다. 백인의 식욕은 땅을 삼켜 버리고 오직 사막만을 남겨놓을 것이다. 모를 일이다. 우리의 방식은 그대들과는 다르다. 그대들의 도시의 모습은 홍인의 눈에 고통을 준다. 백인의 도시에는 조용한 곳이 없다. 봄 잎새 날리는 소리나 벌레들의 날개 부딪치는 소리를 들을 곳이 없다.

나는 홍인이라서 이해할 수가 없다. 인디언은 연못 위를 쏜살같이 달려가는 부드러운 바람소리와 한낮의 비에 씻긴 바람이 머금은 소나무 내음을 사랑한다. 만물이 숨결을 나누고 있음으로 공기는 홍인에게 소중한 것이다. 짐승들, 나무들, 그리고 인간은 같은 숨결을 나누고 산다. 백인은 자기가 숨 쉬는 공기를 느끼지 못하는 듯하다. 여러 날 동안 죽어가고 있는 사람처럼 그는 악취에 무감각하다. 그러나 만약 우리가 그대들에게 땅을 팔게 되더라도 우리에게 공기가 소중하고, 또한 공기는 그것이 지탱해 주는 온갖 생명과 영기(靈氣)를 나누어 갖는다는 사실을 그대들은 기억해야만 한다. 우리의 할아버지에게 첫 숨결을 베풀어준 바람은 그의 마지막 한숨도 받아준다. 바람은 또한 우리의 아이들에게 생명의 기운을 준다. 우리가 우리 땅을 팔게 되더라도 그것을 잘 간수해서 백인들도 들꽃들로 향기로워진 바람을 맛볼 수 있는 신성한 곳으로 만들어야 한다.

우리는 우리의 땅을 사겠다는 그대들의 제의를 고려해보겠다. 그러나 제의를 받아들일 경우 한 가지 조건이 있다. 즉 이 땅의 짐승들을 형제처럼 대해야 한다는 것이다. 나는 미개인이니 달리 생각할 길이 없다.

나는 초원에서 썩어가고 있는 수많은 물소를 본 일이 있는데 모두 달리는 기차에서 백인들이 총으로 쏘고는 그대로 내버려 둔 것 들이었다. 연기를 뿜어대는 철마가 우리가 오직 생존을 위해서 죽이는 물소보다 어째서 더 중요한지를 모르는 것도 우리가 미개인이기 때문인지 모른다. 짐승들이 없는 세상에서 인간이란 무엇인가? 모든 짐승이 사라져버린다면 인간은 영혼의 외로움으로 죽게 될 것이다. 짐승들에게 일어난 일은 인간들에게도 일어나기 마련이다.

만물은 서로 맺어져 있다. 그대들이 온 이후로 모든 것이 사라졌다. 이제 삶은 끝났고 살아남는 일만이 시작되었다. 이 넓은 대지와 하늘은 삶을 살 때는 더없이 풍요로웠지만, 살아남는 일에 있어서는 더없이 삭막한 곳일 따름이다.

그대들은 아이들에게 그들이 딛고 선 땅이 우리 조상의 뼈라는 것을 가르쳐야 한다. 그들이 땅을 존경할 수 있도록 그 땅이 우리 종족의 삶들로 충만해 있다고 말해주라. 우리가 우리 아이들에게 가르친 것을 그대들의 아이들에게도 가르치라. 땅을 우리 어머니라고, 땅 위에 닥친 일은 그 땅의 아들들에게도 닥칠 것이니, 그들이 땅에다 침을 뱉으면 그것은 곧 자신에게 침을 뱉는 것과 같다. 땅이 인간에게 속하는 것임을 우리는 알고 있다.

만물은 마치 한 가족을 맺어주는 피와도 같이 맺어져 있음을 우리는 알고 있다. 인간은 생명의 그물을 짜는 것이 아니라 다만 그 그물의 한 가닥에 불과하다. 그가 그 그물에 무슨 짓을 하든 그것은 곧 자신에게 하는 짓이다. 그러나 우리는 우리 종족을 위해 그대들이 마련해 준 곳으로 가라는 그대들의 제의를 고려해 보겠다. 우리는 떨어져서 평화롭게 살 것이다. 우리가 여생을 어디서 보낼 것인가는 중요하지 않다. 우리의 아이들은 그들의 아버지가 패배의 굴욕을 당하는 모습을 보았다. 우리의 전사들은 수치심에 사로잡혔으며 패배한 이후로 헛되이 나날을 보내면서 단 음식과 독한 술로 그들의 육신을 더럽히고 있다.

우리가 어디서 우리의 나머지 나날을 보낼 것인가는 중요하지 않다. 그리 많은 날이 남아있지도 않다. 몇 시간, 혹은 몇 번의 겨울이 더 지나가면 언젠가 이 땅에 살았거나 숲속에서 조그맣게 무리를 지어 지금도 살고 있는 위대한 부족의 자식들 중에 그 누구도 살아남아서 한때 그대들만큼이나 힘세고 희망에 넘쳤던 사람들의 무덤을 슬퍼해 줄 수도 없는 것이다.

그러나 내가 왜 우리 부족의 열망을 슬퍼해야 하는가? 부족이란 인간들로 이루어져 있을 뿐 그 이상은 아니다. 인간들은 바다의 파도처럼 왔다갔다 간다. 자기네 하나님과 친구처럼 함께 걷고 이야기하는 백인들조차도 이 공통된 운명에서 벗어날 수는 없다. 백인들 또한 언젠가는 알게 되겠지만 우리가 알고 있는 한 가지는 우리 모두의 하나님은 하나라는 것이다. 그대들은 땅을 소유하고 싶어 하듯 하느님을 소유하고 있다고 생각하고 있는지 모르지만 그것은 불가능한 일이다. 하느님은 인간의 하느님이며 그의 자비로움은 홍인에게나 백인에게나 꼭 같은 것이다. 이 땅은 하느님에게 소중한 것이므로 땅을 해치는 것은 창조주에 대한 모욕이다. 백인들도 마찬가지로 사라져 갈 것이다. 어쩌면 다른 종족보다 더 빨리 사라질지 모른다. 계속해서 그대들의 잠자리를 더럽힌다면 어느 날 밤 그대들은 쓰레기더미 속에서 숨이 막혀 죽을 것이다. 그러나 그대들이 멸망할 때 그대들을 이 땅에 보내주고 어떤 특별한 목적으로 그대들에게 이 땅과 홍인을 지배할 권한을 허락해 준 하느님에 의해 그대들은 불태워져 환하게 빛날 것이다.

이것은 우리에게는 불가사의한 신비이다. 언제 물소들이 모두 살육되고 야생마가 길들여지고 은밀한 숲 구석구석이 수많은 인간들의 냄새로 가득차고 무르익은 언덕이 '말하는 쇠줄'(전화선)로 더럽혀질 것인지를 우리가 모르기 때문이다.

덤불은 어디에 있는가? 사라지고 말았다. 독수리는 어디에 있는가? 사라지고 말았다. 날랜 조랑말과 사냥에 작별을 고하는 것은 무엇을 의미하는가? 삶의 끝이자 죽음의 시작이다. 우리 땅을 사겠다는 그대들의 제의를 고려해 보겠다. 우리가 거기에 동의한다면 그대들이 약속한 보호구역을 가질 수 있을 것이다. 아마도 거기에서 우리는 얼마 남지 않은 날들은 마치게 될 것이다. 마지막 홍인이 이 땅에서 사라지고 그가 다만 초원을 가로질러 흐르는 구름의 그림자처럼 희미하게 기억될 때라도, 기슭과 숲들은 여전히 내 백성의 영혼을 간직하고 있을 것이다. 새로 태어난 아이가 어머니의 심장의 고동을 사랑하듯이 그들이 이 땅을 사랑하기 때문이다. 그러므로 우리가 땅을 팔더라도 우리가 사랑했듯이 이 땅을 사랑해 달라. 우리가 돌본 것처럼 이 땅을 돌보아 달라. 당신들이 이 땅을 차지하게 될 때 이 땅의 기억을 지금처럼 마음속에 간직해 달라. 온 힘을 다해서. 온 마음을 다해서 그대들의 아이들을 위해 이 땅을 지키고 사랑해 달라. 하느님이 우리 모두를 사랑하듯이.

한 가지는 알고 있다. 우리 모두의 하나님은 하나라는 것을. 이 땅은 그에게 소중한 것이다. 백인들도 이 공통된 운명에서 벗어날 수는 없다. 결국 우리는 한 형제임을 알게 되리라. 연어 떼를 보았으니 이제 나와 나의 부족은 행복한 얼굴로 돌아간다. 어쩌면 또 한 번의 행복한 겨울은 짐작에 그칠 뿐, 나의 부족에게 다시는 찾아오지 않을 꿈인지 모른다. 당신들 백인들에게 밀려, 살아남기 위해 고통 받아야 할 막막한 겨울 들판으로 뿔뿔이 떠나야 할지 모른다. 그러나 오늘 우리의 눈으로 직접 본 연어 떼의 반짝이는 춤을 나의 부족은 잊지 못할 것이다. 이것으로 내 말을 마친다.

- <시애틀 인디언 추장의 연설문>(1854년)

1) 이 글에 나타나 있는 글의 소재를 알아보자.

2) 이 글에서 가장 강조하고 있는 문제는 어떤 것인가?

3) 이 글이 현실 속에 드러나 있는 문제점을 제시하는 데에 목적을 두고 있다면, 글의 주제와 소재가 목적에 잘 부합되고 있는지 검토해보자.

2. 글쓰기의 네비게이션, 개요

개요는 쉽게 말하자면 글의 설계도이다. 하나의 건축물을 완성하기 이전에 설계도를 이렇게 저렇게 그려보듯 글을 쓰기 이전에 글의 설계도를 열심히 그려보아야 한다. 더 쉽게 말하자면 개요는 글의 밑그림이다. 이 밑그림을 몇 차례 반복하여 그릴수록 글은 한결 빛이 난다.

개요 쓰기의 주된 이유는 독자와의 긴밀한 소통을 위해서이다. 그러기에 글쓰기의 사전 준비 작업이 철저해야 한다. 구체적이고 단계적이며 조직적으로 표현된 글을 쓰기 위하여 개요를 쓰고 또 써봐야 한다. 한 편의 글을 쓰기 위해서 글 전체의 윤곽을 거듭 다듬고 다듬는 노력이 깊어질 때, 논점이 일관된 글, 주제 의식이 깊은 글, 독자의 심금을 울릴 수 있는 글을 쓸 수 있다.

즉 어떻게 쓰리라는 글쓰기 계획을 세워 놓은 후 글을 써야 한다. 글의 설계도를 그린 후에 글을 써야 한다. 글감을 면밀하게 고르고 주제문을 정한 후 글의 설계도라 할 개요를 쓰는 것. 이것이 한 편의 글을 쓰기 전에 해야 하는 사전 준비 작업이다. 이처럼 한 편의 글을 쓰기 위해 미리 준비해야 할 일이 많다.

사전 준비 작업을 착실하게 할수록 글에 대한 글쓴이의 생각은 더욱 명료하게 정리된다. 특히 개요 작성은 글쓴이의 생각을 더욱 명료하게 하고 구체성을 띠게 하는 구상 방법이어서 글쓰기에 있어서 반드시 해야 하는 작업이다. 그래서 한 편의 글을 쓰기 전, 글의 윤곽을 가다듬는 훈련을 함으로써 자기가 쓰려는 글에 대한 자의식을 키워나가야 한다.

그러나 여기서 명심해야 할 것은 개요는 얼마든지 수정될 수 있고 변경될 수 있다는 점이다. 엄밀히 말해 완성된 개요는 존재하지 않는다. 개요는 끝없이 새로 고쳐질 수 있다. 개요 자체가 목적이 아니라는 것이다. 개요 작성은 글쓴이의 상상력과 정신과 조응하면서 끝없이 고쳐지는 대화의 과정이라는 점을 받아들이도록 한다.

- 개요는 글쓰기의 설계도이다.
- 개요 작성을 하지 않는 것보다 하는 것이 낫다.

- 개요는 언제든지 수정될 수 있다.
- 개요의 형식은 중요하지 않다. 글쓰기의 발상법, 논의의 구체성을 생각하라.

1) 개요 작성의 방법

개요 쓰기에 익숙해지려면 메모하는 습관, 기록하는 습관을 길러야 한다. 기록의 장점은 생각의 정리이다. 개요는 글쓰는 이의 생각을 더욱 체계적으로 정리시켜 준다는 점에서 메모가 발전한 형태라 할 수 있다. 메모를 통해 정리된 생각이 개요 작성을 통해 체계화된 것이다. 체계화된다는 말은 큰 논점들이 작은 논점으로 분류되고, 작은 논점이 더 작은 논점으로 분류되며 각 논점에 호응하는 세부들이 마련되어 유기적인 질서를 띤다는 의미이다.

그런데 개요 작성 이전에 해야 할 것이 주제문을 작성하는 일이다. 글의 주제문이 결정되지 않았는데 개요 작성을 할 수는 없다. 개요 작성은 분명히 글의 주제문을 구체적으로 논의하는 작업이기 때문이다. 개요는 어디까지나 설정된 주제를 하위 항목으로 구분하여 글의 논리와 체계를 기획하는 작업이다.

개요는 도입과 전개, 결론의 기본적인 구성으로 작성하는 것이 일반적이다. 도입 단락에서는 글쓰는 이의 생각을 최초로 표출하면 되고, 전개 단락에서는 도입 단락에서 표출한 생각들 즉, 추상적 차원에 머물러 있는 지은이의 생각에 근거와 이유를 제시하거나 그 생각을 설명, 논증, 서사, 묘사하며 논의를 구체화하고, 결론 단락에서 그 생각을 정리하면 된다.

다음 예를 통해 그 실제를 살펴보자.

과　　제 : 만화
주제문 : 만화는 그 역기능에 못지 않은 순기능이 있다.
개 요 :
1. 화제 제시 - 만화의 실태
2. 만화 부정론자의 시각
　　1) 폭력성

        2) 중독성
   3. 만화의 긍정적 기능 - 반론
        1) 상상력 증대
        2) 학습 매체로 효과적
        3) 정서 순화
   4. 맺음말

주제의 내용을 두 가지 이상의 중요한 논점으로 나누어 대항목을 정한다. 대항목은 두 가지 이상의 종속적인 논점으로 나누어 중항목 또는 소항목을 정한다. 각 항목은 상위 항목과 하위 항목이 일관성을 유지하도록 부호나 숫자로 표시한다.

2) 개요의 요건

효과적인 개요 작성의 출발은 먼저 자신이 쓰고자 하는 문제에 대한 개괄적인 답을 생각해 보는 것이다. 이것은 글의 전체 윤곽을 잡는데 도움을 준다. 이러한 과정과 수집된 자료를 분석하는 동안에 개요는 수정, 발전하여 좀더 구체적으로 드러나게 된다.

개요의 수정 발전 과정에서 글쓴이가 반드시 알아두어야 할 것이 있는데, 이것은 바로 개요를 구성하고 있는 여러 가지 항목들의 균형을 유지하는 것이다. 즉 글쓴이가 어떤 주제에 대하여 개괄적으로 생각하는 여러 가지 사항들을 논리적으로 묶는 작업이 중요하다. 다시 말하면 항목들을 제대로 분류하고 정리하는 절차라고 할 수 있다.

어떤 항목들을 비교하거나 분류할 때 그 대상은 보편적으로 비교할 수 있는 공통점들을 가져야 한다. 즉 이들은 모두 한 부류 안에 속하는 대상이어야 한다. 예를 들어 ○□△●■▲와 같은 항목이 있다면 이들은 그 속성과 공통점에 따라 Ⅰ.○● / Ⅱ. □■ / Ⅲ. △▲와 같이 논리적으로 묶일 수는 있지만, ○□(예: 영화와 연탄)과 같이 서로 무관한 것은 비교하거나 한데 묶일 수 없다. 비논리적 묶음은 좋은 개요를 낳을 수 없으므로 개요 작성 시에 이 점을 유의해야 한다. 다음은 우리가 개요를 작성할 때 많이 범하는 몇 가지 비논리적 묶음의 유형이다.

- 동일 관계를 혼동하는 경우 : 두 가지 사항이 서로 같은 범주에 있어 나눌 필요가 없는데도 나누어 비논리적인 분류가 되는 경우이다. 예를 들어 '최 선생님은 아주 부지런하다'와 '최 선생님은 휴식도 없이 연구한다'는 두 항목이 있을 때 이들을 나누는 것보다는 한 범주에서 다루는 것이 좋다.
- 대소 관계를 혼동하는 경우 : 상위관계와 하위관계로 구성된 항목이 동등한 단계로 묶여 비논리적인 분류가 되는 경우이다. 예를 들어 '김 군의 학교 성적'과 '김 군의 국어 성적'과 같은 항목은 전자가 후자에 비해 상위 개념이므로 동등한 단계로 묶여서는 안 된다.
- 모순 관계를 혼동하는 경우 : 한 부류에 속하는 A와 B가 합하여 완전한 상위집합을 구성하지 못해 비논리적 분류가 되는 경우이다. 예를 들어 '사회의 구성원'을 다루면서 '잘 사는 사람'과 '못 사는 사람'으로 구분하였다면 좋은 분류라고 볼 수 없다. 왜냐하면 이 두 항목 말고도 '보통으로 사는 사람'이 있기 때문이다.

다음은 잘못된 개요를 보인 것이다.

과   제 : 노래 가사
주제문 : 노래 가사의 비논리문은 곡의 분위기에 맞추기 위해 사용될 수 있으나 최소한의 사용이 바람직하다.
개요 :
1. 서론
  1) 조사동기와 목적
    ① 음운의 요소를 중시하는 가사는 비문을 많이 사용
    ② 비문과 비논리문이 곡에 미치는 효과

        ③ 잘못된 가사가 일반 대중에게 끼치는 효과

   2) 조사방법

        ① 자료수집 - 대중가요, 가곡집, 앨범에 수록된 노래 가사

        ② 분석방법 - a. 장르별 선곡 후 비문의 수 조사

                      b. 곡의 분위기에 대한 분석

2. 본론

   1) 대중가요

        ① 대부분의 가사가 비문 포함(평균 3개)

        ② a. 발라드 곡-비문이 많고 시적

           b. 트로트 곡-논리적이나 고리타분

   2) 한국 록음악

        ① 과도한 조사 생략, 중압적인 용어 사용

   3) 한국 가곡

        ① 주옥같은 시가 붙여진 경우가 많아 비문이 적다

   4) 번역되어 불리는 외국 가곡

        ① 정서의 차이인지 몰라도 논리 전개가 잘못된 가사가 많음

3. 결론

   1) 가사는 멜로디만큼 중요한 요소로 올바른 사용이 요구됨

   2) 특히 한국 록음악은 음악성에 비해 가사가 뒤떨어져 있음

위의 개요에서 여러 가지 문제점을 발견할 수 있다. 서론에서 제시한 '조사 동기와 목적'이 본론에서 제대로 나타나지 않은 점이나 결론이 본론의 내용을 적절히 요약, 정리하지 못했다는 문제점 그리고 '조사방법'에서 제시한 장르별/ 분위기별 분류가 본론에서 제대로 되어 있지 않은 점 등이 있으나 여기에서는 분류의 문제점을 중점적으로 살펴보기로 하자.

먼저 본론에서는 장르별로 4가지 항목을 대등하게 제시하였는데(대중가요, 한국 록음악, 한국 가곡, 번역되어 불리는 외국 가곡), 이 4가지 항목이 서로 대 등하게 묶일 수 있는 것인지를 검토하여야 한다. 대중가요, 한국 록음악, 한국 가곡, 번역되어 불리는 외국 가곡 등의 4가지 항목이 '우리 노래'라는 전체 집

합을 모두 포괄할 수 있는가 하는 점이다. 만약 그렇지 못하다면(예를 들어 ‘동요’도 이 집합에 속할 수 있다) 이 분류는 모순 관계를 혼동한 비논리적인 분류라고 할 수 있다.

또한 ‘대중가요’와 ‘한국 록음악’과의 관계, ‘한국가곡’과 ‘번역되어 불리는 외국 가곡’과의 관계에서는 각각 후자가 전자에 포함될 수 있으므로 대소 관계를 혼동한 분류라 할 수 있고, 곡의 분위기에 대한 분석에서도 대중가요의 분위기를 ‘발라드곡/트로트곡’으로 분류하였는데 이것도 모순 관계를 혼동한 경우이거나 시각에 따라서는 대소 관계를 혼동한 비논리적 분류라고 할 수 있다.

학과 : ____________   학번 : ____________   이름 : ____________

1. 다음의 개요에 따라 글을 쓰려고 한다. 개요에 맞는 글 전체의 주제문을 작성해
   보자.

       1. 대학 문화의 현주소
       2. 대중 문화와 대학 문화의 비교
           (1) 생산주체
           (2) 소비형태
           (3) 향유의식
       3. 비판적 대학 문화의 필요성
           (1) 대중 문화와 이데올로기의 문제
           (2) 지식인 문화의 역할
               ① 이데올로기 비판
               ② 상업주의적 상투성 비판
               ③ 대학과 대학인의 정체성 창출
       4. 대학의 위기와 대학 문화의 쇄신

   주제문 :
   ____
   ____
   ____
   ____

2. 제시된 개요의 문제점을 모두 찾아 고쳐보자.

주제문 : 우리 사회에 만연한 외모지상주의를 극복하기 위해서는 개인과
　　　　사회 전체가 함께 노력해야 한다.

1. 외모지상주의가 성행하는 현실
2. 외모지상주의가 발생한 원인
　　(1) 대중매체의 영향
　　(2) TV오락프로그램과 연예인의 성형 문제
3. 외모지상주의가 개인과 사회에 미치는 영향
　　(1) 개성 상실과 획일화
　　(2) 무분별한 소비문화 조장
　　(3) 능력보다 외모를 중시하는 사회 분위기 조성
4. 외모지상주의의 해결 방안
　　(1) 개인적 측면
　　　　① 자신만의 개성 창조
　　　　② 내면의 아름다움 추구
5. 올바른 미의 기준을 정립하고, 능력으로 평가받는 사회 구현

3. 주어진 글의 개요를 작성해보자.

　세상에는 마음에 안 드는 사람이 많다. 누구나 그런 생각을 해보았을 것이다. 단순히 생김새가 뭔가 거슬리는 사람도 있고, 나보다 너무 잘나서 싫은 사람도 있다. 나보다 별로 나을 것도 없는데 사회적 명망을 얻은 게 아니꼬울 수도 있다. 혹은 평소 잘 지내는 사람인데 그날따라 내 기분이 안 좋아서 욕을 한마디 해주고 싶은 때도 있다.

　하지만 우리는, 뒤에서 흉을 볼지라도 그 사람 면전에서는 가급적 싫은 티를 내지 않으려 노력한다. 최소한의 예의는 지켜야 하기 때문이다. 상대방이 나를 모르는 경우도 마찬가지다.

　그런데 왜 유독 인터넷에는 '악플'이 많이 달리는 것일까? 주변에 있는 평범한 사람과 누리꾼이 서로 다른 사람이 아닐진대, 대체 왜 이들은 인터넷에 접속만 하면 돌변하는 것일까. 일부에서는 익명성의 폐해라고 지적한다. 익명의 가면 뒤에 숨은 일부 누리꾼이 스트레스를 욕과 저주로 푼다는 것이다. 정부에서는 최진실씨의 자살을 계기로 실명제 강화를 추진한다고 한다. 그러면서 포털 뉴스나 싸이월드 미니홈피에 달린 악플이 텔레비전 뉴스의 자료 화면으로 등장한다.

　그런데 싸이월드는 전세계에서 유례를 찾기 어려운 실명 사이트다. 포털 사이트의 경우 댓글을 쓰려면 회원 가입을 해야 하고, 최근에는 다시 한 번 실명 확인 및 등록을 거치도록 했다. 그러니 익명성이 문제의 발단이라는 시각은 한참 빗나간 헛다리짚기가 아닐 수 없다. 사람들은 싸이월드에서 버젓이 자기 실명을 걸고도 욕을 한다.

　실제로 '최진실 사채설'을 인터넷에 올린 사람은 전부 경찰에 잡혔다. 마음만 먹으면 언제든지 추적이 가능하다. 우리나라처럼 사이트 가입 때 주민등록 번호를 넣지 않는 외국에서는 오히려 이런 문제가 덜 심각하다. 왜 그럴까?

　문제는 댓글을 다는 사람의 익명성이 아니라, 반대로 댓글이 달리는 뿌리글의 주인이 없기 때문이다. 가령 뉴스의 경우, 문제가 되는 공간이 해당 기사를 내보낸 언론사 사이트가 아니라 포털 사이트라는 점을 주목해야 한다.

언론사 사이트라도 악플이 전혀 없는 것은 아니지만, 같은 기사에 대한 악플의 비율이 언론사 사이트에서는 현저히 적다는 것을 알 수 있다. 즉, 아무리 성격이 '개차반'인 사람도 남의 '집'에 들어가서는 조금 예의를 차린다는 말이다. 수십 개 언론사의 기사가 쏟아져 들어오는 포털 사이트는 언론사 직원이 아닌 포털 직원이 관리하는 공간이다. 그러니까 문제의 핵심은 글 쓰는 이의 익명성이 아니라 '포털의 익명성'이라는 것이다. 면전에서 못할 말이라도 뒤에서 수군거릴 수 있는 것과 똑같은 이치다.

그럼 외국에서는 왜 이런 일이 발생하지 않는가? 간단하다. 포털 사이트가 뉴스 서비스를 하지 않기 때문이다. 뉴욕 타임스 기사는 뉴욕 타임스 사이트에서 본다. 구글이나 야후에서 읽는 것이 아니다. 결국 우리나라의 경우 기사가 기사 작성자가 아닌 제3자의 손에 의해 관리되는 곳에서 읽히고 소비되다 보니 '뒷담화 분위기'가 조성되는 것이다. 정부는 이른바 '최진실법'을 만들어 처벌을 강화한다고 하지만, 실명제의 예에서 보듯 그런다고 상황이 달라질지 의문이다. 6·15 남북회담 당시 나이트클럽 웨이터가 인공기를 걸고 '부킹 위원장 김정일'이라는 명함을 돌렸다가 국가보안법으로 체포된 사실을 기억해야 한다. 권력에 자의적 해석 권한을 주는 것은 민주주의가 아니다.

악플의 폐해를 보고 실명제 강화, 처벌 강화 같은 억압 정책을 펴기보다는 인터넷 서비스의 근본 구조를 고민할 때다.

—최내현, 「바보야 문제는 포털의 익명성이야」, <시사인>, 2008.10.14.

3. 절차를 알면 글이 보인다

1) 단락이란 무엇인가

단락은 한 덩어리의 생각을 나타내기 위해 내용상 밀접한 관계가 있는 문장들이 모여 이루어진 단위이다. 단락은 여러 개의 문장이 모여 하나의 공통된 의미를 전달하는 단위인 것이다. 맞춤법이나 단어, 띄어쓰기가 정확하지 않을 때 의미 전달이 이루어지지 않듯이 단락 구성이 어색해도 의미 전달이 쉽지 않다. 우리가 읽는 글 가운데 단락 나누기를 고려하지 않는 경향이 많은데, 유능한 필자가 되고자 한다면 단락나누기를 정확히 할 필요가 있다.

단락은 그 활용에 따라 다음과 같이 구분할 수 있다.

- 형식 단락 : 겉으로 드러나는 하나의 단락으로 원고지 쓸 때 첫 칸을 들여 쓰고, 끝날 때 줄 바꾸기를 함으로써 구분한다.
- 내용 단락 : 다루고 있는 내용이 하나로 통일 된 단락으로 형식 단락과는 달리 겉으로 드러나지 않는다.
- 형식 단락과 내용 단락의 관계 : 하나의 형식 단락 속에는 하나의 내용 단락이 들어 있는 것이 바람직하나 때에 따라서 내용 단락이 길면, 두 개 이상의 형식 단락으로 나눌 수도 있다.

단락을 나눌 때는 다음과 같은 점에 유의해야 한다.

- 하나의 형식 단락에 둘 이상의 내용 단락을 포함시키면 안 된다.
- 단락 나누기가 지나치게 빈번하면 글이 산만한 느낌을 준다.
- 형식 단락이 너무 길면 글이 지루한 느낌을 줄 우려가 있다(보통 하나의 형식 단락은 150자에서 250자 내외로 구성됨).

단락의 구성은 다음과 같다.

- 단락은 소주제문과 뒷받침 문장으로 이루어진다.
- 하나의 단락에 소주제를 여러 개 담으면 혼란스런 단락이 된다.
- 소주제문의 위치에 따라 두괄식, 미괄식, 양괄식, 중괄식 단락이 구성된다.

앞서도 살펴본 바, 단락은 소주제문과 뒷받침문장으로 이루어진다. 그러므로 소주제문과 뒷받침문장 사이에 유기성이 없거나, 내용이 바뀌지 않았는데 형식 단락을 나눈다면 독자가 글을 읽는데 혼란을 느끼게 될 것이다. 다음의 예를 참고해 보자.

① 통신 기술 발전에는 두 가지 큰 흐름이 있습니다. 하나는 고속화이고, 다른 하나는 이동화입니다. 고속화란 다양한 형태의 정보를 대량으로 원하는 지역에 값싸게 전달할 수 있게 되는 것입니다. 광섬유를 이용하면 두 개의 구리 가닥을 이용하는 경우에 비하여 주어진 시간에 수십, 수백만 배나 많은 정보를 전달할 수 있어서 음성뿐만 아니라 여러 사용자의 컴퓨터 데이터, 영상까지 전송할 수 있습니다.

② 다음은 통신 단말 장치의 이동화, 개인화입니다. 이동화란 통신의 사용자가 언제 어디에 있든 원하는 누구와도 통신할 수 있음을 지칭합니다. 사용자가 이동할 수 있다는 점을 고려할 때 전파나 적외선 등 무선 수단이 사실상 이를 위한 유일한 해결책이 됩니다. 이미 보편화되어 있는 이동통신, 무선 호출에 이어 개인 휴대 통신, 위성을 이용한 이동통신 등이 이동 중인 사용자가 정보를 주고받는 데 기여할 것입니다.

③ 개인화란 정보가 하나의 이동 통신 단말기가 다른 이동 통신 단말기를 지정하여 전달되는 것이 아니고 한 사람이 다른 사람을 지정하여 전달됨을 지칭합니다. 개인화된 이동 통신 시스템에서는 사용자가 고유 식별 번호를 사용하거나 고유 카드를 사용하면 누구의 이동 통신 단말기를 사용하든 사용자에게 사용료가 부과되고, 또한 고유 식별 번호를 사용하는 이동 통신 단말기 또는 고유 카드가 꽂혀 있는 이동 통신 단말기를 지정하여 통신할 수 있습니다.

이 글은 ①에서 통신 기술 발전의 흐름을 고속화, 이동화로 제시하고, ①에서 고속화를 묶어 설명한 뒤, ②에서는 이동화를 설명하고 있다. 또한 ②에서 설명한 이동화 속에는 개인화가 함께 포함되어 있어, 이동화와 개인화가 같은 개념인지 다른 개념인지를 분명히 드러내지 않기 때문에 독자에게 혼란을 주고 있는 셈이다. 엄밀히 말한다면 ①에서 고속화, 이동화 및 개인화를 제시하고, ②에서 고속화를 설명한 뒤, ③에서 이동화 및 개인화를 설명해야 혼란이 줄어들 수 있을 것이다. 이러한 혼란은 단락의 길이를 의식했기 때문인 것으로 보이지만 독자가 글을 이해하는 데 작용하는 요소는 단락의 길이 못지않게 구성 자체에도 있다는 것을 유념해야 할 듯하다.

2) 글의 구성 방법

구성은 글의 짜임새를 말한다. 일정한 원칙 아래 글을 펼쳐 나가야 좋은 글을 쓸 수 있다.

일반적인 구성 갈래

- 자연적 구성 – 시간적, 공간적, 물리적 구성
  단계식 구성(3단 · 4단 · 5단)

  포괄식 구성
- 논리적 구성 – 열거식 구성
  인과 구성
  점층식 구성과 점강식 구성

위의 구성 중 글쓰기에서 가장 많이 쓰이는 구성이 단계식 구성이다. 이때 구성상 특징은 서론, 본론, 결론을 따로 세우는 것이다.

먼저, 서론은 문제를 제기하는 부분이다. 이 때 유의할 점은 본론에서 어떤

내용이 전개될 것이라는 것을 밝혀야 하고, 독자의 흥미를 끌 수 있어야 한다는
점이다.

- 문제를 제기한다.
- 글의 목적과 취지를 밝힌다.
- 글의 주제를 제시한다.
- 체험이나 심경을 제시한다.
- 격언, 속담, 일화, 관련 작품 등을 인용한다.
- 자신의 주장과 대립되는 화제를 제시한다.
- 비유를 통해 주제를 암시한다.

다음의 예는 아동학대에 대한 글을 쓰기 위한 서론에 해당한다. 서론에서 필
자는 영화의 한 장면을 통해 자신이 말하고자 하는 부분에 대한 깊은 인상과
공감을 이끌어내고 있다. 즉 아동복지법과 관련해 본래의 취지가 유명무실해졌
으므로 이에 대한 적절한 대안을 촉구하는 글의 서론인 것이다.

> 1963년 괄티에르 야코베티 감독의 기록영화는 이면수심의 생생한 현장을 영상
> 에 담아 세계인 앞에 고발했다. 그 영화를 통해 인류는 심한 자괴의 충격을 받았
> 다. 그 중 특히 고발성이 강한 장면들 가운데 어린이들에게 족쇄를 채워 인공적
> 으로 기형의 불구를 양상해내는 끔찍한 현장 기록들은 우리의 뇌리에 아린 각인
> 을 남겼다. 공포에 질인 어린이들의 퀭한 눈빛이 지금도 선하다.
>
> — 동아일보 사설, 「어린 생명을 학대하는 죄」

다음은 본론으로, 문제를 구체적으로 밝혀 나가는 단계이다. 이 때 문제의 본
질에서 이탈하거나 논증상 타당하지 않은 내용이 들어가면 효과적인 논지 전개
가 어렵게 된다.

- 자신의 견해를 명쾌하게 제시한다.

- 사고의 깊이와 폭을 충분히 드러낸다.
- 단락 나누기에 유의한다.
- 적정한 진술방식을 택해 자신의 주장을 뒷받침해야 한다.
- 주제에서 이탈하지 않도록 한다.
- 글의 서론과 결론 등과 내용이 겹치지 않도록 한다.

결론은 글의 마무리에 해당하는 부분이다. 일반적으로 본론에서 전개된 내용을 다시 정리하거나 새로운 대안을 제시하는 경우, 본론에서 다루지 못한 내용을 덧붙이는 경우가 있다.

- 본론의 내용을 요약 정리한다.
- 과제에 대한 전망이나 제언을 덧붙인다.
- 주제를 압축 제시한다.

다음 결론 방식의 예시는 본론의 내용을 요약 정리하는 방식과 주제를 압축하여 제시하는 방법에 대한 예이다.

> 이 글에서 여러 홈쇼핑 채널 중에서도 TV홈쇼핑에 나타나는 허위·과정 광고에 대하여 분석하였다. 결과를 요약하면 다음과 같다.

> 이상에서 보듯이, 행복은 멀리 있는 것이 아니다. 돈과 상관 없으며, 일상생활과 지금 갖고 있는 것에서도 쉽게 찾을 수 있는 것이다. 피스터의 말처럼, 욕심만 버리면 바로 눈앞에 있는 그 마음, 그것이 행복이다.

마지막으로 글쓰기 단계의 최종작업에 해당하는 퇴고이다. 글을 다 쓴 것만으로는 글쓰기가 끝나는 것이 아니다. 그 다음 단계로 퇴고의 단계를 거쳐야 하는데, 글의 완성도는 바로 이 단계에서 판가름 난다. 그러므로 퇴고는 신중하면서도 정성을 다해야 한다. 퇴고는 흔히 '수정본 = 초고 - 10%'이라 한다. 자신이 처음 쓴 글에서 10% 정도는 덜어낼 정도로 냉철하고 비판적으로 검토해야 하는 것이다.

퇴고의 방식에는 덧붙이기(부가)의 원칙과 덜어내기(삭제)의 원칙, 다시 배열하기(재구성)의 원칙이 있다. 그리고 글을 수정하는 방식은 크게 세 가지로 나누어 살펴볼 수 있다.

먼저 전체적인 통일성과 내용의 흐름을 검토하는 것이다.

- 글의 흐름이 유기적이고 통일적인가
- 최초의 주제와 달라진 점은 없는가
- 선택한 구성은 주제를 전달하는데 효과적인가
- 글의 전개가 자연스러운가
- 글의 처음과 중간, 끝 부분이 분명하게 제시되었는가
- 글의 각 부분이나 단계가 밀접하게 긴밀한가
- 주제가 명료하게 드러나 있는가
- 전체적으로 전달하고자 하는 내용이 잘 정리되어 있는가

둘째는 부분적인 차원에서 자세한 사항을 검토하는 것이다.

- 맞춤법이나 띄어쓰기가 잘못된 곳이 없는가
- 단어나 표현은 정확한가
- 문장들은 문법에 맞고 그 의미가 명료한가
- 비유나 예시는 적절한가
- 채팅용어나 이모티콘이 사용되지는 않았는가
- 문장부호는 바르게 사용되었는가
- 각 문단은 제 역할을 다하고 있으며, 문단 구성은 적절한가
- 각 문단마다 중심문장과 뒷받침문장은 잘 연결되었는가

셋째는 독자의 입장에서 검토하는 것이다.

- 일반독자가 이해하기 어려운 어휘나 전문용어는 없는가
- 읽는 사람이 더 궁금해 할 점은 없는가
- 나의 글을 읽는 사람들이 이해를 쉽게 할 수 있는가
- 독자의 입장에서 흥미를 느끼고 공감할 수 있는가

연습문제

학과 : _______________   학번 : _______________   이름 : _______________

1. 다음 게시된 주제에 맞는 한 단락의 글을 써보자.

    1) 나는 ○○○하기에 ○○○하다.

    2) 삶(혹은 죽음)은 ○○○이다.

절 취 선

3) 여자(혹은 남자)는 너무 ○○○하기에 ○○○하다.

4. 효과적인 글쓰기에 이르는 방법

글에는 거기서 다루고 있는 문제에 대한 글쓴이의 입장이 드러난다. 글을 쓰는 사람은 글쓰기에 들어가기 전에 글을 쓰게 된 동기와 배경을 생각하고, 글을 읽을 독자의 입장을 고려하게 된다. 자신이 쓰는 글의 방향에 대해서도 전체적인 윤곽을 미리 생각해 두는 것이 보통이다. 자신이 다루고자 하는 문제에 대해 어떤 견해를 말할 것인지를 분명히 결정하고, 그러한 자신의 견해를 얼마나 강도 있게 표현할 것인지도 미리 계산하게 된다.

글은 쓰는 목적도 다르고 그에 따라 글쓰기의 방법도 다양하다. 글쓰기의 목적에 따라서 글 자체의 성격도 달라진다. 글의 서술 방식은 글을 쓰는 의도나 목적과 밀접한 관계가 있는데 글을 쓸 때에는 대개 다음과 같은 목적을 생각하게 된다.

① '무엇'을 알려준다.
② '무엇'을 주장한다.
③ '무엇'을 그려낸다.
④ '무엇'을 이야기한다.

이와 같은 글의 의도는 주제와 긴밀한 관계를 맺고 있다. 그리고 그 주제를 어떻게 나타낼 것인가 하는 서술 방법에 따라 글의 성격이 결정되는 것이다. 글을 쓰는 목적에 따라 서술 방법이 달라져야 하는 까닭은 적절한 서술 방법을 활용하지 않고서는 글의 성과를 거둘 수가 없기 때문이다.

글의 서술 방식은 글을 쓰는 목적에 따라 설명, 논증, 묘사, 서사 등으로 크게 나누어진다. 이러한 서술의 방식은 실제로 글을 쓰는 데에 있어서는 서로 섞이게 마련이다. 한편의 글이 처음부터 끝까지 하나의 서술 방식으로만 쓰이는 경우는 찾아보기 어렵다. 글은 여러 서술 방식 가운데에서 어느 하나가 중심을 이루고, 다른 것들이 보조적으로 쓰이는 것이 보통이다. 글의 서술 방식은 글을 쓰는 의도와 목적에 따라 적절하게 구사되어야 한다.

목 적	서 술 방 식
알려주기	사실을 알기 쉽게 풀이한다(설명)
주장하기	주장의 타당성을 증명하고 설득한다(논증)
그려내기	느낌과 인상을 잘 표현한다(묘사)
이야기하기	내용의 줄거리를 늘어놓는다(서사)

1) 설명적인 글쓰기

어떤 문제를 알기 쉽게 풀이하거나 자세히 해명하는 글쓰기의 방식을 설명이라고 한다. 설명의 방법은 어떤 문제와 의문점을 명백히 풀이해 줌으로써 구체적이고 상세한 내용을 담을 수 있다. 설명은 읽는 이에게 설명하고자 하는 대상을 명백하게 이해시키는 데에 그 목적이 있다. 그러므로 보다 쉽게 풀이해야 하고, 조리 있게 해명해야 한다.

어떤 대상을 설명하고자 할 경우에는 그 대상과 관련하여 제기될 수 있는 여러 가지 의문점을 정리해 보는 것이 좋다. 그리고 그 가운데에서 글쓴이가 알리고 싶은 것이 무엇이며, 읽는 이들이 알고자 하는 것이 무엇인지를 분명히 해야 한다.

어떤 개념이나 사물에 대한 설명의 방법으로는 정의, 예시, 비교, 대조, 구분, 분석 등 여러 가지가 있다.

(1) 정의

글을 쓸 때는 그 글에서 다루게 되는 대상을 첫머리에 밝혀 놓는 것이 보통이다. 자신이 다루고자 하는 대상이나 개념을 정확하게 규정해 놓고 글을 시작하면 내용을 보다 조리있게 말할 수 있다. 글에서 다루게 되는 대상을 명확하게 규정해 주는 방법을 정의라고 한다. 어떤 개념을 정의하게 되면 그 내용이나 성격이 분명하게 드러난다. 정의는 설명의 방법 가운데 가장 기본적인 방법이다.

- 문학이란 인간의 사상과 감정을 언어를 통해 아름답게 표현하는 예술의 하나다.
- 국어란 한 나라의 국민들이 공통으로 사용하는 언어이다.

위의 예에서 볼 수 있듯이 정의는 대개 'A는 B이다'와 같은 방식으로 나타난다. 이때 정의하고자 하는 대상인 '문학'이나 '국어'를 피정의항(被定義項)이라 하고 나머지 진술 부분은 정의항(定義項)이라고 한다. 어떤 개념을 정의하고자 할 경우에는 우선 피정의항을 포함하는 더 큰 유개념이 무언가를 생각해야 한다. 그리고 피정의항의 특성이나 징표를 찾아내야 한다. '국어'라는 것은 말 또는 언어에 속한다. '국어'라는 개념을 포함하는 유개념은 언어이다. 그리고 그 중요한 속성은 '한 나라의 국민들이 공통으로 사용하는 것'이다. 정의를 내리고자 하는 사항의 속성과 그 유개념을 정확하게 찾아낸다면 쉽게 정의를 내릴 수 있다.

피정의항	유개념	속 성
국어	언어	한 나라의 국민들이 공통으로 사용한다.
문학	예술	언어를 통해 인간의 사상과 감정을 이름답게 표현한다.

정의를 할 경우 다음 사항에 대해 유의한다.

먼저, 개념을 명확하게 드러낼 수 있도록 풀이해야 한다. 개념을 추상적으로 말하거나 막연하게 말해서는 정의가 이루어지지 않는다. '기독교는 서구인들의 종교다'라고 기독교를 정의한다면, 이것은 충실한 정의가 아니다. 서구인들만이 아니라 전 세계의 많은 인종들이 기독교를 믿고 있다. 더구나 기독교의 성격이나 특징을 설명하고 있지 않기 때문에 이런 정의를 가지고서는 기독교를 전혀 이해할 수가 없다.

둘째, 정의하고자 하는 대상이나 개념이 정의항에서 되풀이 되어서는 안 된다. '정치가란 정치하는 사람이다'와 같은 식의 정의는 성립될 수가 없다. '정치'라는 개념을 다시 설명해야 한다. 말하자면 동어반복으로 정치가에 대한 문제는 그대로 남는 것이 된다.

셋째, 정의항이 부정적인 진술로 나타나서는 안 된다. 정의하고자 하는 대상과 정의항의 관계는 언제나 등식으로 이루어진다. 정의항의 범주가 대상보다 커서도 안 되며 작아서도 안 된다. 예를 들어 '책이란 지식만을 보존해 두는 것은 아니다'와 같은 표현은 정의라고 할 수 없다. 정의항과 피정의항이 등식의 관계로 연결되지 못하고 있기 때문이다.

넷째, 대상에 대한 묘사나 해석은 정의가 아니다. '사과는 겉이 빨갛다'라든지 '퉁소는 대나무에 여러 개의 구멍을 뚫고 그것을 손가락 끝으로 막은 뒤에 입으로 바람을 불어넣어 소리를 내게 만든 것이다'라는 식의 글은 모두 대상을 묘사한 것에 불과하다. 정의는 어사(語辭)의 정확한 용법을 위해 그 개념을 규정하는 것임을 잊어서는 안 된다.

(2) 지정(확인)

'대상이나 상황에 대한 언어적 확인 혹은 지적'으로 설명의 방법 중에서 가장 단순한 것이다. 지정은 '그것은 무엇인가?' 혹은 '그는 누구인가'와 같은 질문에 대답하는 방식으로, 대체로 실체, 양, 질, 관계, 행위, 피동, 공간, 시간, 상황 등과 관련하여 나타난다.

① 된장녀는 비싼 명품을 즐기는 여성들 중, 스스로의 능력으로 소비 활동을 하지 않고 다른 사람(애인, 부모 등)에게 의존하는 여성들을 비하하는 속어이다. 그러나 이 본래의 개념에 머무르지 않고 그 의미가 계속 확대 재생산되어, 현재는 주로 남성들이 생각하는 모든 부정적인 여성상들을 통틀어 지칭하는 대명사가 되었다.

② <무정>은 작가 이광수의 대표적인 장편 소설이다. 이 작품은 1917년에 발표된 것으로 우리 문학사상 최초의 본격적인 근대소설로 손꼽히고 있다.

(3) 비교와 대조

설명하고자 하는 대상과 공통되는 성질이나 유사점을 지닌 사물을 서로 연결시켜 그 유사점을 중심으로 설명하는 방법을 비교라고 한다. 이와 달리 상대되는 성질이나 차이점을 들어서 사물의 특성을 설명하는 것이 대조이다. 그러나 비교와 대조는 서로 대립되는 의미를 지니고 있지만, 비교하여 설명하는 과정에서 늘 함께 고려되는 요소들이다.

비교하기의 가장 단순한 방식은 동일한 부류에 속하는 두 가지의 사물을 비교하는 것이다. 예컨대 철쭉꽃을 설명하기 위해 진달래꽃을 그것에 대비한다든지, 한국의 산수화의 특성을 설명하기 위해 서양의 풍경화를 대비시켜 놓을 수 있다. 이 경우에 두 사물을 대비시키는 목적은 그 유사성을 강조하는 데에 둘 수도 있고 반대로 전혀 다른 차이점을 두드러지게 강조하는 데에 둘 수도 있다.

① 희곡은 소설과 마찬가지로 그 표현 수단이 언어를 매개로 한 문학의 한 분야이며, 일정한 사건과 주제를 가지고 있다는 점에서 소설과 다를 바가 없다.

② 희곡은 일정한 무대에서 상연되는 것을 전제로 이루어지는 것이므로 공간적인 제약이 강한 데 비해, 시나리오는 장면 전환이 자유스러워지고 과거와 미래, 미래와 과거가 짧은 시간 내에 제시될 수도 있다. 아무리 먼 거리의 장면이라도 동시에 표현할 수 있는 장점을 지니고 있다.

예문 ①은 희곡과 소설을 견주어 보고 있다. 두 가지 모두 언어를 매개로 하는 문학의 한 분야이며 일정한 인물, 사건, 주제를 갖고 있다는 공통점이 드러나 있다. 이 글에서는 결국 희곡의 특성을 밝히기 위해 그것과 공통점을 지닌 소설을 비교하여 설명하고 있는 셈이다.

예문 ②의 경우는 이와는 다르다. 여기서는 희곡과 시나리오를 견주어 놓고 있다. 그러나 둘 사이의 차이점이 더욱 강조됨으로써 희곡과 시나리오가 지니고 있는 각각의 특성이 더욱 분명하게 대조 설명되고 있다.

비교하기의 방법은 서로 다른 두 사물 사이에서 어떤 연관성이나 유사성을 발견하도록 하는 데 더 큰 의미가 있다. 복잡한 개념이나 설명하기 어려운 사물을 아주 단순하고도 친숙한 다른 개념이나 사물에 비유하여 설명하는 것이다. 이 경우에는 '인간의 심장은 펌프와 같은 작용을 한다.'에서와 같이 일종의 비유적 표현으로 나타나기도 한다.

어떤 대상이나 사실에 대하여 비교·대조의 방법으로 글을 쓰고자 할 경우, 다음의 몇 단계 절차를 거치는 것이 좋다.

- 비교 또는 대조하고자 하는 사항의 기준을 설명하다. 개념이나 본질, 종류, 특성, 기능 등을 동일한 기준에 의해 구분하여 본다.
- 설정된 기준에 따라 두 사물의 속성을 요약 정리한다.
- 요약 정리된 내용을 통하여 그 유사성과 차이점을 확인한다.
- 유사점과 차이점을 중심으로 하여 두 사물을 설명한다.

그런데 여기에서 주의할 것은 글을 쓰는 목적에 따라 유사점이나 차이점 중에서 어느 한쪽을 특히 강조해야 할 필요가 있다는 점이다. 예를 들어 '영화'만이 지니고 있는 특징을 강조하기 위한 글이라면, 영화와 비슷한 성격을 지니고 있는 연극과 비교·대조한다 하더라도 연극과는 다른 차이점을 내세워 영화의 특성을 설명하면 된다. 반대로 종합적인 예술로서의 영화의 성격을 설명하기 위한 것이라면, 연극의 종합 예술적인 성격과 비교하여 줌으로써 읽는 이들의 이해를 도울 수가 있다.

(4) 분석

어떤 사물이나 개념이 어떻게 이루어지고 있는가를 분명하게 알리기 위해 그 구성 요소들을 하나하나 나누어 보여주는 방법을 분석이라고 한다. 분석은 그 구성 요소들을 나누어 보고 그 상호 연관성을 살피는 것이 목적이다. 예를 들면 '시계'는 쓰임에 따라서 손목시계, 탁상시계, 벽시계 등으로 구분할 수 있지만, 분석적인 방법으로 설명할 때에는 시계를 이루고 있는 구성 요소들을 하나하나 떼어 내어 시침, 분침, 자판, 태엽 등으로 나누어 놓고 그 기능과 성질을 설명하게 된다.

분석의 방법 가운데에서 가장 쉽게 활용하고 있는 것은 대상을 이루고 있는 구성 요소를 공간적으로 구분해 내는 방법이다. 이러한 분석 방법을 물리적 분석이라고 할 수 있는데, 사물의 조직이나 형태를 설명하는 데에 자주 활용된다. 그러나 물리적 분석의 방법을 활용할 경우에는 대상의 구성 요소를 분해하는 것으로 만족해서는 안 된다. 분해된 요소들의 상호 관계와 전체 속에서의 위치와 기능을 밝혀야 한다.

(5) 구분과 분류

어떤 사물의 특성을 명확하게 이해할 수 있도록, 일정한 기준을 정해 이를 묶거나 쪼개보는 것을 의미한다. 이 때 큰 항목(상위개념, 유개념)을 작은 항목(하위개념, 종개념)으로 나누는 것을 '구분'이라 하며, 작은 항목(하위개념, 종개념)들을 특성에 따라 큰 항목(상위개념, 유개념)으로 만드는 것을 '분류'라 한다.

① 구분

문학의 장르는 시, 소설, 희곡, 수필 등으로 나누어진다.

② 분류

설명문, 논설문, 보고서, 비평 등은 논리적인 글에 속하며, 시, 소설, 희곡, 수필 등은 예술적인 글에 속한다. 그리고 주문서, 독촉장, 소개장, 광고문 등은 실용적인 글이라 할 수 있다.

(6) 예시

구체적인 예를 들어 독자들의 이해를 돕는 것을 예시라고 한다. 예시 단락에서의 예는 그 성격이 구체적이어야 하며 독자들이 보편적으로 납득할 수 있는 예이어야 한다. 예시 단락의 예가 추상적이거나 특수하면 독자들은 이해하게 되는 것이 아니라 오히려 오해할 수 있기 때문이다.

20세기 말은 토플러가 '제3의 물결'이라 부른 변혁기에 해당한다. 전화 보급률이 정보화의 척도가 되던 시기가 바로 엊그제 같은데 무선 호출기, 시티폰, 휴대폰, PCS가 보편화되고 있으며 곧 저궤도 위성 이동 통신망이 구축되면 수십 개의 위성이 거미줄 같은 통신망 구조로 지구를 덮게 될 것이다. 지금까지의 일방 통행적 정보 전달 체계가 양방향식으로 바꾸어지게 되고 문자 중심에서 멀티미디어 중심으로 정보의 내용도 보다 다채로워지고 있다. 전 세계 곳곳이 광섬유망으로 뒤덮이게 될 때쯤이면, 가상 세계는 현실 세계의 뗄 수 없는 일부분으로 될 것이다. 이미 관심의 대상으로 떠오르고 있는 SOHO(Small Office Home Office), 재택근무 등은 직장의 개념을 뒤흔들고, 전통적인 도시의 기능도 크게 변화되어 버릴 것이라고 한다. 그러나 모든 변화가 그러하듯이 정보 통신 기술 혁명도 양날의 칼이다.(허수열, 「정보통신혁명과 사회 변화」, 『굿모닝 밀레니엄』(민음사, 1999), 277면)

이 글의 지은이에 따르면 20세기 말은 미래학자 앨빈 토플러가 부른 제3의 물결의 변혁기에 해당한다. 무선 호출기, 시티폰, 휴대폰, PCS 등등이 보편화되었고 곧 구축될 저궤도 위성 이동 통신망이 지금의 이 시기를 제3의 물결의 변혁기로 부르게 한다. 무선 호출기, 시티폰, 휴대폰, PCS 등은 이 글의 구체적인 예들이다. 이 예들은 허무맹랑한 예들이 아니며 독자들의 현실 생활 속에서 충분히 경험되는 보편적이 예들이다. 강조하거니와 예시에서의 예는 구체적이며 독자들의 보편적 체험을 반영해야 한다.

학과 : ＿＿＿＿＿＿＿＿＿＿＿＿   학번 : ＿＿＿＿＿＿＿＿＿＿＿＿   이름 : ＿＿＿＿＿＿＿＿＿＿＿

1. 다음이 정당한 정의의 예인지를 알아보자.

    1) 사회학은 사회를 연구하는 학문이다.

    2) 닭은 날지 못하는 새이다.

    3) 고래는 물에 사는 포유류이다.

    4) 고속도로는 국가의 주요 거점을 연결하는 산업의 핏줄이다.

2. 다음 사항들을 비교·대조하여 설명하여 보자.

    1) 방송과 신문의 기능

    2) 텔레비전 드라마와 영화의 속성

    3) 한국과 일본의 미국에 대한 인식

    4) 아버지와 어머니

    5) 대학생과 사회인

3. 분류, 구분, 분석, 예시, 지정 등의 서술방식을 활용하여 한 단락의 글을 써보자.

    1) 축구

2) 결혼

3) 사랑

4) 취업

5) 초코파이

2) 논증적인 글쓰기

글을 통하여 자신의 주장을 내세워 그 글을 읽는 사람으로 하여금 자기 의견에 동조하도록 설득하는 방법을 논증이라고 한다. 명백하지 않은 사실이나 원칙에 대하여 그 진실 여부를 증명하는 점에서는 설명의 경우와 비슷하나, 그 증명한 바가 옳음을 믿게 하고 거기에 따르도록 하는 적극적인 측면은 논증의 중요한 특성이다. 논증은 독자의 감정에 호소하여 자기 의견에 따르도록 하는 방법도 있고, 독자의 이해력에 호소하여 자기 견해의 정당성을 증명하는 방법도 있다.

어떤 관념이나 행동양식이 모든 사람에게 한결같이 받아들여지기는 어려운 일이다. 반대 입장에 서는 사람도 있고, 회의적인 생각을 갖는 사람도 있다. 이러한 갈등을 극복하기 위하여 사실의 진실 여부를 확인시켜 읽는 이의 이해를 구하는 데에 논증의 의미가 있다.

논증의 방법으로 글을 쓰고자 할 때는 주어진 문제에 대한 글쓰는 이의 태도를 먼저 분명하게 결정해야 한다. 그 문제에 대해 적극적으로 지지하는 입장인지 반대하는 입장인지를 밝혀 놓은 뒤에 자기의 입장을 납득시켜야 한다. 논증은 글쓰는 사람과 반대 입장에 서는 사람들까지도 설득할 수 있어야 하므로 진실에 근거하여 건전한 주장을 내세워야 한다.

논증의 과정에서 가장 중요시되는 것은 주장의 타당성을 입증해 주는 근거이다. 논증에서 제시되는 근거를 논거(論據)라고 하는데, 누구나 믿고 있는 객관적인 사실에서부터 어떤 문제에 대한 권위 있는 전문가의 견해까지도 논거로 동원할 수 있다.

그런데 이러한 논거를 제시하고 자신의 주장을 내세울 경우에는 반드시 그 주장을 하나의 문장으로 명확하게 드러내야 한다. 논증하고자 하는 사실을 하나의 문장으로 요약한 것을 명제(命題)라고 한다. 명제는 주로 진실성과 타당성을 주장하여 그것을 옳다고 믿도록 하고 행동으로 실천에 옮기도록 설득하는 데에 주된 의미가 있다. 논증의 명제는 단일해야 하며 그 의미가 분명해야 한다. 무엇보다도 공정한 입장에서 편견없이 진실된 주장을 말하는 것이 중요하다.

(1) 연역적 방법과 귀납적 방법

논증은 글쓴이가 내세운 명제의 타당성 여부를 따지는 것이므로, 'A는 B이다' 또는 'A를 어떻게 해야 한다'라는 사실을 뒷받침할 수 있는 근거가 필요하다. 이 경우, 글쓴이는 세상 사람 누구나 다 믿고 있는 일반적인 원리나 법칙을 근거로 내세워 자신의 견해의 타당성을 입증하는 것이 보통이다. 이렇게 일반적인 원리를 근거로 특수한 사실의 어떠함을 주장하는 방법을 연역적 방법이라고 한다. 이와는 달리 구체적인 여러 가지 사실들을 근거로 하여 일반적인 원리를 찾아내는 방법은 귀납적 방법이라고 한다.

① 주장 - 토끼는 죽는다.
　논증 - ⅰ 모든 동물은 결국 죽는다. (대전제)
　　　　 ⅱ 토끼는 동물이다. (소전제)
　　　　 ⅲ 그러므로 토끼는 결국 죽는다. (결론)
② 주장 - 모든 곤충은 알을 낳는다.
　논증 - ⅰ 나비는 알을 낳는다. 매미도 알을 낳는다.
　　　　 ⅱ 잠자리도 알을 낳는다. 개미도 알을 낳는다.
　　　　 ⅲ 나비, 매미, 잠자리, 개미는 모두 곤충이다. (공통점)
　　　　 ⅳ 그러므로 곤충은 모두 알을 낳는다. (결론)

글 ①의 경우는 연역적 방법을 예로 든 것이다. '모든 동물은 죽는다.'는 일반적인 사실을 근거로 하여 '토끼는 죽는다.'는 주장을 내세우고 있다. 이 경우에 주의할 문제는 논증의 단계에서 내세우게 되는 대전제와 소전제에 모순이 없는가를 확인하는 일이다. '물 속에서 사는 것은 물고기다'라는 전제를 내세웠을 경우, 물고기가 물에서 사는 것은 분명하지만, 물 속에 사는 것이 모두 물고기는 아니라는 점을 쉽게 알 수 있다.

②는 귀납적 방법에 속한다. 여러 가지 구체적인 사례들을 모아 그 속에서 공통점을 찾아 일반적인 원리를 이끌어 내고 있다. 이 경우에 주의할 점은 필요한 모든 사례가 면밀하게 검토되어야 한다는 점이다. 만일 알을 낳지 않는

곤충이 있다면 ②의 결론은 사실로 입증될 수 없는 것이다.

(2) 유추와 예증

유추는 개별적이고 구체적인 사례들이 지닌 몇 가지 유사점(공통점)을 근거로 삼아 그것들 사이에 또 다른 유사점이 있을 것이라고 판단하는 논증방법이다. 예증은 구체적인 사례를 들어 주장의 타당성을 입증하는 방법이다. 이 경우에 제시되는 모든 구체적 사례는 진실성이 보장되어야 한다.

'화성에도 생물이 존재할 가능성이 있다'는 사실을 유추의 방법으로 논증해 보자. 첫 단계로 화성은 생물체가 살고 있는 지구와 유사한 점이 많다. 지구와 화성은 모두 태양계의 혹성으로 태양으로부터의 거리가 비슷하고 태양을 중심으로 공전·자전하고 있다. 둘째 단계로 지구의 특징을 들어보면, 지구에는 물과 공기가 있고 생물이 살고 있다. 셋째 단계로 지구의 특성으로 미루어 볼 때, 비슷한 조건을 지니고 있는 화성에도 물과 공기가 있고, 생물이 존재할 가능성이 있다고 할 것이다.

이와 같은 유추를 통하여 이끌어 낸 결론은 대체로 가상의 성격을 지닌다. 그러나 두 가지 사례 사이에 유사점과 공통점이 많으면 많을수록, 그 결론은 일반적인 법칙이나 원리가 될 가능성이 높아진다.

논증의 기술 방법으로 널리 쓰이는 예증은 자신의 주장이 타당하다는 것을 입증하기 위하여, 구체적인 사례를 제시하는 방법이다. 어떤 사실을 제시할 수도 있고 통계 자료를 보일 수도 있다. 권위 있는 사람의 견해를 빌어서 자기 주장을 더욱 분명하게 제시할 수도 있다.

연습문제

학과 : _____________　　　학번 : _____________　　　이름 : _____________

1. 다음의 예시를 활용하여 연역적·귀납적 혹은 유추와 예증의 논리적 방식으로
   한 단락의 글을 완성해보자.

　　1) 우리나라의 사형제도는 폐지되어야 한다(혹은 유지해야 한다).

　　　　____

　　　　____

　　　　____

　　　　____

　　　　____

　　　　____

　　2) 같은 상품의 수입품과 국산품이 있다. 수입품이 국산품보다 가격이 저렴할
　　　　경우, 그래도 국산품을 사야한다(아니다, 그런 경우에는 수입품을 사야 한
　　　　다).

　　　　____

　　　　____

　　　　____

　　　　____

　　　　____

　　　　____

3) 음식물에 파리가 들어있는 경우에는 음식값을 절대로 지불해서는 안 된다
   (혹은 지불해야 한다).

4) 한 사람의 아내는 타인과 다시 결혼해서는 안 된다(혹은 결혼해도 된다).

5) 대학 졸업생이 취업을 하지 못했다면, 등록금을 반환해야 한다(혹은 반환
   할 필요가 없다).

____

____

____

____

____

____

____

2. 다음의 두 글은 인간과 동물의 본래적 지위에 관해 상반되는 입장을 보여주고
   있다. 두 예문을 비판적으로 검토해 보자.

   1) 나는 동물의 권리를 옹호하는 사람이다. 권리를 인간에게만 한정시키는
것은 합리적이지 않다. 물론 동물은 인간이 가진 능력을 결여하고 있다. 동물
은 읽을 줄도 모르고 수학을 할 줄도 모르며 책장을 짤 줄도 모른다. 그러나
인간 중에도 그런 것을 할 줄 모르는 이들은 많다. 그렇다고 해서 우리는 그
들이 존재의 본래적 가치와 존중 받을 권리를 다른 사람보다 덜 갖는다고 말
하지 않으며, 또 그렇게 말해서도 안 된다. 여기서 중요한 것은 인간 사이의
차이가 아니라 유사성이다.
   참으로 중요하면서도 기본적인 유사성은 우리 각각이 삶의 경험적 주체라
는 점이며, 타자에게 유용하건 않건 간에 각자의 안녕을 도모하는 의식적 존
재라는 점이다. 우리는 욕구와 취향, 믿음과 느낌을 가지며 과거에 대한 회상
과 미래에 대한 기대를 갖는다. 기쁨과 고통, 만족과 좌절, 지속되는 삶과 갑
작스런 죽음, 이 모든 것이 우리가 각자 경험하고 있는 삶의 질에 차이를 만
들어 낸다. 이것은 동물에 대해서도 동일하게 성립한다. 동물도 삶의 경험적

주체로서 고유한 본래적 가치를 지니는 존재로 받아들여져야 한다.

동물이 본래적 가치를 갖는다는 생각을 거부하는 사람들이 있다. "인간만이 그런 가치를 갖는다"고 그들은 말한다. 과연 오직 인간만이 자율성, 이성 혹은 지성을 갖는다고 말해야 할 것인가? 이것들을 결여한 인간도 많은데, 그럼에도 우리는 이들이 본래적 가치를 지니는 존재라고 생각한다. 그렇다면 인간만이 호모 사피엔스라고 하는 '제대로 된 종(種)'에 속한다고 주장할 것인가? 이것은 명백한 종 차별주의이다. 어떤 근거에서 동물이 인간보다 본래적 가치를 덜 지닌다고 주장할 수 있는가? 자율성, 이성 혹은 지성이 결핍되었다는 이유로? 이런 이유가 성립하려면 이를 결여한 인간에 대해서도 동일한 주장을 해야만 할 것이다.

그러나 지진아나 정신착란자가 당신이나 나보다 본래적 가치를 덜 갖는다는 말은 참이 아니다. 마찬가지로 삶의 경험적 주체로서 동물도 본래적 가치를 덜 갖는다고 말할 수 없다. 본래적 가치를 지니는 존재는 그것이 인간이건 동물이건 모두 동일한 정도의 가치를 지닌다. 이성은 우리로 하여금 동물도 동일한 본래적 가치와 존중 받을 권리를 가진다는 것을 받아들이도록 요구한다. 동물 권리 운동은 인권 운동의 한 부분이다. 동물 권리의 합리적 근거를 마련해 주는 이론은 인권의 근거 또한 마련해 준다. 동물 권리 운동에서 고려되는 사항은 여성의 권리, 소수자의 권리, 노동자의 권리를 확보하기 위한 투쟁에서도 고려되는 사항이다.

2) 처음에 인간은 모든 동물처럼 신의 목소리라 할 수 있는 본능에 따랐다. 본능은 그에게 어떤 것을 음식으로 먹게 하고 또 어떤 것은 먹지 못하게 했다. 그러나 곧 동물과 달리 인간만이 가지고 있는 이성이 활동을 개시했다. 그래서 이성은 본능과는 다른 감각기관을 이용하여 본능을 넘어서까지 음식물에 대한 지식을 확장시켰다. 인간은 이제 새로운 사실에 눈뜨기 시작했다. 그는 동물과 같이 한 가지 삶의 방식에 얽매이지 않고 스스로 삶의 방식을 선택할 수 있는 능력을 자신 속에서 발견한 것이다. 물론 이러한 이점을 발견함으로써 순간적으로 만족감을 느꼈을 것이다. 그러나 이내 불안과 걱정거리

가 생겨났으니, 그것은 새로 발견한 이 능력을 어떻게 사용할 것이냐에 관한 것이었다.

음식물에 대한 본능 다음으로 두드러진 것은 성적 본능이다. 동물의 경우 성적 흥분은 대부분 일시적이고 주기적인 충동에 근거한다. 그러나 인간의 경우에는 상상력을 통해 그러한 흥분을 더 지속시킬 수 있었고 증가시킬 수도 있었다. 이 상상력은 대상이 감각기관으로부터 멀리 떨어져 있으면 있을수록 자신의 기능을 더욱 적절하게 수행한다. 이것은 이미 충동에 대한 이성의 지배를 보여 주는 것이다. 그 결과 감각적인 매력은 정신적인 매력으로, 동물적인 욕구는 사랑으로, 그리고 쾌적한 느낌은 아름다움에 대한 취미로 발전하게 되었다.

이성이 이룩한 세 번째 진보는 인간이 미래에 대한 의식적인 기대를 갖게 되었다는 것이다. 이것은 현재의 순간적 삶에 만족하지 않고 다가올 먼 시기를 현재화하는 능력으로서, 인간의 결정적인 장점이다. 그러나 이것은 또한 불확실한 미래가 야기하는 걱정과 불안의 고갈되지 않는 원천이기도 하다. 이와는 달리 동물은 그러한 걱정과 불안에서 벗어나 있다.

인간을 동물보다 훨씬 우월하게 하는 이성의 마지막 진보는, 인간이 본래 자연의 목적이고, 이 점에서 지상의 어떤 동물도 자신과 견줄 수 없다는 점을 인간 스스로 파악했다는 데 있다. 인간이 처음 양에게 "네가 입고 있는 가죽은 자연이 너를 위해 준 것이 아니라 나를 위해 준 것이다"라고 말했을 때, 그리고 양으로부터 가죽을 벗겨 내어 자신의 몸에 걸쳤을 때, 인간은 다른 모든 동물보다 우위를 점한다는 천부의 특권을 깨닫게 되었다. 인간은 이제 더 이상 다른 동물을 자신과 같은 차원의 창조물로 여기지 않게 되었으며, 자신의 의도에 따라 사용할 수 있는 수단이나 도구 정도로 간주하게 되었다. 이러한 생각은 같은 인간에게는 적용될 수 없으며, 오히려 인간은 모두 자연의 혜택을 동등하게 누릴 권리가 있다는 믿음을 포함한다. 이러한 믿음으로 인간은 이성을 통하여 의지를 도덕적으로 제한하게 되었으며, 이러한 제한이야말로 인간 사회를 건설하는 데 필수적인 것이었다.

3) 묘사적인 글쓰기

어떤 대상을 놓고 모양, 빛깔, 감촉, 소리, 냄새 등을 마치 눈앞에 있는 것처럼 그려내는 방법을 묘사라 한다. 대상을 구체적으로 이해시키기 위해 묘사의 방법을 쓰기도 하고, 때로는 그 대상에 대한 느낌을 불러일으키기 위해 묘사의 방법을 사용하기도 한다.

묘사는 독자의 감각을 최대한 자극하는 진술 방식이다. 독자로 하여금 보고, 듣고, 냄새 맡고, 느끼고, 만지는 느낌을 갖게 함으로써 정서적 효과를 느끼게 하는 진술 방식이며 글쓴이의 감각적 경험을 공유하려는 의도의 진술 방식이다.

'아름다운 꽃이 피었다'와 같은 문장에서 꽃이 아름답다고 했지만 어떻게 아름다운지 독자들에게 구체적으로 전달되지 않는다. 이럴 때 글쓴이는 독자에게 이 꽃을 보여 주거나 향기를 맡게 함으로써 꽃의 아름다움을 구체적으로 전할 수 있다.

'붉은 피를 토해내듯 철쭉들이 어지럽게 피었다'라는 문장은 시각 중심적인 묘사문으로 볼 수 있다. 철쭉의 진한 색깔을 붉은 피로 비유하여 철쭉의 구체적인 인상을 보여주는 문장이다. 이처럼 묘사는 감각적 경험을 중시하는 진술 방식이고 감각적 경험이 환기하는 정서적 효과를 중시하는 진술 방식이다.

어떤 대상을 묘사한다고 할 때, 글쓴이의 눈에 비친 모든 대상을 하나도 빼놓지 않고 자세하게 그려낸다는 것은 불가능하다. 글쓴이는 그 대상으로부터 가장 강렬하게 느낌을 받은 인상을 그릴 수도 있고, 특별히 관심을 두고 있는 것을 중심으로 묘사할 수도 있다. 이러한 중심을 이루는 인상을 지배적인 인상이라고 한다. 결국 묘사란 대상의 지배적인 인상을 기술하는 것이다.

　역장은 손바닥을 비비며 창가로 다가서더니 유리창 너머로 무심히 시선을 던진다. 건널목 옆 외눈박이 수은등이 껑충하게 서서 홀로 눈을 맞으며 희뿌연 얼굴로 내려다보고 있다. 송이눈이다. 갓난아이의 주먹만한 눈송이들은 어둠 저편에 까맣게 숨어 있다가 느닷없이 수은등이 불빛 속에 뛰어들어오면서 뚱그렇게 놀란 표정을 채 지우지 못한 채 땅바닥으로 곤두박질치고 있다. 굉장한 눈이다. 바람도 그리 없는데 눈발이 비스듬히 비껴 날리고 있다. 늙은 역장은 조금은 근심스런 기색으로 유리창에 달라붙어 뿌연 물방울을 만들었기 때문에 소매로 훔쳐내야 했다. 철길은 아직까지는 이상이 없었다.

- 임철우의 「사평역」에서

위 예문에서의 지배적인 인상은 황량함과 고적함이다. 주인공은 늙은 역장이며 그의 기색은 근심으로 가득하다. 늙은 역장이 근무하는 이 간이역은 춥고 고즈넉해 보인다. 기쁨이나 풍요로운 인상이 아닌 것이다. 이와 같이 묘사 대상을 여러 각도에서 관찰하면서 그 대상을 관통하는 지배적인 인상을 포착하는 것이 묘사적인 글쓰기의 중요한 방법이다.

주어진 상황에서 어떤 요소가 대상의 지배적인 인상과 관계되는 것인지는 쉽게 설명할 수 없다. 대상을 보는 입장이나 태도 그리고 분위기 등이 이를 좌우하기 때문이다. 다만 치밀한 관찰이 언제나 필요하다는 점을 알아두어야 한다.

묘사의 방법에서 유의해야 할 점은 다음과 같다.

첫째, 생동감이 있어야 한다. 묘사는 독자들에게 생생한 느낌을 전해 주는 데 목적이 있다. 그러므로 사물의 특징이 독자들의 머릿속에 또는 눈앞에 인상적으로 떠오르도록 묘사해야 한다.

둘째, 말하고자 하는 의미가 나타나야 한다. 묘사는 사물의 특징을 있는 그대로 다 나타내는 것은 아니다. 따라서 지배적인 인상을 가장 잘 드러내는 특징을 선택하여 묘사해야 한다.

셋째, 분위기가 있어야 한다. 글 전체가 묘사로 이루어지는 경우보다는 다른 여러 가지 기술 방식과 어울려 묘사의 방법이 이용되는 경우가 많다. 그러므로 글 전체의 분위기와 잘 어울리는 것이어야 효과적이다.

4) 서사적인 글쓰기

서사는 사건의 진행 과정이나 사물의 움직임과 변화를 시간적 추이에 따라 구체적으로 풀어 나가는 이야기 방법이다. 서사는 '무엇이 일어나고 있는가?'라는 질문에 대한 대답의 형식이 되며, 하나의 일관된 줄거리를 갖는 이야기로 나타난다. 서사에서는 어떤 과정에 대한 이해가 중요하기 때문에 시간에 따른 진전 상황이 단계별로 잘 드러나야 한다. 그리고 그 사건의 원인과 결과가 자연스럽게 밝혀져야만 한다.

서사의 대상이 되는 사건은 실제로 일어난 일이거나 일어날 수도 있는 일이다. 하나의 사건을 서사의 방법으로 기술하기 위해서는 사건의 과정 가운데에서 중심이 될 만한 것을 잡아, 의미와 체계의 통일을 기해야 된다는 말이다. 이때 주의할 것은 서사의 요소에 해당되는 '행위', '시간', '의미'를 정확하게 구획 지을 수 있어야 한다는 점이다. 서사란 시간에 따라 움직이는 과정을 의미 있는 일련의 사건으로 이야기하는 것이기 때문이다. 서사에서는 어떤 각도에서 이야기를 전개하느냐 하는 서사 시각과 관점이 또한 중요하다. 서사의 관점에서 일관성을 지켜야만 전체적인 이야기의 흐름이 자연스럽게 이루어진다.

서사는 사물의 이동이나 변화를 일관성 있게 진술하는 것이므로 어떤 각도에서 그 상황을 부각시키고 진술하느냐 하는 문제가 중요하다. 의미의 통일성과 일관성을 유지하기 위해서는 이야기하는 위치와 각도를 잘 지켜야 한다.

① 한국 육상의 간판인 장재근 선수가 지난해 자신이 세운 한국 신기록을 다시 깨뜨리고 아시아 육상대회 200M 경기에서 금메달을 차지했다. 3일 잠실 올림픽 경기장에서 계속된 제5회 아시아 육상대회 200M 남자부 결승에서 장재근 선수는 18초 45(종전 기록 19초 02)의 한국 신기록을 세우면서 중국과 일본 선수를 따돌리고 우승했다.

장 선수의 이번 기록은 세계 기록에는 2초 이상 뒤져 있긴 하지만, 북경 아시안 게임을 앞둔 한국 육상계에 활력을 불어넣을 수 있는 쾌거라고 할 것이다. 장 선수는 5일 최종일에 열리는 남자 100M 결승에 참가하며, 또 하나의 금메달을 노리고 있다. (신문기사에서)

② 원구가 처음으로 동욱을 찾아간 것은 사십 일이나 계속된 긴 장마가 시작된 어느 날이었다. 동래(東萊) 종점에서 전차를 내리자, 동욱이가 쪽지에 그려준 약도를 몇 번이나 펴보면서 진득진득 걷기 힘든 비탈길을 원구는 조심히 걸어

올라갔다. 비는 여전히 줄기차게 내리고 있었다. 우산을 받기는 했으나 비가 후려치고 흙탕물이 튀고 해서 정강이 밑으로는 말이 아니었다. 동욱이가 들어 있는 집은 인가에서 뚝 떨어져 외따로 서 있었다. 낡은 목조 건물이었다. (손창섭의 「비오는 날」에서)

③ 내가 세상에 태어난 것이 1924년이었고, 오산 보통학교를 거쳐 오산중학교를 졸업한 때는 1941년 3월이었다. 그러니까 일제 말기의 발악이 극심할 때에 중학을 졸업하고 대학에 진학하게 된 것이다.

그 때 나에게 의과에 진학하라는 압력이 있었다. 종고조부인 남강(南岡)이 돌아간 것이 바로 내가 보통학교에 들어가던 1930년이었다. 그 뒤 11년이라는 세월의 흐름 속에서 우선 잘 살아야 한다는 생각이 우리 가족 중에도 싹트고 있었다. 실제로 의사인 작은 할아버지는 우리 가족 중에서 가장 유복한 생활을 하고 있었다.

그러나 민족을 위해 옳게 살아야 한다는 남강이 남겨준 정신적 유산은 주로 아버지에 의해 우리 가정에 강하게 남아 있었고, 나도 자연히 그 영향을 받고 자랐다. 결국 나는 당연한 것처럼 우리나라 역사를 공부하기로 결심하게 되었다. (이기백의 「학문적 고투」에서)

예문 ①은 신문의 기사이다. 사건의 내용이 간명하게 객관적으로 제시되어 있다. 예문 ②는 소설의 한 부분이다. 이야기를 말하는 사람이 글에 나타나 있지 않지만, 사건의 경과를 객관적으로 그려내고 있다. 이에 비하면 예문 ③에서는 '나'라는 진술자가 글 속에 분명히 나타나서 이야기를 말해주고 있다. 전자의 경우를 3인칭 시점이라고 하고 후자의 경우를 1인칭 시점이라고 한다. 서사의 방법은 이러한 시점의 설정에 의해 이야기의 통일성과 일관성을 유지시키면서 이야기의 내용에 대한 실감을 더해주는 것이 특징이다.

더불어 고려해야 할 사항은 사건이 연속적으로 서술된다는 것은 사건이 논리적으로 결합되어 있다는 것이다. 선행 사건이 원인이 되어 후행 사건을 낳고, 후행 사건이 원인이 되어 또 다른 후행 사건을 낳는 연쇄적인 결합이 되어야 한다. 이러한 사건의 연쇄가 개연성을 띠어야 하는데, 개연성을 띤다는 것은 사건의 연쇄가 내적 필연성을 가져야 한다는 것이다. 황당하고 비약적인 연쇄가 아니라 충분히 그럴 수 있다는 판단이 들게 하는 연쇄이어야 한다.

서사는 소설, 자서전, 회고록, 르포 등 사건을 기술하는 글뿐만 아니라 일기, 감상문, 수필, 기행문 등에도 두루 사용되는 진술방식이다.

좋은 서사문을 쓰기 위한 방법은 다음과 같다.

첫째, 이 세상에서 벌어지는 사건들에 관심을 갖는다. 신문을 보고 뉴스를 들으며 이 세상 안에서 일어나는 사건들에 주목한다. 이러한 사건들과 자신의 체험을 연관지어 기록하는 습관을 갖는다.

둘째, 사건을 면밀히 분석한다. 그 사건의 동기를 분석하고 그 사건의 의미를 분석한다. 어떤 동기로 그 사건이 일어나게 되었는지를 분석한다.

셋째, 그 사건들이 언제 어디에서 발생했는가를 기록한다. 그리고 그 사건의 진행 과정과 어떻게 마무리되는가를 기록한다.

넷째, 사건의 나열이 서사가 아니다. 서술되는 사건들이 내적 연관성을 띠어야 한다. 개별 사건들의 나열이 아니라 각 사건들이 긴밀하게 연관되어 어떤 의미를 지녀야 한다.

학과 : ____________   학번 : ____________   이름 : ____________

1. 대개 묘사문은 보기와 만지기, 보기와 냄새 맡기, 듣기와 보기 등 복합 감각으로 서술될 경우가 많다. 다음 예문들을 읽고 어떤 감각들이 복합적으로 반영된 묘사문이며 지배적인 인상은 어떤가를 논의해보자.

> 그녀는 남편이 잠들기에 충분한 시간을 흐르는 강물을 망연히 바라보는 것으로 보내다가 방으로 되돌아왔다. 방안은 강바람 부는 강변보다 더 시원하고 남편은 침대 덮개도 안 걷어내고 그 위에서 헐렁하게 낡아빠진 팬티만 입은 채 코를 골고 있었다. 보기 싫은 것은 둘째치고 감기가 들 것 같아 덮어 주려고 꽃무늬 덮개 자락을 들추다 말고 어쩔 수 없이 벗은 하체를 가까이 보게 되었다. 모기 물린 자국이 시뻘겋게 한창 약이 오른 것도 있었고, 무르스름한 가라앉은 것도 있고, 무수했다. 이 말라빠진 정강이에서 피를 빨다니, 아무리 미물이라도 어떻게 저렇게 잔혹할 수 있을까? 도대체 어떡하고 살기에 제 몸을 저렇게 만들었을까? 때가 낀 손톱과 함께 그의 지나치게 초라하고 고달픈 살림살이가 눈에 선했다. 그렇게까지 안 살아도 될 만한 연금을 받고 있는 남편이었다. 스스로 원해서 가부장의 고단한 의무에 마냥 얽매여 있으려는 남편에 대한 연민이 목구멍으로 뜨겁게 치받쳤다. 그녀는 세월의 때가 낀 고가구를 어루만지듯이 남편 정강이에 모기 물린 자국을 가만 가만 어루만지기 시작했다.
>
> — 박완서의 「너무도 쓸쓸한 당신」에서

2. 다음 제시된 것은 에드바르트 뭉크의 <절규>이다. 이 그림에서 표출하고 있는
   '절규'를 한 단락으로 상세하게 묘사해보자.

____

____

3. 재래시장의 여러 풍경을 상상하며, 지배적인 인상을 설정하고 한 단락으로 묘사
   해보자.

____

____

4. 드라마나 시나리오의 시놉시스를 창작한다는 생각으로 한 편의 서사를 창작해
   보자.

   1) 다음 네 가지를 이용하여 한 편의 서사를 만들되 개연성이 느껴지게 만드
      시오

   ① 비바람이 심하게 몰아치는 한여름 깊은 밤

   ② 한 남자 여관으로 들어간다.

   ③ 거울에 비친 얼굴 초췌하다.

   ④ 순간 노크하는 소리 들린다.

2) 다음 네 가지를 이용하여 한 편의 서사를 만들되 개연성이 느껴지게 만들어보자.

① 한 여자 절벽 끝에 서 있다.

② 여자 쪽으로 경찰들이 뛰어온다.

③ 여자 경찰을 바라본다. 경찰 제자리에 멈추어 여자를 바라본다.

④ 여자 절벽 아래를 바라본다.

5. 다음의 만화를 보고, 이를 서사와 묘사로 표현해보자(인물의 동선과 이야기의
   진행은 서사로 표정과 상황 등은 묘사로 표현).

____

____

____

____

____

제3장 창의적인 글쓰기와 네이밍

1. 창의성과 창의적인 글쓰기
2. 네이밍과 창의적 표현

제3장 창의적인 글쓰기와 네이밍

1. 창의성과 창의적인 글쓰기

창의적인 글쓰기는 창의적인 사고 속에서 나온다. 표현만을 참신하게 가진다고 창의적인 글쓰기가 저절로 이루어지는 것은 아니다. 표현법은 노력에 의해 어느 정도 이루어지지만 창의적인 사고는 끊임없는 노력의 과정을 필요로 한다.

"3A가 지배하는 시대 창의적 우뇌인재 필요"

"이제는 3A가 지배하는 시대다. 풍부함(Abundance), 아시아(Asia), 자동화(Automation)로 세상이 변화하면서 창의적인 인재가 더욱 중요해지고 있다."

<새로운 미래가 온다(A Whole New Mind)>의 저자로 주목받는 미래학자 대니얼 핑크는 23일 지식경제부 주최로 코엑스에서 열린 '제1회 융·복합 국제 콘퍼런스'에서 이같이 주장하며 "이제는 좌뇌보다 창의적인 우뇌를 사용하는 인재가 필요하다"고 말했다.

경제적으로 풍요로워질수록 사람들은 새로운 상품을 원하게 된다는 것이다. 당장은 사람들이 필요하다고 느끼지 못하지만 잠재된 사람들의 욕구를 충족시킬 수 있는 상품을 개발하는 역량이 중요한 시대라고 강조했다.

핑크는 산업 간 영역을 뛰어넘어 새로운 트렌드를 이끄는 융·복합 산업의 장점을 '비빔밥'에 비유해 설명했다. 그는 "다양한 재료가 섞이면서 새로운 맛을 창출해내는 비빔밥이 융·복합 산업에 적절한 비유가 될 수 있다"며 "각 재료만 따로 먹었을 때 느끼지 못했던 맛을 비빔밥에서 느낄 수 있듯이 융·복합 산업도 여러 산업의 융합으로 예상치 못한 새로운 산업을 만드는 것"이라고 말했다.

그는 자동화가 급격하게 진행되면서 인간의 좌뇌 기능을 대체하고 있다고 주장했다. 점점 단순한 업무를 하는 직업이 소프트웨어로 대체되고 있다는 분석이다.

그렇다면 왜 아시아가 미래 인재 양성에 중요한 변화의 축이 되는 것일까. 그는 저렴한 인건비를 바탕으로 세계시장을 장악하는 중국·인도 노동자들에 주목했다. 그는 "이제 단순 업무는 이들 신흥국 인재가 장악하게 될 것"이라며 "창의적인 생각으로 부가가치를 창출할 수 있는 인재만이 살아남을 수 있다"고 강조했다.

- 〈매일경제〉(2009.11.24)

우리는 흔히 어떤 대상에 대하여 자신의 감정을 표현할 때, 매우 추상적으로 말하는 경우가 지배적이다. 그런데 가장 효과적인 소통의 방식은 상대방에게 나의 감정을 정확하게 전달해 줄 수 있어야 하고, 그것은 창의성을 가늠하는 잣대가 되기도 한다. 다음은 어떤 대상에 대한 우리의 일반적인 반응이다.

- 우리는 매우 좋은 상태를 유지하고 있어.
- <올드 보이>는 정말로 좋은 영화였어.
- 그의 여자친구는 너무도 이기적이야.
- 너의 글은 별로 좋지 않아.
- 나는 너를 정말로 사랑해

세상에 '그냥' 좋은 것이 있을까. 아무리 우리가 불확정성의 시대 혹은 애매모호한 시대를 살아가고 있다고 하지만, 말과 표현조차 그렇게 해야 하겠는가. 명확하고 구체적으로 표현하는 것이 창의성 훈련과 창의적인 글쓰기의 기본이다.

우리 주위에서 너무한 흔한 말이 되어버리긴 했지만, "사랑이 무엇인가?"라는 물음에 대부분은 아래와 같이 대답한다.

좋은 것, 달콤한 것, 인내, 양보, 전쟁, 숙명

온통 추상어로만 대답한 사랑의 실체에 대해 마음이 동할 사람이 몇 명이나 될 것인가. 사랑이란 추상어이다. 우리의 머리 속에서만 존재하는 관념어인 것이다. 그런데 사랑이란 관념어를 또 다른 관념어인 애매모호한 단어로 설명하게 되면, 사랑이란 실체는 더욱 미궁 속으로 파져든다. 사랑이란 경험한 바 혹은 자신이 생각하는 바에 따라 사람들마다 다르게 느끼고 생각한다. 자신의 특수한 경험이나 생각을 반영한다는 말이다. 따라서 사랑이라는 말을 설명할 때는 아주 구체적인 어휘로 표현해야 상대방에게 생생하게 전달된다. 그렇다면 그 예를 대중가요에서 찾아보자

사랑은 얄미운 나비, 사랑은 눈물의 씨앗, 사랑은 어무나 하나, 사랑은 개나 소나

위의 몇 가지 예는 앞서 제시한 예보다 훨씬 구체적이고 상대방과 공감할 수 있는 폭이 넓어진다. 첫 번째 예는 사랑을 경험한 사람이면 누구나 알 수 있듯이 잡으려 해도 잘 잡히지 않고 애를 태우던 어떤 경험을 반영해 표현한 것이다. 누구나 유년시절 나비나 잠자리나 매미 등을 잡아봤던 경험이 있을 것이다. 쉽게 잡는 경우도 있겠지만, 그렇지 않은 경험이 대부분일 것이다. 이렇게 사랑을 나비에 비유하여 자신의 경험을 설명하면 상대방과 매우 구체적으로 쉽게 공감한다. 이와 같이 창의적인 글쓰기의 기본은 바로 구체어를 잘 활용하는 것이다.

여기서 러시아 형식주의자 쉬클로프스키의 '낯설게 하기'(making strange)를 생각해보자. 그는 시는 근본적으로 낯선 시가 좋은 시 즉, 문학성이 있는 시라고 한 바 있다. 우리의 사고는 자연적인 순환이나 신체구조에 따라 자동화되어 있다. 봄, 여름, 가을, 겨울로 차례대로 순환하듯 계절은 자동화되어 있고, 아침, 점심, 저녁으로 하루의 시간도 자동화되어 있다. 사람이 태어나 성장해 결혼하

고 아이를 낳고 병들어 죽는 것도 자동화되어 있고, 대부분 사람의 하루일과 역시 일상화되어 있는 것이다. 이와 같이 자동화되고 일상화된 구조와 사고의 틀을 깨기 위해서는 대상에 대하여 아주 낯설게 사고하고 표현할 필요가 있다.

> 원숭이 똥구멍은 빨개, 빨가면 사과, 사과는 맛있어, 맛있으면 바나나, 바나나는 길어, 길면 기차, 기차는 빨라, 빠르면 비행기

결국 익숙하고 자동화된 연상(연쇄)의 과정이지만, 원숭이 똥구멍과 거리가 멀리 떨어져 있는 것과 연관시키면 굉장히 낯설어진다. 일테면 '원숭이 똥구멍=기차', '원숭이 똥구멍=비행기'라고 연결지으면 상당히 낯설어져 긴장(tension)을 유발하게 되는 것이다. 기존의 고정된 틀이나 이미지에서 벗어나는 순간 우리는 그 대상에 대해 더 주의를 집중하여 그 연관성을 찾기 위해 노력한다.

창의적인 표현의 대표적인 글쓰기 중 하나가 바로 광고 카피일 것이다. 카피의 구성 요소와 표현 전략이 창의적인 사고·글쓰기와 매우 가까운 거리에 있다고 하겠다.

- 수용자를 존중하며, 정직한 카피를 써야 하며 과장이나 상투적인 반복을 피해야 한다.
- 가급적 단순하고 쉽게 표현, 경제적이며 창조적인 방법으로 수용자의 주의 환기
- 참신성, 독창성, 상상력 필요
- 수용자의 관심을 끌고 그들에게 긍정적인 보상을 줄 수 있는 유머기법 사용

그렇다면 다음의 광고 카피를 통해 어떤 점에서 창의적인지 살펴보자. 그와 같은 방법으로 훈련하는 것도 창의적인 사고와 표현을 이끌어내는 데 매우 큰 도움이 될 것이다.

- 유혹은 지워지지 않는 흔적(원저 21)

- 가을은 센스의 계절
- 질투는 여자의 힘(플러스마이너스)
- 초코파이는 정입니다
- 물은 그리움입니다
- 관절염 스탑! 류마 스탑!
- 무슨 잘, 펜잘
- 당신이 사랑하는 사람을 사랑합니다(파리바케트)
- 영양 부족은 플러스 건강걱정은 마이너스(플러스마이너스)
- 다가치(多價値) 스타렉스!
- <나>가 나를 알아?
- Na 행운을 만나다. Na 행운을 만들다(KTF)
- 두 눈 질끈 감고 인당수 풍덩 심청,
- 대한민국 효녀 랭킹 1위로 당선되고 / 치마폭 뒤집어쓴 공포심청 다이빙 포즈, / 포토제닉상 수상하는 기염까지 토하는데 / 허걱 그랬구나 그게 찍혔던 거였구나 / 중국상인 탐낸 속옷, 임프레션 입은 모습 / 미스코리아 뺨칠 만큼 이뻤던 거로구나 / 허거걱, 심청이의 심삼찮은 에피소드 / 그녀가 보여준 건 효심만이 아니었네 / 보여주고 싶은 언더웨어 - 임프레션(임프레션)

학과 : _____________   학번 : _____________   이름 : _____________

1. 다음의 시를 읽고, 어떤 표현에서 새롭고 익숙한지를 논의해 보자.

까마득한 날에
하늘이 처음 열리고
어데 닭 우는 소리 들렸으랴.

모든 산맥들이
바다를 연모(戀慕)해 휘달릴 때도
차마 이곳을 범(犯)하던 못하였으리라.

끊임없는 광음(光陰)을
부지런한 계절이 피어선 지고
큰 강물이 비로소 길을 열었다.

지금 눈 내리고
매화 향기(梅花香氣) 홀로 아득하니
내 여기 가난한 노래의 씨를 뿌려라.

다시 천고(千古)의 뒤에
백마(白馬) 타고 오는 초인(超人)이 있어
이 광야(曠野)에서 목놓아 부르게 하리라
- 이육사의 「광야」

사랑하는 나의 하느님, 당신은
늙은 悲哀다.
푸줏간에 걸린 커다란 살점이다.
詩人 릴케가 만난
슬라브 女子의 마음 속에 갈앉은
놋쇠 항아리다.
손바닥에 못을 박아 죽일 수도 없고 죽지도 않는
사랑하는 나의 하느님, 당신은 또
대낮에도 옷을 벗는 어리디어린
純潔이다.
三月에
젊은 느릅나무 잎새에서 이는
연두빛 바람이다.
- 김춘수의 「나의 하느님」

긴 외다리로 서 있는 물새가 졸리운 옆눈으로
맹하게 바라보네, 저물면서 더 빛나는 바다를
- 황지우의 「저물면서 빛나는 바다」

2. 다음의 예시를 중심으로 창의적인 헤드라인 카피를 작성해 보자.

   1) 자신

   ____

2) 학교 소개

3) 자신의 가방

4) 대한민국

5) 한국야구

2. 네이밍과 창의적 표현

1) 인명(人名)의 여러 유형[1]

(1) 그야말로 적당히 지은 옛 여자들 이름

간난, 언년, 자근년, 입분, 아기

우리네 할머니의 이름을 들으면 그게 무슨 뜻인지 알 수 없는 것이 상당하다. 그러나 어쩌면 알 수 없는 것이 당연한 것인지도 모른다. 애초부터 아무런 의미를 부여하지 않았으니 말이다. 이름을 함부로 짓지 마라 등의 경고가 우리 할머니세대에는 아무런 효력을 발휘하지 못했나 보다. 딸이라고 해서 아들만큼 귀염을 덜 받고 자라는 것도 섭섭한데, 이름까지 아무렇게나 지어 받아 일생을 살아야 했던 여자들. 그러니, 어떻게든 이름을 고칠 수만 있다면 어떤 노력이 따르더라도 해 보겠다고 나서는 여자들이 많음은 당연하다.

우리네 옛 여인들 중엔 이름이 없는 경우도 종종 있었다하니 그나마 다행이라고 여겨야 할까. 딸을 낳았으니 이름도 없이 그냥 '큰딸'이니 '작은딸'이니 하고 부르다가 이것을 '근년(斤年, 큰 딸년)', '자근년(自斤年, 작은 딸년)' 식으로 호적에 올려놓기도 했고, 또 '대녀(大女)', '소녀(小女)'로 표기하기도 했다.

지금의 할머니들 이름 중에 '아지'와 '간난'이가 아주 많다. '아지'는 '아기'와 같은 말로, 아기(딸)를 낳아 그냥 이름도 없이 '아기'로 부르다가 이를 그대로 한자로 표기하여 '아지(亞枝, 娥支)' 또는 '애기(愛其)' 등으로 올린 것이다. 이렇게 '아지'란 이름으로 자라다가 또 아기를 낳으면, 새 아기는 또 '아지'가 되고, 먼저 아기는 '큰 아기'의 뜻은 '대아지(大亞枝)'가 되는 것이다.

'간난'이란 이름은 '갓난(갓난=갓 낳은)'이 그 바탕이다. 새로(갓) 낳았다는 뜻으로 이렇게 불렀다. 물론 어른이 되어서도 이름 같지 않은 이 이름은 계속

---

1) 이 부분은 배우리의 『우리말 산책- 사전 따로 말 따로』(토담, 1994) 참조

붙어 다녀야 했다. 몸은 늙어 가도 이름은 계속 '갓 낳은 아기'의 뜻을 지니고 살아야 하는 운명이었다.

'언년'이란 이름도 적지 않다. 이것은 딸을 낳아 기대에 어긋났다는 뜻으로 '엇년'이라 한 것을 그냥 소리나는 대로 적어 '언년(言年)'이 된 것이다. 굳이 페미니스트가 아니라도 참으로 어이없는 일이다. 딸을 낳으면 그렇게나 섭섭했던가? '섭섭'이란 이름을 가진 할머니도 더러 보인다.

몸의 특징을 따라 짓는 경우도 있었다. 몸 어딘가에 점이 있으면 대개 '점순이', '점례' 식으로 '점'자를 넣어 이름을 지었고, 쌍둥이를 낳으면 '쌍순이', '쌍례' 식으로 '쌍'자를 붙이는 것이 보편화됐다. 이왕 딸을 낳았으니 예쁘게나 자라기를 바랐는지, 실제로는 예쁘게 여기지도 않으면서 '입분(入分)', '이분(伊分)', '여분(汝分)'이란 이름을 달기도 했다. 또 딸이 너무 되바라지지 않고 조용히 살길 바랐던지 '음전(陰田)'이란 이름도 많이 붙었다. '음전'은 '얌전하다'의 '얌전'을 소리나는 대로 한자화하여 적은 경우이다.

딸을 낳은 것이 섭섭해 부모가 이름조차 지어주지 않아 한평생을 이름 없이 살다 간 여자들은 수없이 많다. 이름이 없으니 어렸을 때부터 이름처럼 계속 불린 '아기'가 그대로 이름 노릇을 하고, 그렇게 '아기'로 불리다가 시집을 가 서방을 만나면 그 아기는 '평양댁', '양주댁' 하는 식으로 그 여자가 살던 곳이 또 이름을 대신하기도 한다.

(2) 좋은 옛말을 살린 이름

다솜, 미르, 가람, 가멀, 미리내

요즘 '다솜'이란 이름이 부쩍 늘고 있다. 그리고 그 뜻을 알고 있는 이들도 꽤 많다. 그러나 막상 이 이름의 뜻을 더 정확히 알아보기 위해 사전을 펼쳐 보면 이 말이 없다. 그도 그럴 것이 표준말도 아닌데다가 옛날에 쓰던 특정한 말을 요즘 글자로 옮겨 표기한 것이기 때문이다.

옛말 사전에 보면 '사랑함'의 뜻을 가진 '둧옴'이란 말이 나온다. 이 말을 요즘 우리가 쓰는 글자로 옮긴 것이 '다솜'이다. 그리고 이와 관련한 다른 말들도 나오는데, 역시 모두 '사랑'의 뜻을 지니고 있다. 이것을 요즘 글자로 적어 보면 다음과 같다.

- 다소니 : 사랑하는 사람
- 다소다 : 사랑하다
- 다손말 : 사랑하는 말
- 닷다 : 사랑하다

이제 다솜이란 이름은 아기 이름뿐만 아니라 상호와 모임 이름으로까지 쓰이고도 있다. 참으로 흔한 이름이 되어 가고 있는데, 그러나 한글 이름은 우선 그 뜻을 정확하게 알고 쓰는 것이 중요하다.

한글이름을 짓는 이들 중에는 옛말을 자료로 하는 사람들이 많다. 옛말은 우선 무게가 있어 보이고 그리 흔하게 들리지도 않아 요즘 흔히 쓰는 말보다 훨씬 귀하게 느껴지기 때문이다. 한글이름 중에 많이 이용되고 있는 옛말 중에는 다음과 같은 것이 있다.

- 가다기 : 가득히
- 가람 : 강(江)
- 깃삼 : 기쁨
- 나래 : 날개
- 라온 : 즐거운
- 미르 : 용(龍)
- 누리 : 세상
- 모로 : 뫼, 산(山)
- 미리내 : 은하수
- 소래 : 소리
- 열음 : 열매
- 자울압다 : 친하다

　· 하다 : 많다

　어떻든 한글이름이 많이 퍼짐으로써 그 동안 사라져 갔던 옛말들이 다시 우리 곁에 가까이 있게 된 것은 여간 대견한 일이 아니다.

(3) 귀한 뜻 살린 이름

　· 고고리 : 꼭지
　· 보늬 : 밤이나 도토리 따위의 속껍질

　최근에 들어 귀한 뜻을 살린 이름들이 부쩍 늘고 있다. 우리가 잘 아는 낱말 혹은 그 뜻을 금방 알 수 있는 이름들은 좀 흔해 보인다고 생각하는지 그 의미를 남이 잘 알지 못하는 이른바 낯선 이름으로 작명하는 경우를 종종 볼 수 있다.

　그러나 이러한 이름을 짓는 데는 웬만큼 언어 지식이 있지 않고서는 그리 쉽지 않다. 또 더러 그러한 낱말을 찾았다 해도 그것이 발음상 또는 음향적, 감각적 면에서 이름으로 적합지 못할 때는 감히 이름으로 정할 수가 없다.

　과거 서울대학교 국어운동학생회에서 실시했던 고운 이름 자랑하기에서 뽑힌 이름들을 살펴보면 더러 남들이 잘 알지 못하는 이름들이 종종 발견된다. ‘한미루’라는 이름도 그 중 하나인데, ‘한’이라는 말과 ‘미루’라는 말을 합쳐 만든 이 이름의 정확한 뜻을 ‘큰 용’이다. ‘미루’는 용의 옛말인데, ‘용(龍)’이라는 한자말에 눌려 사람들의 입에서 멀어진 탓에 잘 모르고 있던 말이었다. 또 ‘비오리’라는 이름도 예쁜소리상으로 뽑혔는데, 이 말 역시 사람들이 잘 알고 있지 않은 낱말을 재료로 한 이름이었다. ‘비오리’는 기러기오리과에 딸린 새로 모양은 원앙과 같으나 원앙보다는 좀 더 크며 날개 빛이 오색찬란한데 자줏빛이 많고 암컷과 수컷이 늘 함께 노는 아름다운 물새이다. 이 이름이 세사에 알려졌을 때, 사람들은 새의 이름이라는 것을 잘 알지 못하고 ‘비+오리’라 잘못 해석하여 ‘비 오는 날의 오리’ 또는 ‘비가 오리(올 것이다)’의 뜻으로 알기도 했다.

한편 '애띠'라는 이름이 맑은이름상을 받기도 하였다. '애띠'는 '애띠다'를 바탕으로 한 이름으로, '앳되다(어린 태도나 모양이 있어 보이다)'의 사투리이다. 그러나 이런 뜻으로 지은 이름임을 알지 못하는 사람들 중에선 이것을 '애+띠'로 알고, '아이를 업을 때 두르는 띠'의 뜻으로 알기도 했다.

2) 상호명의 여러 유형

상호명은 그 회사나 상점을 대표하는 얼굴이다. 이 얼굴을 어떻게 만드느냐에 따라 회사나 상점의 운명이 달라진다. 특히 현대와 같은 고도 문명사회에서 이미지는 실제를 대신하기도 한다. 장 보드리야르는 처음에는 상호와 같은 이미지가 실제의 것을 표현하게 되지만, 몇 단계를 거치면 본래의 실제가 가지는 아우라(aura)는 사라지고 이미지만이 남는 시뮬라시옹의 단계에 이르게 된다고 말하고 있다. 요즘 사회에서 현상과 가상의 경계가 불투명해졌다는 측면에서 출발한 이 논리에서 어떤 이미지를 구축하는가 하는 점의 중요성을 엿볼 수 있다. 따라서 상호를 어떻게 네이밍(naming)하는가 하는 것에 따라 회사 전체의 이미지가 결정되는 것이다.

따라서 우리나라의 기업들과 외국기업들도 각자의 관련 분야와 관련하여 상호에 나름의 의미를 부여하고 이를 회사의 지향과 연결지으려 노력하고 있다. 몇 가지 사례를 들어보자. 먼저 '한화'는 처음엔 '한국화약그룹'이었는데, 회사 내·외부에서 이를 축약하여 '한화'라고 부르다가 회사가 화약 이외의 새로운 사업을 펼치며 그리고 한국화약그룹은 폭약 만드는 회사로 들려 한화라고 아예 결정한 것이다. 일본의 '소니'는 46년 설립된 도쿄무선통신공업주식회사(도쓰코)가 원래 이름이지만 세계에 진출하는 데에 상표와 이름이 걸림돌이 되자 53년부터 모리타 회장이 직접 '소리'란 뜻의 라틴어인 소너스(Sonus)에서 따온 '소니(SONY)'로 바꾸었다.

그리고 '삼성'은 '세 개의 별'을 뜻하는 것으로 삼(Three)은 동양적 사고에서 가장 영원함을 상징하는 숫자이며, 성(Star)은 우주적인 기운의 희망과 도전 그리고 성취를 뜻하는 말이다.

'LG'는 럭키(LUCKY)화학(현LG화학으로 치약과 하이타이 등 생활 소모품을 만들었음)으로 출발하여 조그만 라디오 공장(금성사-현 LG전자)을 만들었으며 향후 럭키금성그룹(LUCKYGOLDSTAR)으로 불리다가 CI(Corporate Identity) 통일 작업으로 그 이니셜을 따 LG그룹이 되었다. 세계, 미래, 젊음, 인간, 기술 등 다섯 가지의 개념과 정서를 형상화시킨 '미래의 얼굴'을 L, G자의 둥근 원 속에 형상화시켜 무엇보다도 인간에 중심을 두고 있는 LG의 경영이념을 상징하게 하였다. '롯데'는 '샤를롯데'를 줄여 부른 말로서 독일 작가 괴테의 「젊은 베르테르의 슬픔」에 나오는 여주인공의 이름이다. 신격호 회장이 젊은 시절 이 책을 매우 감명 깊게 읽고 여주인공 샤를롯데에서 '샤를'을 뺀 '롯데'로 그룹명을 삼아 오늘날에 이르게 되었다.

한편 부정적인 이미지를 연상하게 하는 회사명도 상당하다. '대영(DaeYoung)'은 '다이영(Die Young)'으로 발음되고, '님프(Nymph)'는 'Nympho'와 유사한 발음이어서 '색정에 눈먼 여성'이 된다. 그리고 '모닝가스(Morning Gas)'는 '방귀'를 의미하는 말이고, 화장품을 주로 만드는 회사인 '아모레(Amore)'는 이태리어로 거리의 여자 '아모레미오'와 비슷하다. '현대(Hyundai)'는 실제 발음이 '현다이', '휸다이'이어서 '다이(Die)'라는 부정적인 의미의 소리가 나고 '선경(Sunkyoung)'도 '성크영(Sunk Young)'으로 발음돼 '가라앉은 젊은이'라는 의미가 된다. 또한 가구회사 '보루네오'는 인도네시아 산으로 오인될 수 있고 엘지그룹의 옛이름 '골드스타(Gold Star)'는 미국에서 전몰병사 묘비에 새겨진 별 표식을 의미하는 것이다.

이와 같이 상호는 자의적으로 붙일 수 없는 것이다. 특히 국제화, 세계화의 추세 속에서 상호나 기업명이 한정적인 지역에서만 통용될 수 없다는 사실은 주지의 사실이다. 기업의 이미지와 발전 전망 등 종합적인 고려 위에 지어져야 할 것이다.

프랜차이즈 브랜드 네이밍, 이름만 잘 지어도 '절반의 성공'

자고나면 새로운 브랜드가 뜨고 지는 창업시장에서 잘 지은 브랜드 이름 하나는 사업의 성패를 좌우하는 결정적 요인이다. 전문가들은 신규 프랜차이즈의 경우 브랜드 네이밍이 '성공의 절반'이라고 말한다. 한번만 들으면 머리에 쏙쏙 들어오는 것은 물론 업태까지 단번에 알 수 있게 만드는 대박 브랜드의 세계를 알아보자

▲ 이름만 들어도 아이템이 쏙쏙

'유쾌한판'은 이름 그대로 한우육회전문 프랜차이즈 . 접시에 담긴 육회를 의미하는 '육회 한판'에 포인트를 줘 리듬감도 살리고 브랜드의 특성을 단번에 전달한다. '호박이넝쿨째'도 이름처럼 호박요리 전문점이다. 모든 메뉴에 호박이 들어가는 건 기본이고 몇몇 메뉴는 속을 판 호박에 음식을 담아내는 것이 특징이다. 쫄깃한 떡피에 삼겹살을 싸먹는 걸로 유명한 '떡쌈시대', 찌개전문점 '찌개애감동', 닭강정전문점 '강정이기가막혀' 등도 마찬가지 경우다. 또 갈매기살 부속고기전문점 '갈불놀이'나 매운갈비찜전문점 '고추맴맴'은 브랜드의 지향성을 잘 전달하는 이름으로 꼽힌다.

▲ 짧고 강렬하게

발음하기 쉬운 유사 단어의 반복은 프랜차이즈기업들 사이에서 가장 인기높은 브랜드 네임이다. 생맥주 전문점 '쪼끼쪼끼'가 대표적. 쪼끼는 부산지역 사투리로 '잔'을 의미해 생맥주 전문점 이름으로는 그만이다. 비슷한 형태로 생맥주 프랜차이즈 '조치조치'도 있다. 몽골어로 귀한 손님이라는 뜻과 우리말의 '좋지'를 소리나는 대로 적은 두 가지 의미를 함축하고 있다. 최근 퓨전요리주점으로 인기몰이중인 '야무야무'는 맛있게 먹는 모습을 표현한 의성어 '얌얌'을 재미있게 표현해 호응을 얻고 있다. 작명 방법상 약간의 차이는 있지만 수입맥주 전문점 '와바(WABAR)'는 '와서 마셔봐'란 말을 영어와 적절히 섞어 빅히트한 브랜드다.

▲ 공간의 의미를 담다

룸 스타일 주점 '호오락실'(好5樂실)은 남녀가 만나서(好) 5감의 즐거움을 느끼는 공간이라는 의미. 이름처럼 100평 이상의 매장을 카페 룸, 일본식 다다미 룸 등 39개 테마 룸으로 꾸며 젊은 여성들로부터 좋은 반응을 얻고 있다. 천연벌꿀염지 치킨전문점인 '위드락'은 함께라는 의미의 'with'와 '즐거움'을 의미하는 '樂'의 합성어로 맛있고 건강한 음식으로 고객들에게 즐거움을 주고, 번창하는 가맹점들과 함께 '다함께 즐거움을 누리자'는 뜻으로 탄생했다.

▲ 메뉴의 특징을 담다

세련된 인테리어를 갖춘 한국식 꼬치구이 주점 '꼬지마루'는 꼬치의 방언인 '꼬지'와 산봉우리, 최고를 뜻하는 순 우리말 '마루'의 합성어로 '최고 품질의 꼬치와 서비스를 고객에게 제공한다'는 의미. 냉동이 아닌 신선한 재료를 직접 구운다는 것을 알리기 위해 탄생한 이름이다. 면요리 및 덮밥요리 전문점 '다물'은 '부근', '근처', '가까운 곳'이라는 친근한 사전적 의미 외에도 특별한 메뉴와 분위기로 입을 '다물' 수 없을 정도로 맛있게 애기할 수 있는 곳이라는 은유적인 의미를 담고 있다.

한국창업전략연구소 박남수 콘텐츠팀장은 "아무리 좋은 의미를 담고 있어도 이해하거나 기억하기 어려운 브랜드 네임은 오히려 해가 된다"며 "성공하는 프랜차이즈 대부분이 쉬우면서 의미가 담긴 브랜드 이름을 갖고 있다"고 설명했다.

- 〈스포츠칸 & 경향닷컴〉(2010.01.21)

(1) 우리말 상호명

한글학회에서는 해마다 아름다운 우리말 가게이름을 선정하는 행사를 벌이고 있다. 현재 우리의 거리에서는 우리말 가게이름 대신 무분별한 외래어와 국적 불명의 언어로 간판이 오염되어 우리 문화를 혼란시키고 거리 질서를 어지럽히고 있다. 이러한 현실에서 우리 말글을 되살려 아름다운 우리말 가게이름을 쓰는 업소를 선정하여 널리 알리고 이를 북돋움으로써 우리 것의 소중함을 일깨우고 우리 정서가 담긴 토박이말의 간판을 되살려 쓰고자 하는 취지이다.

아름다운 우리말 가게이름으로 선정된 첫 가게는 '섬마을 밀밭집'(서울 종로의 국수 전문점)이다. '섬마을 밀밭집'은 서울 광화문에 자리하고 있는 전통 바지락 국수 전문점으로 예부터 이어오던 우리의 정취를 되살리고 이어받기 위하여 이 이름을 지었다고 한다. 즉 평화로운 섬마을에서 밀을 재배하며 어업에 종사하던 우리 선조의 옛 추억을 더듬어 "강나루 건너서 밀밭 길을 구름에 달 가듯이 가는 나그네"의 글귀를 가게이름으로 삼은 것이다.

한글학회에서 선정한 '아름다운 우리말 가게이름' 선정 현판식

그리고 신발 끈 제조회사인 '(주)매니 푸니'(강원 춘천지 동면 장학리)도 재미있는 상호이다. 2001년 여섯 번째로 선정된 '매니 푸니'는 이 회사에서 발명하여 판매하고 있는 제품 즉 신발 끈을 간편하고 단단하게 매고 푸는 제품을 생산하는 곳이다. '매니 푸니'란 상호는 '매다'와 '풀다'의 순환·반복 현상을 언어화한 것이다. 여기에서 '매-'는 통합과 결속을 뜻하며, '풀-'은 화합과 화해를 뜻한다고 한다.

부산 사상구의 안경점인 '낮엔 해처럼 밤엔 달처럼'은 2002년 세 번째로 뽑힌 상점으로, 해와 달처럼 낮과 밤을 밝게 볼 수 있으라는 뜻에서 지었다고 한다. 한글 학회 부산 지회에서 가려 뽑아 추천한 가게이름이다.

서울 동대문구의 생활한복집인 '솔아 솔아 푸르른 솔아'는 전통 한복을 올바로 이어받아 오늘에 되살리기를 기대한다. 소나무는 곧은 절개와 선비 정신 그리고 십장생의 하나인 장수의 상징으로, 안치환이 민족의 염원을 담아 애절하게 불렀던 노랫말을 따서 가게이름으로 하였다. 소나무는 솔잎, 솔가지, 광솔,

송화가루, 뿌리, 목재 등 소나무 전체가 우리에게 유익을 주는 나무로 예전부터 금줄, 장 담는 일, 잡귀와 부정을 막아 주는 상징물 등으로 우리 민족과 친숙하며 민족의 정신을 상징하는 나무이다. 소나무처럼 늘 푸르고 절개를 지키는 올곧은 마음으로 우리 민족 문화 발전을 위해 도움을 줄 수 있는 가게로 발전하기를 바라는 뜻에서 이름을 지었다. 또한 이 가게의 주인은 소나무처럼 우리 민족을 위해 살기를 바라는 뜻으로, 아이들 이름도 소나무를 상징하는 '아름솔', '으뜸솔'로 지어 부르고 있다.

돌실나이도 경남 진주시의 생활한복집으로, 전남 곡성의 석곡마을의 지명이 순우리말로 '돌실', 여기에 '만들다'의 의미인 '나이'를 덧붙여 상호 이름으로 하였다. 석곡마을에서 생산하는 삼베에 깃든 장인 정신을 이어간다는 의미에서 만들어진 이름이다.

종합식품회사인 '해찬들'은 '햇살이 가득한 들녘'의 강한 생명력을 상징하는 이름으로 "창의력과 힘을 다하여 정직하게 일하라"는 기업 정신이 담겨 있는 이름이다. 또한 '들뫼바다'는 유기농 전문 음식점으로 들과 뫼(산), 바다에서 나오는 모든 농산물을 자연 그대로 살린 먹거리를 공급한다는 뜻에서 지은 이름이다. 이 음식점은 인체에 해로운 화학비료나 농약을 사용하지 않은 농산물로 음식을 만든다고 한다. 자연 순화 농법으로써 지구를 지키고 우리의 식생활을 통해 사전에 병을 예방하여 가족 건강을 최우선으로 하는 경영 방침을 갖고 운영하고 있는 음식점이다.

(2) 우리말 상품명

우리 주위에는 국적 없는 외래어로 된 상품명도 많지만, 친근하고 귀엽고 깜찍한 우리말 상표를 붙이려는 노력도 그에 못지않다. '잠뱅이', '옹골진', '지지배', '쌈지', '놈', '딸기' 등 의류나 지갑, 가방, 구두, 액세서리 등에 집중적으로 쓰이고 있는 한글상표들은 어감의 부드러움 뿐 아니라 제품의 성격

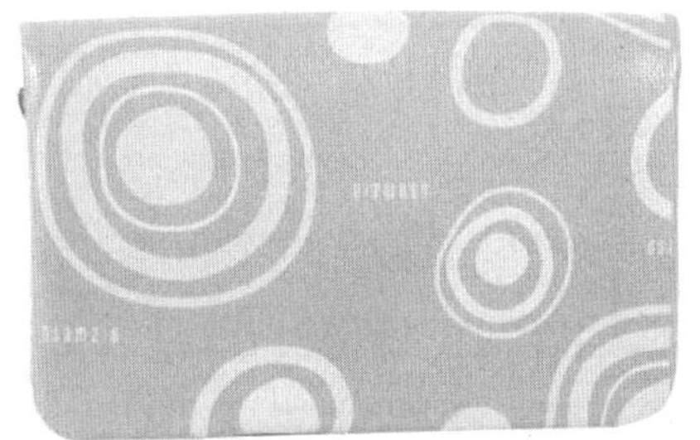

을 연상시키는 길라잡이 구실을 하기도 한다.

'잠뱅이'는 여름에 바지 대신 입는 홑겹의 옷에서 따왔고, '옹골진'은 알차다는 뜻의 '옹골차다'와 영어 '진'의 합성어다. '지지배'는 나이 어린 여자를 지칭하는 사투리여서 튀는 20대 안팎의 신세대 여성을 겨냥한 의류라는 것을 금방 눈치 챌 수 있다. 표기도 세계화 시대에 걸맞게 'ZIZIBE'로 돼 있어 발음은 토종, 글꼴은 외제인 셈이다.

우리말 이름은 한복에서 더 튄다. 변함없다는 의미를 지닌 '예나지나', 야외 용임을 암시하는 '나들잇벌'을 비롯하여 '씨실과 날실', '여럿이 함께' 등 전통 한복을 개조한 생활한복은 거의 우리말 브랜드다.

이것 이외에도 연철(이음소리) 형식 또는 표기 변형의 상호나 상품들이 무척 많다. 아마도 발음을 부드럽게 함으로써 제품이 가지는 이미지를 긍정적으로 환기하려는 목적으로 보인다. 그리고 아래와 같은 연음 형식은 본래의 의미를 탐색하는 재미도 있어 큰 호응을 얻고 있다.

- 유니나 : 윤이 나
- 타미나 : 탐이 나
- 이버바 : 입어 봐
- 모드니에 : 모든 이(사람)에게
- 나드리 : 나들이

'윤이나'를 '유니나'로 표기하면 표기하기도 좋고 상표를 만들기도 좋으며 간판으로 써 놓을 때 읽기도 쉬운 것이 사실이다. 그래서 더러 업소들이 이러한 식의 이름들을 쓰고 있다. 우선 간판의 글자부터 모양이 좋고 보니 이러한 이름을 택하게 된다. 하지만 이런 이름들은 모두 맞춤법을 무시한 것들이란 문제가 있다. 우리말에 대한 적극적인 인식이 아쉬운 것이다.

최근에 와서 이러한 것들은 상품 이름들에까지 더욱 짙게 나타나고 있는 추세이다.

- 누네띠네 : 눈에 띄네
- 오뚜기 : 오뚝이
- 머그면 : 먹으면
- 누가바 : 누가 봐

학과 : _____________   학번 : _____________   이름 : _____________

1. 이름(브랜드)의 부가가치가 매우 높은 시대에 살고 있다. 한 종류의 이름(인명, 지명, 회사명, 상품명 등)을 선택하여 성공적인 이름과 실패한 이름으로 분류해 보자. 또한 성공한 이름의 성공에 얽힌 사례도 조사해보자.

2. 다음 신문기사는 20대의 우울한 처지를 다양한 명칭으로 네이밍하고 있다. 그
   와 같이 현재 집이나 학교, 동아리나 아르바이트 장소에서 자신을 처지와 역할
   에 맞게 창의적으로 네이밍하고, 이를 다시 긍정적인 측면을 강조한 것과 부정
   적인 측면을 강조한 것으로 나누어 해보자.

우울한 20대… '알부자족' 끝내니 '청년실신'

'이태백(이십대 태반이 백수)' '십장생(10대들도 장차 백수가 되는 것을 생
각해야 한다)'에 이은 또 다른 '실업 신조어'가 등장했다. 이어지는 취업불황
에 '실업 신조어'의 유행도 이어지고 있는 것. 신조어들은 비싼 등록금을 지
불하기 위해 어렵게 학교생활을 유지하지만 여기서 시련이 끝나지 않고 어렵
게 취업을 준비하는 일련의 과정을 담고 있다.

등록금 1천만원 시대를 대변하는 신조어로는 '알부자족'이 등장했다. '알부
자'는 원래 실속있는 부자라는 뜻이지만, 신조어에선 알바로 부족한 학자금을
충당하는 학생들에 대한 반어적 표현이 됐다. 특히 이들은 방학이 되면 명절
과 여름휴가 등을 포기하고 평소 시급의 1.5배를 주는 알바자리를 찾아 나서
는 '점오배족'으로 변신한다. 비싼 등록금은 힘겨운 일부 대학생들을 방학기
간 동안을 룸싸롱 등 강남 유흥가로 몰기도 했는데, 이들은 방학 기간 중 두
달 정도만 방을 임대해 일자리를 구해 '단기임대'라는 용어를 탄생시켰다.

'모라토리엄족(Moratorium族)'은 극심한 취업난에 졸업을 계속 미루는 추
세를 반영했다. 취업문제가 해결되지 않는 상황에서 사회로 나가 실업자가 되
느니 졸업을 미루거나 대학원에 진학하겠다는 것. 비슷한 용어로 학교라는 둥
지에서 벗어나지 않으려는 일명 '둥지족'도 있다. '도시락족'과 '5천원족'은
경제적으로 힘든 대학생들의 모습을 그대로 나타내는 단어다. '도시락족'은
말 그대로 도시락을 싸들고 다닌다는 뜻이고, '5천원족' 역시 5천원으로 하루
를 보낸다는 뜻이다. 두 단어는 불황기 직장인들에게 번지기도 했다. '예비 취
업자' 대학생들의 고충은 여기서 끝나지 않는다. 취업을 위해 필요한 인턴십,
아르바이트, 공모전, 봉사활동, 자격증 등 다섯 가지 취업 필수 요소인 '취업 5

종세트'를 따야하는 것. 이들은 방학을 이용해 어학연수, 해외인턴십, 교환학생, 해외체험 프로그램 등 해외로 눈을 돌리는 '어브로드족(abroad族)'으로도 변신한다.

주요기업들의 채용이 상하반기 공채시즌에 몰리며 집에서 취업 원서접수에 매진하는 '홈퍼니족(homepany族)'도 눈길을 끈다. 홈퍼니는 원래 홈(Home)과 컴퍼니(Company)를 결합한 말로 재택근무를 하는 직장인들을 빗대어 만들어진 신조어지만 최근에는 구직자들을 사이에서 유행하고 있다. 만약 구직 중이라면 "홈퍼니에서 일합니다"라고 하면 된다.

바쁜 취업준비와 아르바이트 때문에 교우관계를 맺기 어려운 학생들은 '나홀로족'의 길을 걷고 있다. 친구들과 한참 어울릴 20대이지만, 성공적인 취업을 위해 개인의 스케줄에 맞춰 혼자 공부나 아르바이트 등 취업을 준비하는 것이 특징. 이들은 커피전문점에서 혼자 일하는 '코피스족(coffee+office族)'이나 혼자 시간을 즐기는 '글루미족(gloomy族)'으로 변형되기도 한다.

취업이 대학생활의 최대 목표가 되고 그에 따라 인간관계도 점차 단편화되어가는 요즘, 필요에 의해 온라인상에서 맺은 친구를 목적 달성이 끝나면 삭제한다는 '언프렌드(unfriend)'란 말도 보편화된 지 오래다. 본격적인 취업활동을 위해 구직자들은 주로 '자소설'을 쓴다. 취업에 도움이 되도록 자신의 성장과정과 경력 등을 다소 과장되게 작성하는 자기소개서를 일컫는 것.

서류전형 합격자 발표가 끝나면 일주일 남짓 남은 짧은 준비기간을 최대한 활용하기 위해 '스폿스터디(spot study)'를 구성한다. 'OO기업 1차면접 스터디' 등 주로 기업명을 내건 이름으로 취업 커뮤니티에 등장하는 스폿스터디는 목적이 분명한 만큼 구성원들의 집중력이 높으며 희망기업 입사를 위한 맞춤형 준비를 할 수 있다는 것이 장점이다. 이외에도 외모 콤플렉스가 심한 구직자들은 취업(면접)에 대한 자신감을 높이기 위해 과감히 성형수술을 하기도 하는데, 이로 인해 '면접성형'이란 신조어도 나왔다.

지방 구직자들이 많이 쓰는 신조어도 생겼다. '서울족'은 지방에서 취업 때문에 상경해 구직활동을 하는 이들을 가리키며, 지방에 거주하다가 서울에서 진행되는 면접전형에 참여하기 위해 KTX로 동행하는 멤버들은 카풀 대신

'KTX풀'을 이용한다. 실제 공채시즌이 되면 주요 취업 커뮤니티에는 KTX풀을 모집한다는 글이 자주 올라온다.

이런 대학생들의 실태를 종합적으로 반영하는 단어가 '청년실신'. '청년실신'은 대학생들의 취업시기가 점점 늦춰지면서 졸업 후 실업자 또는 신용불량자가 된다는 뜻이다. 취업이 대학생들의 목을 쥔다는 '목찌'란 신조어와 직장을 혼수 중 하나로 여기는 '혼수취업'이라는 신조어까지 등장해 '우울한 취업현장'을 그대로 전하고 있다.

- <한국경제>(2010.01.18)

3. 현재 자신이 중요하게 쓰고 있는 물건들의 이름을 그 특징에 어울릴 수 있도록 창의적이고 독창적으로 네이밍해 보자.

1) 가방

2) 휴대전화

3) 냉장고

4) 버스(전철) :

5) 집

4. 미래 자녀의 이름을 짓고, 그 작명 이유를 말해보자.

구분	이름	작명 이유 (항렬, 의미, 발음, 기대와 소망)
딸		
아들		

제4장 실용문의 세계와 경쟁력

1. 경쟁력 있는 보고서 작성
2. 새로운 이력서 작성법
3. 차별화된 자기소개서 작성

제4장 실용문의 세계와 경쟁력

1. 경쟁력 있는 보고서 작성

1) 보고서 작성의 목적과 효과

보고서 작성은 한 학기 강좌의 중요한 일부분을 스스로 해결함으로써 문제 해결능력을 향상시키고 강좌에 대한 흥미를 배가시키는 것을 목적으로 한다. 이것의 효과는 첫째, 폭넓은 독서의 계기를 부여하고 둘째, 자료의 수집·평가·정리와 보고서 작성 과정을 통해 비판적 안목 기르고 셋째, 논문작성이나 사회진출 이후 다양한 기획서 작성 등에 대한 예비적 훈련이라는 데 있다.

특히 사회에 진출하여 관련분야에서 자신의 능력을 표현할 수 있는 길은 오직 참신한 기획서 작성에 달려있다. 얼마나 참신하고 설득력 있는 기획서를 작성하느냐에 따라 개인에 대한 능력 평가가 달라진다. 대학에서 이런 올바른 보고서 작성 과정에서 준비하고 연습할 수 있다.

<보고서와 연구 논문의 차이>

보고서	연구 논문
어떤 문제에 대한 조사와 관측으로 얻어진 자료 정리 보고	특정 주제에 대한 논리적 일관성과 체제 등을 갖춘 종합적 보고
학업에 대한 열의 중시	독창성과 참신성이 중요한 덕목
형식과 내용 단순	형식과 내용 복잡

2) 보고서 작성의 방법과 절차

(1) 주제와 표제의 선정
- 표제는 보고서의 얼굴이다
- 보고서의 핵심을 잘 나타내는 함축적인 제목을 단다.

제목은 교수가 직접 선정해주는 것과 작성자가 직접 선정하는 것이 있으며 전체의 내용을 함축하고 있어야 한다. 중심이 되는 내용을 얼마나 잘 선정하였는가에 따라 보고서의 평가에 많은 부분이 결정된다.

- 홍미위주의 내용이 아닌 참신한 주제를 선택한다.
- 지나치게 일반적인 제목이 아니라 좁고 깊게 제목을 정한다.

제목은 리포트의 근본 문제나 중심 내용을 축약하여 나타내야 한다. 제목은 간결하게 붙이되 불가피하게 길어질 경우에는 부제를 달아서 산만한 느낌을 주지 않도록 한다. 아래의 <추상적인 제목>의 경우 말하려고 하는 주제가 무엇인지 명확하지 않다. 주제와 제목의 폭이 너무 넓어 어디까지가 공공의 적인지 혹은 공공의 적은 무엇을 의미하는지 전혀 알 수가 없다. 그리고 제목에 대한 고민을 전혀 하지 않고 교과명을 제목으로 쓰는 경우도 허다하다. 성의 없는 태도이다. 주제를 어떻게 한정하고 그에 걸맞는 제목을 붙일 것인가 하는 것은

보고서를 작성하는데 핵심적인 부분이다. 이 과정을 통해 자신의 사고를 체계
적 논리적으로 정리할 수 있는 것이다.

▶추상적인 제목

현대사회와 공공의 적

▶교과명을 그대로 쓴 경우

한국어문학

▶영문 제목

A Study on Korean Literature in 1960's

▶표제지의 예

●교 과 명 :

●담당교수 :

●제 출 일 :

현대사회와 인간 소외
- 노인문제를 중심으로

현대 사회에서 노인의 문제는 시급한 해결과제로 떠오르고 있다.

●학과 :

●학번 :

●이름 :

위와 같은 표제지를 만들어 본 일이 있는가. 보고서의 표제지라면 교과에 관련된 기본적인 정보인 교과명과 담당교수명, 제출일자를 표지 오른쪽 상단에 적고 자신에 대한 정보를 표지 하단 중앙이나 오른쪽에 정확하게 적어야 한다. 이는 누구나 다 하는 보고서 작성의 기본 사항에 속하는 것이다. 차별화된 보고서를 쓰기 위해서는 좀더 깊은 고민이 필요한데, 가령 제목을 달고 자신이 중점적으로 다루고자 하는 분야에 대한 소제목을 달아준다면 주제의 폭이 너무 넓어 야기되는 애매모호함은 없어질 것이다. 이에 보고서의 핵심 주제와 관련된 사진을 중앙에 배치해 시각적인 이해를 도울 수도 있고, 그 밑에 주제문을 제시하여 이 보고서의 전체적인 의도를 드러내는 것도 차별화된 보고서를 작성하는데 도움이 된다.

(2) 목차 작성
- 보고서의 내용을 한 눈에 파악할 수 있도록 주요 내용을 표기한다.
- 도표와 그림(그래프)이 있을 경우, <표 목차>, <그림 목차> 등을 따로 작성한다.
- 목차의 순서는 1. - 1) - (1) - ① - a. - a) - (a) 등의 순을 구분하도록 한다.

보고서를 작성할 때 흔히 빠트리기 쉬운 부분이 바로 목차이다. 목차는 제목 다음 확인하는 부분으로 전체적인 구조를 한눈에 볼 수 있기에 그 필요성은 분명하다. 보고서(리포트)의 양이 A4 기준으로 5장 내외일 경우에는 목차를 생략해도 크게 무리가 없지만, 10장이 넘어갈 경우 목차는 필수적인 요소가 된다.

목차에는 서론, 본론, 결론 혹은 머리말, 본문, 맺음말 등의 큰 제목 아래에 작은 소제목들이 있어야 한다. 또한 각각의 제목 오른쪽 끝에는 관련 내용이 있는 페이지를 적는 것이 중요하다.

(3) 자료의 수집
- 자료는 보고서의 객관성을 뒷받침하는 도구 - 자료의 충실성과 확실성이

논문의 성패 결정한다.
- 인문학의 경우에는 대체로 문헌조사가 가장 보편적이고 신빙성이 있고 사회과학의 경우는 현장조사(field work)도 필요하다.
- 주제와 관련된 전문서적, 연구논문, 석·박사 학위논문, 각종 서적, 신문, 잡지에 발표된 논문 등 상세히 조사한다.
- 자료의 수집, 평가, 선정, 분석, 정리 과정에서 비판적 능력이 배양된다.
- 기초자료가 충분히 조사되면 자료가 주제와 관련이 있는지 없는지에 따라 구분하여 정리한다.
- 주제에 맞는 자료를 취사선택한 후 주제의 발전 단계에 따라 차례차례 정리한다. 불필요한 자료나 주제와 관계없는 자료는 과감히 삭제한다.

현대의 지식 개념은 'knowhow'가 아니라 'knowwhere'에 있다고 할 정도로 효과적인 혹은 신속한 자료의 수집과 정리 능력이 요구된다. 어떠한 주제를 선정하느냐에 따라 보고서 작성에 필요한 자료수집 방법도 달라진다. 대체로 인터넷의 검색에 의한 자료 수집, 기초 문헌에 의한 자료 수집과 직접 관찰, 측정, 실험 등을 통한 자료수집이 대표적인 방법이다. 또한 필요한 참고문헌을 구하는 방법은 교수나 선배의 자문을 구하기도 하고 도서관에서 주제별로 분류된 카드 목록을 통해 필요한 문헌을 찾거나 주제와 관련 있는 정기간행물 혹은 전문잡지, 개별논문 등에 소개된 참고문헌, 백과사전 등을 통해 자기의 주제에 적합한 자료를 수집할 수 있다.

자료 정리 방법	
출전	따로 파일을 만들어 적는다.
단행본	저자명, 서명, 출판지명, 출판사명, 출판연월, 면수
논문	필자명, 논문제목, 게재지명, 권수 및 호수, 발간지명, 발간연월일, 면수
원문	원문의 요점만 간추려 적는다.
직접인용	출전, 면수를 포함하여 원문을 그대로 빠짐없이 적는다.

수집한 자료들은 어떤 의미에서는 두서없이 모아 둔 것에 불과하므로 수집된 자료를 다시 검토하면서 자기의 논문에 적합하게 선택하여 부분별로 배치하는 것이 중요하다. 여기서 주의할 점은 자기가 구상한 보고서를 위해 찾은 자료는 양이 중요한 것이 아니라 얼마나 주제에 정확히 맞아떨어지느냐가 중요하다. 주제와 관련 없는 자료는 과감히 버릴 줄 하는 결단성도 요구된다. 자칫 산만한 구성으로 본의를 흐를 우려가 있기 때문이다.

(4) 논문의 작성 과정과 구성

① 서론의 요건
- 전체 보고서의 윤곽을 사전 예고하여 독자의 관심을 유도
- 문제의 제기
- 집필의 목적
- 문제의 성질, 가정 사항, 연구의 범위, 연구의 방법, 연구 결과와 의의, 중요성
- 기존 연구 업적의 소개(연구사 서술)
- 각 장에서 다룰 내용의 요점을 전술

서론은 단지 글의 시작일 뿐만 아니라 전체적인 글의 내용과 방향에 대한 윤곽을 사전에 예고하는 부분이기 때문에 매우 중요하다. 전체적인 글의 내용과 적절한 비례를 유지하여야 하며 본론을 이끌어 내는 부분이기에 그 연결이 부드러워야 한다.

② 본론의 요건
- 각 장의 서두에서 그 장의 요점을 전술
- 논지를 전개해 나가면서 문제가 해명되었을 때마다 매듭을 지어서 소결론을 정리
- 기존 연구 내용과 본인의 연구 내용을 명백히 구분

본론은 글의 몸체에 해당하고 글에 중추를 이루며 내용의 기록과 주장을 전개, 자신의 생각을 본격적으로 펼치는 부분이다. 또한 서론에 대한 논리적인 논증을 뒷받침하는 부분이기도 하다. 따라서 본론 부분이 엉성하면 전체적인 내용이 부실해지므로 글의 내용이 논리적으로 작성되어야 한다.

③ 결론의 요건
- 기존 연구 결과와 자기가 연구한 결과의 차이를 분명히
- 전체적인 정리

결론은 본론에서 기술된 문제들을 종합하여 결론을 이끌어내야 하며 앞으로의 전망을 표현한다. 혹 미진했던 부분, 본론에서 미처 표현하지 못했던 부분이 있다면 밝혀야 하고 그 내용을 정리하여 글을 끝맺는다. 이는 차후 자신이 보완해야 할 부분이 어느 것인지 명확히 알고 있으며 이러한 문제점을 해결하기 위해 어떻게 할 것인지 하는 대안을 가지고 있다는 자기개발에 대한 암시이므로 중요하다.

3) 각주와 참고문헌의 작성

(1) 각주의 작성과 인용
① 각주 : 인용한 내용이 들어있는 페이지의 하단에 앉히는 주를 말한다. 또한 각주 형식을 이용하여 참조할 사항이나 보충 설명을 적기도 한다.
② 각주번호 기입요령
- 전거(출처)를 각주로 표시할 경우에는 인용문의 어깨에 위첨자로 "~ 이다."1), "~은 신지식 산업"2) 등과 같이 각주번호(어깨번호)를 붙이고, 각주란에 본문에 붙인 것과 일치하는 번호를 붙인 후 인용문헌의 서지(書誌) 사항을 기입한다.
- 원문을 그대로 직접 인용한 경우에는 양끝에 인용부호(" ")를 붙이고 인용부분 끝에 각주번호를 붙인다.

　예 "인간은 선천적으로 좋은 품성을 타고났다."1)(ctrl+n,n)라고~
- 간접 인용한 경우에는 문단이나 절의 끝에 각주번호를 붙인다.
　예 인간은 선천적으로 좋은 품성을 타고났다고 알고 있다.2)
- 각주번호는 일반적으로 논문의 전체에 걸쳐 일련번호로 붙인다. 그러나 장 (章) 별로 일련번호를 붙일 수도 있다.
- 논문에서 최초로 사용되는 각주는 다음과 같이 기입한다.
  - 단행본을 인용하는 경우 : 저자명, 서명, 출판지, 출판사, 출판연도, 페이지
    　예 백낙청,『한국문학의 현단계』(창작과비평사, 1985), 54면.
  - 속간물의 논문이나 기사를 인용하는 경우 : 저자명, 표제, 간행물의 제명, 권(호), 발행연도, 페이지.
    　예 백낙청, 「시민문학론」,『창작과 비평』제33호(창작과비평사, 1980), 40면.
    　　홍길동, 「홍길동전이란」, <경향일보>(1994. 3. 15), 13면.
  - 『단행본과 논문집, 잡지』, 「논문과 기사」, <신문>

(2) 참고문헌 작성
- 인용했거나 참고한 문헌 또는 해당 리포트에 영향을 주었다고 생각되는 문헌들을 총망라하여 논문의 말미에 정연하게 열거, 제시한다.
- 국내 서적을 먼저 저자명의 '가나다'순으로 나열하고, 다음 외국서적을 '알파벳'순으로 배열한다.
- 저자명, 서명, 출판지, 출판사, 연도 등의 서지적 사항을 모두 기술한다.
  예

강만길,『한국현대사』, 창작과비평사, 1985.

고석규, 「현대시의 심연」,『예술집단』, 1955.12.

홍사중, 「리리시즘의 영토」,『현대문학』, 1957.2.

홍성식 외,『타문화의 수용』, 월인, 2002.

A. 아스스테인손, 임옥희 옮김,『모더니즘문학론』, 현대미학사, 1996.

4) 자료의 제시

보고서를 작성하는 과정에서 필요한 이미지나 사진 혹은 문헌 자료를 제시함으로써 보고서의 가치를 높인다.

■ 정확한 문장과 단락의 통일성은 보고서의 생명이다. 비문이나 오자, 탈자, 띄어쓰기에 유념하여 서술하며, 한 단락에는 한 가지 내용만을 기술하는 원칙을 지켜야 한다.

2. 새로운 이력서 작성법

1) 보기 좋은 떡이 맛도 좋다

사상 최악의 심각한 취업난 속에서 직장을 구하는 첫 관문인 서류전형 통과를 위한 이력서와 자기소개서의 비중은 더욱 높아졌다. 이력서가 개개인을 개괄적으로 이해할 수 있는 기초 자료라고 한다면, 자기소개서는 보다 상세하게 개인을 이해할 수 있는 구체적 자료라고 할 수 있다. 서류전형을 통과하기 위해서는 무엇보다 내용이 가장 중요하겠지만 그 내용을 어떻게 잘 포장하는지도 중요하다.

이 력 서

사 진	성 명	한 글		한 자		
		박 종 필		朴 鍾 必		
	생 년 월 일	1986년 03월 26일 (만 23세)				
	주민등록번호	860326-123456				
	연락처/휴대폰	031-882-1234 /				
현주소		경기도 여주군 대신면 윤촌리 1004번지				
E-mail		dreamshouse@hanmail.net		결혼 유무		미혼/기혼
호적 관계		호주	박근신	호주와의 관계		차남
병역사항		병과	계급	기간(부터~까지)		미필사유
		소총수(1111)	병장	06.10.10~08.09.25		

년	월	일	학 력 및 경 력 사 항	발 행 처
			<학력 사항>	
2005	02	14	경기 여주군 대신고등학교 졸업	
2009	02	27	여주대학 비즈니스 경영과 1학년 입학	
2011	02	14	여주대학 비즈니스 경영과 졸업예정	
			<일반 경력>	
2005	05	25	2001 아울렛 당산점 수산코너 담당 입사	
			<자격>	
2004	08	11	1종 보통 자동차 운전면허 취득	
2009	06	05	MOS(마이크로 소프트 파워 포인트)자격증 취득	
2009	06	12	MOS(마이크로 소프트 엑셀)자격증 취득	
2009	07	12	유통관리사 2급자격증 취득 예정	
			<기타 사항>	
2004	11	17	양평군 유도대회 -90KG급 1등	
2004	02	14	성적 우수 장학금 수여	

위에 기재한 사항은 사실과 틀림이 없습니다.

2010년 01월 20일

박 종 필 (인)

2) 이제 특징 없는 문방구 이력서는 가라!

이력서는 구직자의 얼굴과도 같은 역할을 하기 때문에 내용은 알차게, 외형은 돋보이게 만드는 것이 이력서 쓰기의 관건이다. 다음의 사항을 유의하여 이력서를 작성한다.

(1) 사진

이력서의 사진은 직접적인 점수가 되는 것은 아니다. 그러나 많은 인사담당자들은 지원자가 생각하는 것 이상으로 중요하게 생각한다. 이력서에서 인사담당자의 시선이 제일 먼저 머무는 곳이 바로 사진이다. 면접에서의 첫인상도 중요하지만 서류전형에서의 첫인상은 사진이 좌우한다. 그러므로 최대한 깔끔하게 찍은 사진을 보내는 것이 유리하다.

사진은 정장차림이 가장 적당하다. 자연스러운 표정도 물론 중요하지만 헤어스타일에 의해 인상이 많이 좌우된다. 사진 촬영에 많은 투자를 하는 것은 그만한 가치가 있기 때문이다.

한 인사담당자는 "휴대폰이나 화상캠코더로 찍은 사진, 심지어 스티커 사진 등을 붙인 이력서를 보면 참 난감하다"라고 말했다. 여자 지원자의 경우 간혹 면접 때 몰라볼 정도의 사진을 붙여 인사담당자를 당황하게(?) 하기도 하지만 첫 이미지를 좋게 해놓으면 유리하게 작용할 수 있다. 최근 3개월 이내에 촬영한 사진을 사용한다.

(2) 기초자료

정확하게 기재하는 것이 가장 중요하다. 이름과 연락처 등 지원자의 기초 신상을 보는 것이므로 틀린 부분이 있다면 기본적인 자세를 의심받을 수 있다.

회사마다 차이가 있으나 보통 우측 상단에 희망하는 부서나 희망연봉을 적는 경우가 많다. 신입인 경우 적당한 희망연봉을 제시하기 어려운 것이 사실이다. 그렇다고 빈 칸으로 두면 좋지 않은 인상을 줄 수 있다. 연봉은 근로의 대가로 당연히 본인이 희망하는 수준을 명기하는 것이 바람직하지만 회사의 지급능력을 미리 알아보고 비슷한 수준으로 기재하는 것이 좋다. 가능한 인맥을 동원해서 알아보거나 서점에 가서 임금동향에 관한 책을 참고하는 것도 도움이 된다.

호주와의 관계는 호주의 입장에서 본 관계를 말하는 것으로 장남, 차녀, 삼녀 등으로 적는다.

(3) 학력

초, 중, 고교를 적는 칸이 있을 경우에는 상관없지만 그렇지 않고 빈 칸만 있을 때는 보통 고등학교부터 적는다. 중요하게 여기는 부분은 최종학력이므로 최종학력을 제일 윗부분에 적어야 한다. 간혹 졸업 일자에 집착하는 일부 지원자가 있는데 졸업연도와 월까지만 적으면 무난하다. 학력란에서 중점적으로 보는 부분은 전공, 학점, 학교 등이다. 졸업예정자는 '졸업예정'이라고 적으면 된다.

(4) 경력

구직자의 입장에서 이력서를 쓸 때 가장 난감한 부분 중 하나가 경력란이다. 대학 졸업 예정인 경우 직장생활을 한 적도 없을뿐더러 인턴이나 아르바이트를 적기에도 애매하다. 빈 칸으로 남겨 놓자니 불안해서 아르바이트까지 세세하게 다 기록하는 경우가 많은데 무조건 칸만 채운다고 유리한 것은 결코 아니다.

보통 경력이라고 하면 최소 1년 이상 근무한 경우를 일컫지만, 경력사원이 아닌 신입사원으로 지원할 때는 자기가 지원하고자 하는 분야와 연관 있는 내용만 적어야 한다.

(5) 자격증

자격증은 자신이 노력해서 성취했다는 것을 뜻하며, 국가가 공인한 자격증만 적는 것이 좋다. 경력과 마찬가지로 자격증도 무조건 채워야 하는 항목은 아니다. 때에 따라서는 약이 될 수도 있고 독이 될 수도 있다. 자신이 지원하는 분야와 관련 있는 자격증이 있다면 서류전형 시나 면접 시에 가점을 받을 수 있다.

운전면허증을 기재하는 것에 대해선 인사담당자들 사이에서도 견해가 엇갈린다. 지원자의 기본적인 필수사항이라 생각하는 담당자에겐 마이너스가 될 수 있고, 기본이기 때문에 적어야 한다는 사람도 있다. 그렇지만 운전과 관련된 분야가 아니라면 굳이 적을 필요가 없다는 의견이 많다.

(6) 어학

어학능력은 두 가지로 나뉘는 경우가 많다. 하나는 외국어 시험 성적을 묻는 것이고, 다른 하나는 외국어 구사 능력을 묻는 것이다. 외국어가 필요한 직장이라면 필수요소이므로 서류전형에서 당락의 결정적인 요인으로 작용한다.

그러나 그렇지 않다 하더라도 요즘은 많은 기업에서 외국어 능력을 중요한 평가요소로 활용한다. 외국어 점수가 '지원자가 자기계발 노력을 했느냐 그렇지 않느냐'를 판별하는 것이다. 구사 능력에 있어서 객관적인 잣대가 존재하는 것은 아니나 신중히 고려해 상, 중, 하 중에서 선택한다. 서류전형을 통과했다 하더라도 대부분 면접에서 확인하게 되므로 정확히 기재해야 한다.

(7) 어학연수, 봉사활동

어학연수나 봉사활동이 서류전형에서 필수요소로 작용하지는 않는다. 다만 봉사활동은 지원자의 인성이나 품성을 알아보는 데 일정 부분 기여한다. 또한 사회성이나 조직기여도를 알아볼 수 있는 간접적인 잣대가 된다.

(8) 끝맺음

모든 내용을 다 기재하고 나면 기재 내용이 사실과 다름없음을 나타내는 문구를 넣는다. 연, 월, 일을 차례로 적고 지원자의 이름을 적는다. 요즘은 온라인 접수가 많은데 이런 경우 대부분 서명은 생략한다.

3) 온라인 이력서 작성 방법

요즘은 이력서에 정성스레 사진을 붙인다든가, 한 자 한 자 또박또박 정성스럽게 글씨를 써내려 가는 모습은 더 이상 찾아보기 힘들다. 대부분의 기업들은 인터넷으로만 입사원서를 접수하고, 구직자들은 각종 취업 사이트를 이용하여 정보를 얻고 입사지원을 한다.

취업난이 심화되고 온라인 접수가 보편화되면서 이른바 '묻지마 지원'이 심해지고 있다. 취업 사이트에 이력서를 한번 등록해 놓으면 클릭 몇 번으로 간편하게 지원할 수 있어서 눈에 띄는 업체마다 원서를 내는 것이다.

온라인 채용정보업체 인크루트가 지난 5년 간 한 차례 이상 지원서를 낸 개인회원 20만 6,606명을 대상으로 지원횟수를 조사한 결과, 이력서를 500회 이상 낸 구직자가 2,058명으로 나타났다. 30대 초반의 한 남성은 지난 2년 동안 무려 1만 4,610번의 이력서를 지원, 영예(?)의 1위를 차지했다. 이는 한달 평균 609회 지원한 것으로 하루도 빠지지 않고 매일 20번씩 지원을 한 셈이다.

지원이 간편해질수록 꼼꼼히 신경 쓰지 못하는 것은 당연하다. 온라인으로 원서를 접수할 때 주의할 사항들을 알아본다.

(1) 회사가 요구하는 사항을 충실히 이행할 것

이력서나 지원서류를 첨부 파일로 보낼 경우 원하는 내용을 빠짐없이 넣어야 한다. 사진이나 주요 자격 증명서를 스캔한 파일 등을 꼼꼼히 챙긴다. 전송상태를 확인해야 하며, 수신확인이 가능한 메일을 이용하면 불안함을 덜 수 있다.

(2) 사진은 필수

사진은 가급적 최근에 찍은 것을 이용한다. 온라인으로 이력서를 접수할 때 사진을 넣지 않으면 자칫 컴퓨터 활용 능력이 부족한 것으로 비쳐질 수도 있다. 요즘은 각종 편집 프로그램을 이용해 사진도 손쉽게 수정할 수 있다. 단 지나친 수정은 면접 시 혼란을 야기할 수도 있으니 주의한다.

(3) 한 번에 한 군데씩

받는 사람의 주소에 여러 개의 메일 주소가 적혀 있다면 당연히 마이너스 요인이 될 수밖에 없다. 최소한의 성의 문제다.

(4) 채용 사이트에 등록된 이력서는 수시로 업데이트

자신의 상황이 변함에 따라 이력서에 기재된 내용도 바로 바꿔야 한다. 취업 사이트는 구직자만 이용하는 것이 아니다. 인사담당자나 헤드헌팅사에서 인재를 찾기 위해 구직자들의 이력서를 열람하고 있다는 것을 잊지 말아야 한다.

(5) 무엇보다 중요한 것은 내용

오류로 인해 메일이 제대로 발송되지 않았다거나 지원이 제대로 이루어지지 않는 일은 거의 없다.

5) 포장까지 잘해야 만점 이력서

요즘 대규모 채용에서는 객관적인 증빙자료가 훨씬 큰 힘을 발휘한다는 점을 기억해야 한다. 대기업 공채의 경우, 거의 대부분 온라인으로 지원서류를 받아 전공 경력 어학실력 등 항목별로 체계화된 점수에 따라 합격자를 정한다. 따라서 1차 서류전형 때 인사 담당자가 개인별 자기소개서를 모두 볼 확률은 거의 없다. 따라서 각종 증빙서류를 최대한 충실하게 준비하는 것이 중요하다.

자격증의 경우 어차피 도움이 되지 않는 비관련 자격증보다는 지원분야와 관련된 분야만 깔끔하게 써내는 것이 좋으며, 컴퓨터 관련 자격증이나 어학 자격증 등 보편적으로 필요한 자격증은 꼭 기재하는 것이 좋다.

알차게 준비된 입사지원서와 이력서를 잘 포장하는 것도 중요한 과정이다. 문방구표 이력서에 흰 백지로 출력한 이력서는 지원자의 성의부족을 그대로 보여준다. 한 외국계 회사에 입사한 사람은 "샛노란 한지에 이력서를 출력했습니다. 너무 튀는 것이 아닐까 내심 걱정이 되었지만, 결과적으로 제 이력서가 눈에 띄어 면접 1순위에 올라 있더군요."하고 경험담을 밝힌다.

최근에는 동영상 이력서를 보내기도 한다. 더 튀기 위해, 자신을 잘 보여주기 위해 이용되는 방법이다. 주로 입사지원서에 첨부해 보낸다. 캠코더나 PC 카메라 작동에 능숙한 신세대들에게 동영상 이력서 만들기는 또 하나의 취업준비 과정이 되고 있다. 생생한 자신의 얼굴을 담고, 인사담당자가 호감을 느끼도록 하기 위해 동아리 활동 모습, 자신의 취미생활 보여주기 등 생동감 넘치는 장면이 가득하다.

그러나 더욱 중요한 것은 자신이 무엇을 잘하는지 직접 시현해 보이는 것이 좋다. 입사 후 어떤 일을 하고 싶은지 부연설명을 해준다면 금상첨화일 것이다.

3. 차별화된 자기소개서 작성

이력서 3042건 컨설팅해 보니…이렇게 쓰면 쓰레기통 직행

구직자는 입사지원서를 통해 채용 담당자와 처음 만난다. 첫인상의 중요성은 아무리 강조해도 지나치지 않는 법. 구직 과정의 첫 관문인 서류심사의 성패는 입사지원서 작성에 달려 있다고 해도 과언은 아니다. 입사지원서 작성은 쉬운 일이 아니다. 많은 사람이 자신도 모르게 실수를 한다. 실수 유형도 다양하다. 올해 상반기 공채를 준비하고 있는 구직자들을 위해 구직자들이 입사지원서 작성시 흔히 저지르는 잘못을 정리해 소개한다.

취업·인사포털 인크루트의 '이력서 무료컨설팅 서비스'에 접수된 이력서 3042건을 취업 컨설턴트들이 분석한 것으로 입사지원서 작성을 앞두고 타산지석으로 삼을 만한 내용이다.

컨설턴트들이 첫손에 꼽는 잘못은 논리 비약과 근거 없는 주장 나열이다. '과거 어떤 경험이 있으니 나는 어떠하다'는 식의 주장에서 자주 나타나는 실수다. '학창 시절 반장을 도맡아 했다. 그래서 리더십을 기를 수 있었다'거나 '마케팅을 전공했기 때문에 나는 마케팅을 잘할 수 있는 준비된 인재'라는 식의 주장이 대표적인 예다.

어떤 주장에는 상대방이 납득할 만한 구체적인 경험과 그 과정이 오롯이 담겨 있어야 한다. 입사지원서 핵심은 주장이 아니라 실제 행동과 경험을 통한 증명이다. 다 아는 얘기를 남발하는 것도 삼가야 한다. "현대사회에서 ○○분야의 중요성은 아무리 강조해도 지나치지 않다"며 운을 떼는 사례가 여기에 해당된다. 이런 식의 진술은 자신이 해당 분야에 지식을 가지고 있다는 것을 드러내고 싶은 목적에서 이뤄지지만 막상 인사담당자들은 대부분 이런 글귀는 흘려 읽는다. 자신을 더 부각시킬 수 있는 공간을 낭비하는 행위라는 말이다.

베긴 이력서와 자기소개서가 '탈락 1순위'라는 사실을 모르는 구직자는 없다. 적당히 수정만 하면 들키지 않을 것이라는 생각으로 이리저리 손을 보는 구직자가 적지 않다. 하지만 어디까지나 본인 생각일 뿐 채용담당자들은 '다 걸러낼 수 있다'고 자신한다. 일부 기업은 베껴 쓴 자기소개서를 가려낼 수 있는 자체 검색 엔진을 개발해 채용 업무에 도입하고 있을 정도다.

누군가의 합격 수기나 유행어를 무분별하게 가져다 쓰는 것도 삼가야 한다. 수년 전 "저는 포기를 모릅니다. 포기는 배추를 셀 때나 쓰는 말입니다"라는 문구가 수천, 수만 건의 자기소개서에서 발견되는 특이한 현상이 빚어졌던 적이 있다. 당시 이 문구가 포함된 대부분 이력서는 휴지통으로 직행했다는 게 인사담당자들의 말이다.

'일관성'은 입사지원서의 핵심 중 하나다. 입사지원서는 지원한 직무를 수행하기 위해 어떤 노력을 꾸준히 해 왔는지 일관되게 드러내는 문서다. 당연히 직무를 수행하기 위한 일관성 있는 경험으로 채워져야 한다. 각종 사건과 경험도 유기적으로 이어지는 것이 좋다.

직무와 상반되는 능력을 제시하는 것은 백전백패다. 재무나 경리직에 지원한 구직자가 '덜렁대고 실수가 잦지만 사람들을 즐겁게 해주는 재주가 있다'거나 영업직에 지원한 구직자가 '사교성이 부족하지만 기발한 발상에 능하다'고 쓰는 것도 해당된다.

취업 컨설턴트들은 구직자 중 상당수가 최소한의 기본 요구 조건조차 지키지 못한다고 지적한다. 자격 요건이 미달하는 데도 막무가내로 지원한다거나 기업이 제시한 포맷이 아닌 다른 포맷의 첨부파일을 이력서에 첨부하는 예가 대표적이다. 오타 역시 결격 사유다. 아무리 좋은 내용의 입사지원서라도 틀린 철자를 발견하면 인사담당자도 김이 빠진다. 이 같은 오타는 단순한 실수가 아니라 상식 부족이나 기본적인 성의 부족으로 인식되는 만큼 치명적인 결점이다.

튀는 것도 정도껏 해야 한다. 최근 다소 엉뚱하더라도 창의적인 사고를 하는, 소위 '튀는' 인재가 각광받고 있는 것은 사실이나 도를 넘어서는 것은 금물이다. 기업은 상하관계와 업무분장이 명확한 조직사회라는 점을 잊어서는 안 된다. 튀려다 떨어질 수 있다는 말이다.

명언이나 유명 인사를 언급하는 것도 유의해야 한다. 컨설턴트들이 인크루트 이력서 무료 컨설팅에 접수된 이력서를 분석한 결과 '박지성 선수 같은 산소탱크 홍길동' '박지성 그를 배워라' '박지성 선수의 상처투성이 발' 등 박지성 선수를 언급하는 이력서가 수백 건이었다. '네가 헛되이 보낸 오늘은 어제 죽은 이가 그토록 그리던 내일이다'라는 명언을 내세운 것 역시 수백 건이었다. 유명 인사나 명언이라도 자신만의 의미를 부여하거나 남다른 모습을 부각하기 위함이라면 효과가 있을 수도 있다. 하지만 서류전형은 수많은 입사지원서 중 남다르고 뛰어난 인재를 고르는 과정이라는 점을 명심해야 한다. 가급적 자신만의 얘기를 하는 것이 좋다. 자칫하다간 인사담당자 눈에 비슷한 얘기를 남발하는 사람으로 비칠 우려가 있다.

- 〈매일경제〉(2010.01.26)

- 자기소개서는 자신의 얼굴인 동시에 8초 동안의 광고이다.
- 처음 세 줄에 승부를 걸어라
- 항상 받는 사람의 입장이 되어야 한다.

필기시험을 통해 직원을 채용하는 기업이라 하더라도 자기소개서는 면접과정 등에서 개인에 대한 중요한 평가 자료로 활용된다. 과거 형식적인 서류에 불과했던 자기소개서가 합격 여부를 결정짓는 중요한 요소가 된 것이다.

기업은 자기소개서에 나타난 가정환경과 성장과정을 통해 개인의 성격과 가치관을 파악하고, 학교생활이나 동아리활동 등을 통해 대인관계, 조직 적응력, 책임감 등을 살펴본다. 또한 응시자의 입사동기를 알아봄으로써 향후 업무태도와 성장가능성을 예측하고, 개인의 생각과 사상을 글로 표현하는 능력도 검토한다. 특히 인사 실무자들은 이력과 특기사항, 희망업무와 포부 등에 중점을 두고 있는 것으로 나타났다.

249개 기업 인사담당자들을 대상으로 조사한 결과, 응답자의 53.1%가 자기소개서 내용 중 이력과 특기사항에 가장 비중을 둔다고 말했다. 뒤를 이어 희망업무 및 포부가 19.3%, 지원동기가 9.6%, 개성 있는 구성이 8.4%, 성격이 7.2%, 출생 및 성장배경이 2.4%로 조사됐다.

그러나 구직자들의 준비는 어떠한가. 여전히 많은 구직자들은 자기소개서의 중요성을 잘 인식하지 못하는 것으로 드러났다. 스카우트가 미취업자 2,692명을 대상으로 조사한 결과에 따르면, 구직자 2명 중 1명은 자기소개서를 베껴 쓴 경험이 있는 것으로 나타났다. 무경력 신입 구직자 53%가, 경력직 구직자 35%가 그렇다고 답해 신입 구직자가 자기소개서를 베껴 쓴 경험이 많았다.

구직자들이 자기소개서 작성 시 주로 참고하는 곳은 취업사이트가 64%로 가장 높았으며, 선배/친구 등이 13%, 취업관련 서적 9.7% 순이었다. 기업들은 갈수록 형식 파괴적이고 창의적인 자기소개서를 선호하는 반면, 구직자들은 베껴 쓰기를 자연스럽게 일삼고 있는 것이다.

1) 자기소개서 작성 요령

성장과정	이 난은 제한된 지면이므로, 미리 자기가 써야 할 것을 간추려 본 후에 또박또박 깨끗이 써야 한다. 이때 평범한 것보다는 남들이 관심을 갖지 않던 새로운 분야에 대한 언급이 필요하다. 학교나 경력 등은 이미 이력서 또는 지원서에 기록이 되어 있기 때문에 새로이 이중으로 기술할 필요는 없다.
성격소개	일부러 진실하지 못한 진술을 할 필요가 없다. 미사여구를 동원하다 스스로 함정에 빠지는 경우가 많기 때문이다. 장점을 최대한도로 부각시켜 자신을 소개하는 능력이 필요하다. 단점에 대해서도 진솔하게 기술하고, 그것을 극복하기 위해 어떤 노력을 하고 있는 지를 진술하면, 오히려 장점으로 부각될 수 있다. 적극적인 사고, 성실성, 근면성, 원만한 품성, 미래에 대한 도전의지, 패기 있는 성격 등을 나타낼 수 있도록 유의해야 한다.
지원동기	친구, 선배의 소개와 권유, 학교 선생의 추천 등이 있을 수 있겠지만, 보다 더 명백한 기술이 필요하다. 취업하고자 하는 기업의 업종, 경영이념, 창업정신, 성격 등을 알아서 그 기업의 업종이나 특성에 맞게 지원동기를 기술하는 것이 좋다. "왜 이 회사에 들어가려고 하는지", "왜 회사가 나를 뽑아야 하는지"에 대해서 설명해야 한다. "모든 일에 최선을 다할 자신이 있습니다"라는

	말보다는 "최근 회사가 이러한 경영 지침을 갖고 있는데, 그 과정에서 자신이 이런 면에서 성과를 낼 수 있다"라는 내용으로 작성해 보자. 기업에 대한 최신의 정보와 문화 습득이 필수적이므로 정기적인 탐색이 필요하다.
희망업무 와 포부	희망업무는 이미 지원동기에서 언급한 것처럼 전공, 적성을 살리기 위해서나 평소 그 업종에 대한 관심과 연구가 있었다면 좋을 것이다. 포부 역시 구체적으로 자기가 선택한 업종에 대한 목표성취나 개발을 위해 어떠한 계획을 가지고 있다는 것을 언급한다. 이렇게 작성한 비전에서 기업은 지원자의 발전가능성, 잠재 능력, 장래성 등을 판별한다.
특기사항	전공의 특성 외에도 부전공, 외국어 구사의 능력, 번역 등의 실력을 과감하게 밝힐 필요가 있다. 또한 컴퓨터 사용능력, 운전, 운동 여부와 각종 자격증, 면허증 등의 소지를 사실대로 진술해야 유리하다. 기업에서는 입사 즉시 업무에 투입할 수 있는 인재를 원한다. 지원 분야와 연관 있는 아르바이트와 인턴 경험에서 어떤 파트에서 어떤 업무를 수행했는지 구체적이고 적극적으로 묘사한다. 구체적으로 자신이 있음으로 해서 얻어낼 수 있었던 성과의 과정을 에피소드 형식으로 묶는 것도 좋다.

전체 중요도를 10으로 볼 때, 성장과정의 중요도가 1이라면, 성격은 1, 학교생활 2, 지원동기와 이력 4, 입사 후 포부 2 정도로 배분한다.

2) 자기소개서 작성 시 유의사항

〈사전〉

자기소개서

자신의 이름과 장점을 알리는 자기 PR의 중요성은 나날이 증대되고 있다. 자신을 팔기 위해 남들의 주목을 받아야만 살 수 있다는 점에서 우리가 질적으로 전혀 새로운 '주목의 경제(attention economy)'로 진입했다고 주장하는 사람들도 있다. 취업 지망생들에게 주어지는 자기 PR의 주요 수단은 자기소개서다. 취업포털

잡링크의 헤드헌팅 사업부 과장 김은주는 자기소개서 작성 시 ①처음 서너 줄에서 승부해야 하며 ②자신의 장점을 최대한 부각시켜야 하며 ③회사 기본정보를 꼭 알아야 한다는 것 등을 주문했다. "인사담당자의 눈길을 끄는 자기소개서는 처음 서너 줄에서 이미 결정난다. 광고홍보대행사의 경우 글 솜씨 또한 눈여겨볼 게 분명하다. 많이 읽고 많이 생각해 톡톡 튀는 나만의 표현을 확보해 둘 필요가 있다. 나 자신을 알리지 않으면 아무도 알아주지 않는다. 지나치게 겸손까지 떨기엔 몇 줄의 자기소개란이 너무 부족하다. 자신의 경험과 장점을 최대한 드러내는 게 중요하다. 인터넷 홈페이지 등을 통해 미리 회사의 기본 정보를 알아 둔 뒤 자기소개서에 적절히 녹여낸다. 회사의 비전과 나의 목표가 부합됨을 증명하면 금상첨화. 회사 경영과 관련한 적절한 아이디어를 건의한다면 플러스 요인이 될 것이다." 진부한 건 피해야 한다. "유복하지는 않지만 화목한 가정에서 자라고, 취미는 독서와 음악 감상이며, 학창 시절에는 줄곧 개근상을 탔으며…" 등과 같이 입사지원서의 자기소개란에 단골로 등장하는 진부한 표현들은 감점과 탈락요인이라는 것이다. 자기소개서를 쓸 때에 명심해야 할 것은 "내가 나를 설득하지 못하면 남도 설득할 수 없다"는 점이다. 단지 취업에 급급해 과거 점수받기 위해 마지못해 쓰던 리포트처럼 자기소개서를 쓰게 되면 그걸 읽는 사람은 귀신 같이 그걸 알아낸다. 열망의 진정성이 있을 때에 비로소 자기 자신에 대한 엄정한 평가와 더불어 자신의 비교 우위를 부각시킬 수 있는 전략과 전술도 생겨나게 된다. 우선 자기 자신부터 설득시켜라. 나의 자기소개서를 읽는 사람이 한가할 것이라는 생각은 버리는 게 좋다. 당신의 상상을 초월할 정도로 바쁘다. 끝까지 다 읽어줄까? 그걸 기대하는 건 과욕이다. 첫 문장에서부터 읽는 사람의 눈길을 사로잡아야 한다. 나는 몇 년 몇 월 몇 일 어디에서 태어났다는 식의 진부하다 못해 곰팡이 냄새가 나는 접근법은 피하라. 광고인 데이비드 오길비가 카피라이터들을 위해 던진 다음과 같은 조언을 음미하면서 잘 생각해보기 바란다. "특히 첫 단락은 반드시 사람들이 깜짝 놀랄 정도로 흥미진진한 내용이어야 한다. 만약 다음의 휴양지 광고 카피처럼 진부하고 모호한 진술로 시작한다면 그 카피를 읽을 독자 수는 그리 많지 않을 것이다. '휴가를 간다는 것은 모든 사람들이 고대하는 기쁨입니다.'" 이어 오길비는 하버드 대학의 한 교수는 학생들을 깜짝 놀라게 하는 문장 하나로 강의를 시작하곤 했다며, 그 문장을 소개했다. "체사레 보르자(르네상스 시대의 이탈리아의 군주)는 여동생을 사랑한 나머지 그의 처남을 살해했다. 그런데 그 여동생은 그들의 아버지인 교황의 정부(情婦)였다.” 내겐 누군가를 깜짝 놀라게 할 만한 사연이 없다고 지레 겁먹거나 포기할 필요는 없다. 남과 다른 당신의 독특한 특성과 관련된 에피소드가 전혀 없단 말인가? 술 먹고 싸우다 경찰서에 끌려간 적이 있다는 식의, 네거티브한 에피소드를 말하는 게 아니다. 그렇다고 해서 꼭 포지티브한 에피소드이어야 할 필요도 없다. 아직까지도 무슨 말을 하는 건지 이해가 되지 않는다면, 진부성은 당신의 숙명일 것이므로 그냥 몇 년 몇 월 몇 일 어디에서 태어났다는 이야기부터 시작하는 게 좋겠다.

- 〈선샤인뉴스〉(2009.09.26)

(1) 헤드라인 형식을 이용한다.

하고 싶은 얘기는 참 많다. 인자한 부모님 얘기도, 나쁜 길로 안 빠지고 역경을 잘 헤쳐 나온 얘기도, 잘 나가던 학창시절 얘기도 말이다. 그러나 다 필요 없다. 인사담당자가 응시자 가족사와 개인 자서전에 대해 알고 싶을 리 절대 없다. 입사에 도움이 될 만한 중요한 사항만 적는다. 죽 나열하는 소설 형식이 아니라 중간 중간에 헤드라인을 삽입하여 강조점을 둔다.

(2) 추상적인 표현을 자제한다.

차별화 된 자기소개서를 위해서는 뛰어난 외국어 능력, 공모전 수상 경험 등 장점이 될 만한 것을 객관적으로 강조해야 한다. 자신의 단점도 기술하되 이를 극복하기 위한 노력도 함께 서술한다. “열심히”, “최선을 다해”, “몸 받쳐 충성을” 같은 흔해빠진 표현은 삼간다. 이런 추상적이고 진부한 표현보다는 어떠한 자격증을 가지고 있다는 구체적인 말이 더욱 좋다.

(3) 사전에 기업문화와 정보를 파악한다.

지원하는 기업의 고유 문화를 파악할 필요가 있다. 근면과 성실을 중요시한다면 그에 맞는 자신의 경험, 경력을 강조한다. 반면에 창의력과 아이디어를 존중한다면 튀는 카피에 일러스트, 음성이 곁들여진 파격적인 이력서 형식도 가능하다.

(4) 객관적인 서술을 한다.

자기소개서는 남에게 나를 선전하는 글이다. 자신이 좋아하는 소재나 단어, 주관적인 시각과 주장을 피하고 타인이 이해할 수 있는 선에서 내용을 다루어야 한다.

(5) 구체적이고 참신하게 기술한다.

"나는 어디서 태어나"로 시작하여 "산 넘고 물 건너 여기까지 왔습니다."로 끝나는 히스토리식 소개서는 5공화국 시절의 시스템. 자신의 개성과 함께 강력한 인상을 심어 줄 수 있도록 일반적이거나 평범한 이야기보다는 자신의 뚜렷한 장점 또는 강한 의지를 내보일 수 있는 구체적인 내용 위주로 작성한다.

(6) 한자나 외래어는 신중하게 사용한다.

글에서 한자나 외국어를 써야 하는 상황이 있다면 정확한 지 확인한 후 사용한다. 한자어나 외래어를 사용하면 뜻이 빠르게 전달되고 문장이 고급스러워질 수는 있다.

(7) 간결하고 일관성 있는 문장을 쓴다.

문장 첫 머리에는 "나는…"에서 나중에는 "저는…"이라든가 "…이다"라고 했다가 "…했습니다"라고 바뀌는 자기소개서를 흔히 볼 수 있다. 일관된 표현을 유지해야 하며 사람에 대한 호칭이나 종결형어미 존칭어 등도 통일해서 쓴다. 접속부사도 신중하게 쓴다.

(8) 회사에 따라 내용을 달리 작성한다.

지망회사의 성격이나 업무내용에 따라 내용을 조정하는 융통성이 필요하다. 언론사나 방송사는 번뜩이는 재치와 창의력, 대내외의 활발한 활동이 돋보일 수 있겠고, 일반기업의 경우 업무능력과 연관한 활동내용과 성실성이 높은 점수를 받을 수 있다. 조선과 중공업을 비롯한 제조업에서는 차분하고 안정된 스타일을 선호하는 반면, 디자인이나 광고계의 경우 재기발랄하고 튀는 것을 선호한다.

(9) 충분한 시간을 갖고 미리 작성한다.

자기소개서의 분량이 정해져 있는 경우(대개 1,000자)라면 그에 따르도록 하고, 그렇지 않으면 대개 200자 원고지 5장 정도의 분량(A4 1장 혹은 1장 반)이 가장 적합하다. 급수는 11급 이상으로 하는 것이 좋다.

(10) 너무 장황한 내용은 지루하다.

개인 역사를 소설처럼 쓰는 자기소개서는 목적을 상실한 자기소개로서 논리적인 능력이나 분석능력이 떨어지는 사람으로 비춰질 수 있다.

(11) 에피소드를 활용한다.

가벼운 에피소드는 상투성을 피하는 방법이다. 자신의 성격이나 학창 생활을 서술할 때 단정적으로 "낙천적이다", "교우관계가 원활했다"는 식의 표현보다는 에피소드를 통해 간접적으로 드러내는 게 효과적이다.

3) 차별화된 자기소개서 작성법

(1) 성장 과정 작성 요령

자기소개서는 개인의 광고이다. 개인의 글 솜씨나 글씨를 보고자 제출하는 것이 아니다. 이 전제에서 성장과정의 광고는 어떻게 해야 할 것인가.

"의도를 알면 답이 보인다."라는 말이 있다. 기업에서 왜 지원자의 성장과정을 요구하는지를 면밀하게 생각해보자. 우리는 기업의 그 의도에 맞추어 적절히 답하면 되는 것이다. 그럼 기업에서 왜 개인의 성장과정을 첫째 항목으로 요구하는가. 그것은 먼저 성장과정이 일반적이지 못하면 사고를 치기 마련이란 고정관념 때문이다. 둘째, 예를 중시하는 풍토에서 이에 어긋난 과거를 가진 사람들은 회사의 대인관계에도 부정적 영향을 미칠 수 있다는 우려가 있다. 셋째, 가족관계나 좋은 성장과정을 거친 사람이 인맥의 확대나 회사에 도움을 줄 수도 있다는 기대이다.

어찌할 것인가. 일단 요구대로 들어주자. 물론 실제로 사고를 쳤다하더라도 이를 곧이곧대로 이실직고할 사람이 누가 있겠는가. 그렇다고 "엄격하신 아버지와 인자하신 어머니"와 같이 마치 공식처럼 고정화된 틀로 시작할 것인가. 그리 태어난 것을 어찌하란 말인가. 그러나 태어난 것은 어쩌지 못해도 이를 극복하는 것은 각자의 몫이다. 그럼 이제부터 그 해법을 찾아보자.

먼저 형제가 많은 사람들은 형제간의 우애를 담은 에피소드로 가족애를 표현하거나 협동심을 표현한다. 갈등이 있었다면 이를 어떻게 극복했는지 전해주면 더욱 좋겠다. 그리고 자신의 성장과정에 문제가 있었다면 이를 현재 어떻게 극복했는가를 그리고 이 속에서 어떤 교훈을 얻었는가를 진솔하게 표현하면 더블의 점수를 얻을 수 있다. 문제아가 일의 집중력이나 추진력에서 더 탁월한 경우를 수 없이 확인했다. 비록 나의 과거는 어두웠지만, 나의 과거는 힘이 들었지만, 지금은 훌륭하게 극복하여 전화위복의 계기로 삼았다는 점을 광고한다. 또한 부모님의 직업이나 친족 중 지원하고자 하는 회사와 연관이 있다면 자신의 성장과정에 어떤 영향을 주었는지 표현해보자. 부모님이 안 계신 지원자라면 그 환경에서 자신이 노력했던 독립심과 책임감에 대해 그리고 주위의 어른들이 도와주신 경우에는 그 사랑에 대해 표현한다. 더 책임감 있는 사람으로 평가받을 수 있다. 마지막으로 무엇보다 중요한 것은 인사담당자에게 친근감 있게 다가갈 수 있도록 드라마틱하게 작성한다.

그럼에도 회사에서는 평범하게 성장한 무난한 성장과정을 선호한다. 애써 어두운 과거를 들추어 낼 필요까지는 없다. 될 수 있으면 사실을 토대로 적절하게 포장하되, 감출 수 없는 부분이 있다면 자신 있게 대처하자는 것이다. 이때 에피소드는 자신을 표현하는 가장 적절한 무기가 될 것이다. 나를 알리는 지름길은 바로 독특한 에피소드다.

어려움에 처한 친구를 돕는 일에 밤잠을 자지 않더라도 집에 들어오지 못하더

라도 누구보다 먼저 찾아가란 아버지의 교육

어머니 친구분께 인사하지 않았다는 벌로 인사 천 번 하는 벌을 받은 일

이와 같이 구체적인 에피소드로 자신의 성장과정을 한 눈에 알리는 일, 더불어 부모님의 성격과 집 안의 정서와 분위기를 인상적으로 드러낼 필요가 있다. 얼마나 감동적인가!

(2) 성격의 장·단점 작성

성격의 장단점은 대인관계와 인성 파악에 필수적이다. 그러나 대부분 구직자는 "한번 시작한 일은 죽어도 중간에 포기하지 않는다."든가 "고집이 세서 의견충돌이 조금씩 있을 것"이며 이를 극복하기 위해서는 독서와 명상을 열심히 한다고 말한다. 그러나 이는 자신에 대한 피상적인 분석에 지나지 않는다. 이렇게 해서는 자신 속에 잠재된 능력과 이상을 제대로 표출할 수 없다. 이와 같이 자신의 성격에 대해 제대로 표현하지 못하니 삼성에서는 SSAT, LG에서는 MBTI와 SJI 등 객관적인 인적성 검사를 실시하는 것이다.

이 시대는 창의성과 창조력의 시대이다. 구르는 돌에는 이끼가 끼지 않는 법이란 말은 좋은 말이다. 그런데 이 말과 내가 도대체 무슨 상관이 있는지 증명되지 않을 터인데, 그런 격언과 명언이 무슨 소용이 있겠는가. 언제까지 10년 해묵은 표현법으로 자신의 성격을 포장할 것인가. 명언이나 격언 다 좋다. 하지만 철저한 자기분석이 되지 않은 상황에서 감정적 혹은 전형적인 이런 자기 소개는 면접 시 여지없이 깨진다.

기획직은 창의성과 논리성을 겸비한 성격을 강조하고, 홍보직은 원만한 대안관계와 다양한 호기심, 엔지니어직은 빠른 이해력을 강조하면 효과적이다.

① 직무 중심으로 성격을 작성하라.

자기소개서는 내가 그 자리에 가장 잘 맞는 적임자임을 강조하는 자기 광고문이다. 이런 문서에 업무와 관련 없는 '나의 독백'은 재미없는 소재일 수밖에

없다. 모든 사람이 나의 장점을 이야기하지만, 듣기 좋은 말 또는 막연하면서도 자기 개인 주장에 의한 장점을 쓴다. 이런 말은 대부분 자기 성격 분석이 되지 않은 상황에서 자기의 주관적 경험에 의한 감성적 주장이어서 구체성이 떨어진다.

다음은 홍보직의 예이다.

> S아파트 사업부에서 아르바이트를 할 당시, 방배동 아파트 재공사 시공업체 선정 경쟁에서 가가호호 방문하여 적극적인 홍보와 설득으로 조합원 동의서를 혼자서 45%를 받아서 S아파트가 선정되는데 절대적인 영향을 미쳤습니다. 그래서 S아파트 부장님으로부터 보너스를 받으면서 별명을 하나 얻었습니다. 바로 '대설친'인데, '대단한 설득력을 가진 친구' 혹은 '대단히 설친 인간'이라는 뜻입니다. 이와 같이 제 성격의 장점은 누군가를 설득하고 목표를 수행하는데 적극적이란 것입니다. 이러한 성격은 회사의 홍보에서 더 빛날 것입니다.

② 영화처럼 표현하라.

면접장에서 단골 질문인 자신을 표현할 수 있는 단어, 동물을 말하라고 하는 이유는 '최고', '최선'을 말하는 구직자들의 추상적 표현에 지친 면접관들이 빨리 지원자의 성격을 판단하고 싶은 조급함 때문이다.

이때 비유적 표현은 상대를 이해하기가 매우 효과적이다. 내 성격을 직접적으로 이렇다 저렇다 바로 표현하지 말고 상대가 이해하기 쉽도록 영화의 한 장면처럼 표현한다.

다음은 서비스직의 예이다.

> 제 책상에 놓여 있는, 2000년 붉게 붉든 가을 설악산 정상에서 찍은 12명의 동아리 단체사진에는 제가 없습니다. 제 사진첩에는 제 얼굴보다는 친구들의 사진이 많습니다. 저는 단체로 모일 때, 서슴없이 앞으로 나가서 그들을 앵글 하나에 잡는 성격입니다. 사진에는 나타나지 않더라도 친구들의 추억을 담아내는 '배려하는 마음'은 부모님께 물려받은 좋은 유산입니다. 저는 늘 누군가의 추억과 기쁨을 만들어내는 일에 큰 보람을 느끼는 성격입니다.

③ 성격의 장점은 증명 가능한 이야기를 써라.

자신이 봤을 때는 자신이 대화가 통하고 유연하다고 하는 사람도 면접 때 보면 꽉 막힌 대화스킬을 쓰는 경우가 더 많다. 자신을 적극적이라고 쓴 사람도 면접 시 묻는 말에만 대답하고, 인사담당자에게 적극적으로 다가서는 사람을 볼 수 없는 것이 현실이다. 준비성이 좋다고 쓴 사람이 면접장소에 5분이나 늦게 도착하여 이마에 땀도 안 마른 채로 면접에 임하는 경우도 있다.

현실이 이러하니 성격을 사실대로 쓴다고 해도 인사담당자는 인사말 정도로만 듣기 마련이다. 그러므로 단순히 좋은 말만 쓰는 것이 아니라 지원 직무에 맞는 나만의 성격의 장점을 증명할 수 있도록 써야 한다. 여기서 포인트는 증명이다.

경차의 대명사는 마티즈다. 마티즈 광고를 떠올려 보라. 경차라는 것에서 사람들은 경제성을 떠올린다. 그런데 광고에는 경제적이라는 단어가 나오지 않는다.

"50%, 감면, 편리, 보상, 빈틈, 젊음…"

이 단어는 결국 몇 가지의 세제혜택을 근거로 집중적인 광고를 하고 있다. 즉 증명 가능한 경제성으로 소비자에게 확신을 주고 있는 것이다.

신입사원이라면 누구나 열정은 있다. 자신의 지원분야와 관련된 성격과 장점을 구체적으로 쓰자.

(3) 지원동기 작성

취업할 때 가장 쓰기 힘든 부분이 바로 입사동기, 지원동기이다. 솔직히 입사동기로 월급 많이 주고 안정적으로 일할 수 있는 곳, 집에서 출퇴근하기 편한 곳, 내 적성까지 맞으면 금상첨화가 아닌가. 이것이 지원동기인데, 뭘 더 쓰라는 말인가.

그런데 지원동기는 프러포즈와 같다. 즉 사랑멘트인데, 이 고백을 어떻게 하느냐에 따라 프로와 아마추어가 갈린다. 왜 나의 이 순수하고 진지한 마음을 몰라주고 입에 버터 바른 소리 하는 저 작업맨에게 여자들이 넘어간다고 하소연한들 무슨 소용이 있겠는가. 나의 사랑과 열정을 믿고 자신의 마음을 열어줄 수 있도록 만들어야 하지 않겠는가.

　합리적인 경영방식으로 업계를 대표하는 일류기업으로 자리잡은 귀사는 단지 상업적인 목적의 기업운영이 아닌 지역사회에 공헌하고 공공의 이익으로 환원하는 등의 역할로 인해 바람직한 기업 가치를 창출해 냈다고 생각합니다. 이러한 귀사의 모습에 좋은 인상을 갖게 되었고 꾸준히 관심을 갖고 지켜본 결과 고객의 신뢰와 상호존중을 최우선으로 생각하는 귀사에 제 꿈을 걸고 싶다는 생각을 갖게 되었습니다.

사랑할 때야 상대에 대한 칭찬과 매력 포인트 나열은 백번 들어도 반가운 소리지만, 기업에서는 오히려 구직자들에게 회사의 문제점과 개선점을 말하라고 하는 만큼 새로운 인력에게 창의적 시각을 기대한다. 신문이나 홈페이지에서 발견한 회사에 대한 칭찬 일색은 식상함만을 전해준다.

　대학 4학년 1학기 때, 귀사의 충남 천안 연수원에서 연수를 받은 적이 있습니다. 강의 중, 갑자기 화장실을 가게 되었습니다. 그 때 저는 귀사의 살아있는 서비스 정신과 저력을 느낄 수 있는 한 장면을 목격했습니다. 학생이라고 할지라도 고객으로 연수원에 들어온 저희들 앞에선 청소하는 모습과 어수선하게 정리하는 모습을 보여주지 않고, 학생 모두가 강의 받으러 들어갔을 때 다음 강의 준비와 청소하는 연수원 스태프의 모습을 보고서 이것이 귀사 경영의 힘이란 것을 느꼈습니다.
　고객이 보이지 않는 곳에서 고객의 편리를 준비하는 '우렁각시 서비스 정신', 저는 이 점에 반하여 귀사의 고객지원팀에 지원하게 되었습니다.

이렇게 한 가지 점을 콕 짚어서 이야기하는 것이 거창한 말보다 훨씬 설득력이 높다. 여자들에게 '넌 다 예뻐!'라고 말하는 것보다 매일매일 그녀가 입고 나오는 옷에 대해 칭찬하는 것이 더 효과적이다. '오늘 너의 옷은 봄 날씨에 딱 맞는다.', '그 옷, 아주 섹시한데!'라는 말에 여자들은 더 구체적인 만족감과 행복감을 느끼는 것이다.

입사동기에서는 전형적인 표현을 피해야 한다. 항공사 승무원을 지원하는 경우 '하늘', '미소' 혹은 '민간외교관'이란 표현을 자주 쓰는데, 어떤 항공사 인사부장은 이런 표현은 아예 탈락의 기준으로 삼고 있다고 한다.

> 귀사가 가진 기업으로서의 매력은 세계가 인정하고 있습니다. 그래서 저는 귀사에 입사를 결심한 대학 3학년 때, 본사에 직접 가봤습니다. 1층으로 들어서자마자 경비원 분들이 불렀습니다.
> "어떻게 오셨습니까?"
> "네, 그냥 구경 좀 하려고…"
> "나가주세요. 보안상 허가된 분만 들어오실 수 있습니다."
> 저, 그 때 결심했습니다. 1층부터 차근차근 올라가겠다고 말입니다. 이번 지원으로 저는 지원자 입장으로 떳떳하게 그 1층을 지날 수 있을 것입니다. 그리고 입사 후, 20층 빌딩을 마구 뛰어다닐 수 있을 것입니다.

이런 지원동기는 인사담당자의 호기심을 자극할 것이고 면접 시 대화할 기회를 먼저 잡을 것이다. 이것이 바로 자기소개서의 매력이다. 면접까지 잇게 하는 소재 제공과 광고적 접근을 통한 경쟁력 제고인 것이다.

(4) 입사 후 포부

세상이 빠르게 변화하면서 각자가 바라고 기대하는 부분도 많이 바뀌었다. 취업도 마찬가지다. 특히 입사 후 포부는 회사가 바라는 인재상에 얼마만큼 가까이 다가설 수 있는지를 확인하는 항목이다. 그러므로 입사 후 포부는 구체적이고 현실성 있게 쓴다. 그러나 우리가 현재 쓰고 있는 입사 후 포부는 거의 비슷한 문장으로 일관되고 있다.

> 항상 배우는 자세로, 회사가 나가는 방향에 함께 하겠습니다.

당연한 말이다. 직장에서 항상 배우지 않고 일하면 언제 잘릴지 모르는 것이 직장생활의 차가운 현실이다. 이 말은 내가 결혼하면 잠은 항상 집에서 자겠다고 말하는 것과 같은 당위적인 표현이다.

아직 초년생이라 경험 면에서는 부족하지만 젊은 패기와 열정은 결코 남에게 뒤지지 않습니다.

그 마음은 좋다. 그런데 문제는 그 패기와 열정을 뭘 보고 믿으란 말인가. 대부분이 이런 식이라면 즉 결국 같은 말이라면 학벌 좋고 어학실력 뛰어난 사람을 부르는 것이 당연한 일 아닌가.

저의 장점을 살리며 단점을 보완하여 귀사에서 필요로 하는 인정받는 직업인으로 거듭날 수 있도록 노력할 것입니다.

노력만 해서 안 되는 것이 최근 비즈니스 세계이다. 입사 후 포부는 노력하는 것을 전제로 구체적인 계획과 함께 직업인으로서 사업계획을 어떻게 갖고 있는지 확인하려는 의도로 물어보는 것이다. 어떤 노력을 할 것이고, 어떻게 회사에 필요한 인재가 될 것인지 묻는 질문에 질문을 다시금 확인시켜주는 답변은 그야말로 피곤할 뿐이다. 창업을 하더라도 가장 먼저 하는 일이 사업계획서를 만드는 일이다. 입사 후 포부는 직장인으로서의 사업계획을 듣고 싶은 것이지, 열심히 하겠다는 각서를 받는 것이 아니다.

귀사의 발전을 위해 이 한 몸 바쳐 회사에 뼈를 묻을 각오로 일하겠습니다.

회사는 납골당이 아니다. 회사에 뼈를 묻지 말고, 돈을 묻어 주어야 좋아한다. 회사에 대한 충성심이 높은 것은 회사 입장에서 고마운 일이지만, 그 각오를 어떻게 실현시킬 것인지 액션플랜을 보여줘야 한다. 여자가 자신의 마음을 몰라준다고 "아, 답답해 죽겠네…. 내가 널 얼마나 사랑하는데, 왜 내 마음을 몰라주는 거야!"라고 떠들어 봐야 아무 소용없는 것과 같다.

남이 해주기를 바라기보다는 스스로 일을 처리하며, 일에 대해 책임지는 사원이 되겠습니다. 그리고 저는 여성이지만 결혼 전에 잠시 머무르는 직장은 원하지 않습니다.

여대생들이 자주 쓰는 입사 후 포부인데, 본인은 이미 소극적이며 남자 경쟁자에 비해서 부족한 점이 많다는 것을 인정하는 꼴의 문장이다. 실제로 주체적이고 자율적인 여성은 이런 말을 하지 않는다. 물론 여성으로서 남성과 동일한 능력과 자기 계발을 해나가겠다는 의지를 보이고 싶은 것은 이해한다. 그러나 그 의지표명이 자율적으로 움직이고 결혼 후에도 직장생활을 계속하겠다는 정도로 끝이 나면, 아쉬움만 남을 뿐이다.

"첨단 디지털 시대의 변화를 주도하고 있는 귀사의 일원이 되어 인재와 기술을 바탕으로 최고의 제품과 서비스를 창출하여 인류사회에 공헌한다."라는 경영이념을 실천하며, 더 밝은 미래를 열어보고 싶습니다. 아직은 능력 면에서 부족하지만 그 동안 제 위치에서 항상 더 높은 곳을 향해 도전하고 노력하면서 조금씩 발전을 거듭해 왔습니다. 여러 가지 자격증을 취득하고 중국에서 어학연수를 하면서 저에게 잠재된 무한한 능력과 가능성을 확인할 수 있었고, 자신감과 성취감을 얻기도 했습니다. 직원을 위한 섬세한 배려와 최고의 근무환경을 제공하는 귀사와 함께 제 능력을 마음껏 발휘하며 미래 정보화 사회의 꿈을 실현시켜 보고 싶습니다.

회사의 홈페이지에 있는 인재상을 밝히고 난 후, 내가 그런 사람이라고 말한 의도는 좋으나 100명 중 80명이 이런 이야기를 쓰고 있다는 사실을 알아야 한다. 이는 결혼 후 검은머리가 파뿌리가 될 때까지 기쁠 때나 슬플 때나 함께 사랑하겠다는 말과 같다. 너무 흔한 주례사와 같은 말이란 것이다.

그럼 어떻게 써야 할 것인가. 먼저, 작은 일이지만 실제로 할 수 있는 일부터 작성하라.

제 사비를 들여서라도 입사 후 한 달 동안 하루에 선배 한 분씩을 퇴근길에 모시어 자리를 마련하겠습니다. 그래서 신입사원 중에서 업무 숙지가 가장 빠른 직원이 되겠습니다.

글로벌 인재로서 혹은 회사의 핵심 인재로서 성장하겠다는 것도 좋으나 이런 말은 설득력이 떨어진다. 그러므로 신입사원으로서 이와 같이 패기 넘치는 구체적인 표현이 좋겠다.

둘째, 자신의 강점과 장점을 활용하여 할 수 있는 포부를 만들어라.

지원자 각자에겐 성격의 장점 또는 특기가 하나씩은 있다. 자신의 남다른 능력과 재능을 이용하여 실천 가능한 포부를 만들어라. 지원자의 색깔도 분명해지고 장점이 더욱 돋보이면서 차별성을 확보할 수 있다.

최소한 1달에 1권씩 제 업무와 관련된 마케팅 서적을 읽고 요약을 하겠습니다. 현재의 목표는 1년에 12권의 요약 리포트입니다. 제가 대학부터 해온 요약 능력을 십분 발휘하여 사내 인트라넷에서 가장 인기 있는 자료를 올리는 직원이 되겠습니다.

셋째, 자기계발 사항을 써라.

끊임없는 자기계발은 무척 중요하다. 그렇다고 '영어 일어 중국어 학원 수강'에 그친다면 구체적이긴 하나 적극적이지 못하다. 좀더 구체적인 상상이 필요하다.

여기저기서 바삐 움직이는 사무실에서 계속 웃고 있는 사람이 있다면 바로 저 ○○○일 것입니다. 5년 후 저는 오늘도 역시나 하루가 즐거운 사람으로 살고 있을 것이라고 예상합니다. '중국 무선전화 단말기에 나타난 민족성 분석'이란 박사학위 논문제목이 사보에 소개되어 있을 것이며, 이 달의 사보 표지모델로 제가 나와 있을 것입니다. 그리고 회사 임직원들 앞에서 미국과 중국시장에 대한 접근방법과 마케팅 전략에 대한 강의를 하고 있을 것입니다. 하루하루가 진보되어야 한다고 믿는 저에게 5년 후의 모습은 직책으로 나타나지 않습니다. 진보된 나를 발견한 하루에 감사해 하고 있을 초심을 지켜가는 모습으로 나타날 것입니다. 해외 마케팅 전문가가 탄생했다고 남들은 평가하겠지만, 5년 동안 하루하루에 충실하고 도전에 주저함이 없었던 저의 시간이 연속되고 있을 것입니다.

이러한 상상을 글로 구체화시키면, 어느새 나의 포부는 '최고의 글로벌 인재가 되겠다.'라는 말보다 훨씬 구체화될 것이다.

넷째, 국회의원이 공약을 쓰듯 4대 공약을 발표하라.

이렇게 저렇게 해도 비슷한 말만 나온다면 형식을 바꾸어보라. 즉 국회의원 공약 발표하듯 서술형으로 분류해서 표현해보는 것이다.

시속 250Km, 귀사가 가진 목표를 1% 올릴 수 있는 인재로 성장하겠습니다. 외형으로, 과거의 명성만을 갖고서 기다리지 않겠습니다. 고객을 향해 질주할 것입니다. 제가 가진 고객관리의 방안입니다.

1. 차를 팔고 난 후의 사후관리에 더 많은 시간을 투자하겠습니다.
2. 저의 인간사랑에 대하 믿음을 바탕으로 고객의 미소를 받아오겠습니다.
3. 판매 외에도 KKK를 홍보하는 KKK의 스마일 퀸이 되겠습니다.
4. 공부하는 리더가 될 것입니다. 자기계발을 통하여 회사의 발전을 도모하겠습니다.

저는 지금 큰 경기를 앞둔 스포츠 선수와 같은 두근대는 마음을 감출 수가 없습니다. 저에게 귀사와 같이 체계적인 조직에서 근무할 수 있는 기회가 주어진다면 귀사에서 자랑할 만한 직원이 되리란 목표를 잡고서 최선을 다할 것입니다. 저에게 귀사의 경기 시작 휘슬 소리를 들려주십시오. 멋진 경기를 만들 루키가 될 것을 약속드립니다.

학과 : _____________   학번 : _____________   이름 : _____________

1. 다음의 이력사항 기초 자료를 작성해 보자.

이력사항 기초 자료

1) 인적 사항

성 명		생년월일	년 월 일생 (만 세)
주 소			
연락처			
호주성명		관 계	

2) 학력 사항

년	월	일	내 용
			초등학교 졸업
			중 학 교 졸업
			고등학교 졸업
			대학 과 입학
			대학 과 졸업 예정

3) 경력 사항(군 경력, 직장 경력, 임원 활동, 동아리 활동, 현장 실습 등)

년	월	일	내 용

4) 자격 사항(유단증, 면허증, 자격증, 급수증 등)

년	월	일	내　　용

5) 기타 사항(수상, 입상, 봉사활동, 연수 등)

년	월	일	내　　용

2. 다음은 학생들이 작성한 실제 예이다. 두 개의 자기소개서를 읽고 여러분이 그들을 뽑아야 하는 입장이라면, 누구를 선발할 것인지 토의해보자.

▶ **지원자 A**

자기소개서

1. 성장과정

남자는 강하고 소처럼 우직해야 한다는 우리집안에 가풍. 초등학교 때 친구와 함께 자전거를 타고갔는데 먼저 간 친구가 위험한 사람들한테 잡혀있어 경찰에 신고를 하고 가서 친구를 감싸고 경찰이 올 때까지 대적했던 일.

2. 성격의 장단점

<나는 사기꾼이었다>

2001아울렛에서 수산코너를 맡았을 때 일입니다. 수산코너 매출액이 떨어져서 팀장님은 힘들어 하셨고, 저는 수산코너를 살리기 위해 마트에 단골고객이 많다는 것을 파악하고 고객별 취향을 파악해 고객에 따라 멘트를 준비해 매출을 향상시켰습니다. 그때 얻은 별명이 바로 사기꾼이었습니다. 생선은 값이 싸 고객들의 기분을 업시켜 주면 충동구매를 쉽게 한다는 걸 알았기에 예를 들어 30대 초반에서 40대 초반 여성들에게는 집에 있는 아기한테 좋은 영향분은 생선에 가장 많이 함유되어 있다. 고등어는 성장촉진, 두뇌회전에 좋고 아기 입맛에도 안성맞춤이다. 이런 식으로 유쾌한 연령층별 고객 마케팅을 펼쳤습니다. 귀사처럼 고객 마케팅이 절실히 필요한 회사에 분석적이고 적재적소에 핵심을 찌르는 적극적이고 친화적인 성격인 제가 딱이라고 생각합니다.

3. 지원동기

<기술은 좋은데 마케팅 능력이 떨어지는 제조업체>

귀사에 상품들은 경쟁회사들보다 항상 한발 앞서나가는 혁신적인 상품들이 많았습니다. 하지만, '충성도 높은 고객'과 다양한 고객들을 보유하지 못했습니다. 그 이유는 고객별 마케팅을 경쟁회사보다 창의적이고 상품의 장점들을 고객들에게 전달을 못해 고객들을 많이 빼앗겼습니다. 혁신적인 상품을 매년 경쟁회사보다 빠르게 출시하는 귀사에 훌륭한 능력을 창의적이고 상품의 장점들을 고객요구별로 맞춘 세분화 마케팅을 통해 한단계 업그레이드 시켜드리기 위해 마케팅 기획팀에 지원하게 되었습니다.

4. 입사 후 포부

새로이 개발되는 신상품들에 관한 정보를 들으러 항상 상품을 창안하시는 연구소 연구원들과 하루 한번 얼굴을 마주치고 시간나는 대로 신상품들의 특징에 대해 질문을 할 것입니다.

그래서 신제품들이 경쟁회사에 상품보다 어떤 점이 뛰어나고 어떤 점이 부족한지 연구를 할 것입니다. 그래서 장점을 최대한 부각시킬 수 있는 고객연령별 타깃을 정해 맞춤별 핵심 마케팅 전략을 짤 것입니다. 제 마케팅 개발의 특징은 국가별 지역별 문화를 통해 고객들의 거부감이 안 느껴지는 친화적인 마케팅으로 고객들에게 상품을 접하게 하는 것입니다. 그러기 위해 항상 하루에 2시간씩 각 나라별 지역별 독특한 문화와 정서들을 배울 것입니다. 책과 인터넷을 통해 정보를 수집할 것이며, 그나라 그지역에 살았던 현지민과 동포 친구들을 인터넷채팅을 통해 사귀어 그나라 그지역 문화와 정서를 배울 것입니다.

▸ 지원자 B

자기소개서

▷ 성장과정 및 생활신조

- 부모는 자식이 효도할 때까지 기다려주지 않는다.

'성실하고 바르게 살자' 라는 가훈 아래 다른 사람에게 피해주지 않고 올바르게 살아오신 부모님 밑에서 부유한 가정 형편은 아니었지만 있는 것에서 아껴 쓰고, 넓은 마음으로 베풀며 자라도록 부모님께서 늘 지도해 주셨습니다. 가족을 위해 고생을 마다않고 묵묵히 가장으로서의 역할을 하셨던 아버지는 제게 가족을 위한 사랑과 일에 대한 열정을 몸소 보여주셨던 분이십니다. 갑작스레 할머님을 떠나보내신 아버지께서는 처음으로 제 앞에서 눈물을 보이며 "부모는 자식이 효도할 때까지 기다려 주지 않는다"라고 말씀을 하셨습니다. 공부와 모든 것이 중요하지만 가족에게 잘하지 못하는 사람은 나가서도 잘 할 수 없다는 아버지의 교육. 따뜻한 마음씨를 가진 어머니께서는 언제나 행복하고 단란한 가정을 꾸려나가시기 위해 노력하셨고 그런 부모님의 지속적인 사랑은 제가 밝고 쾌활하게 생활할 수 있었던 원동력이었습니다.

▷ 지원동기

- I love 메가스터디

저는 엄청나게 빠른 시간에 엄청난 성장을 하여 지금 동종업계 1위로 우뚝 서있는 메가스터디의 꼭 필요한 인재가 되고싶어 지원하게 되었습니다. 저는 몇 년 전 메가스터디의 컨테츠팀의 촬영PD로 2년 가까운 시간을 일했던 사원이었습니다. 일을 하면서 메가스터디의 대표이사님의 마인드를 조금이나마 알게 되었고 그런 분과 같이 일하는 모든 분들이 그 마인드를 바탕으로 회사를 운영해간다는 것을 알게 되었습니다. 아무리 말단 직원이라도 세심한 관심과 많은 편의를 제공해주는 운영방식이 또 한번 제 마음을 사로 잡았습니다. 이제는 컨텐츠팀의 촬영PD가 아닌 회계팀에서 새로운 저의 면모를 보이고 메가스터디의 핵심이 되고자 합니다. 앞으로도 엄청난 발전과 전망이 있을 메가스터디에 꼭 입사를 해서 무궁한 발전에 조금이나마 도움이 되고자 지원하게 되었으며 꼭 회사의 핵심인원이 될 것을 약속드립니다.

▷ 성격의 장·단점

- 눈 앞의 백마탄왕자가 아닌 산타가 되기를 꿈꿔 왔습니다.

아주 활발하진 않지만 긍정적이고 모험심 있고 진취적인 성격을 가지고 있습니다. 또 다른 사람이 어려움에 처했을 때는 작은 도움이라도 주려고 노력합니다. 그래서 주변 사람들도 무슨 부탁이든 편하게 부탁하고 제 상황이 여의치 않아도 부탁을 먼저 들어주는 편입니다. 저는 제 이런 성격이 나쁘지는 않다고 생각하지만 종종 내 상황이 여의치 않아도 다른 사람의 부탁을 거절하지 못해 손해를 보는 경우도 있었습니다. 또 정작 나 자신은 어려움에 처했을 때 부탁하기 미안한 마음에 될 수 있는 한 혼자 해결하려고 하는 경향이 있습니다. 이러한 소극적인 면모를 잘 알기에 고치려고 노력하고 있지만 다른 사람에게 힘이 되어주고 도움이 되고 싶다는 것에 대한 욕심은 끝이 없습니다. 아주 어두움 밤이 되어야 빛나는 별이 아닌 사람들에게 먼저 찾아가 행복과 꿈과 희망을 나누어 주는 산타가 되고 싶습니다.

▷ 입사 후 포부

- 초심으로 정년퇴임하는 그 날까지........

메가스터디에 입사하는 순간 그냥 신입사원이 아닌 메가스터디의 주인이라고 생각하겠습니다. 신입사원으로서 부족하고 미흡한 부분이 많을 것입니다. 더욱이 이 분야의 베테랑이신 선배들이 보기에는 더욱 부족해 보일 것입니다. 때문에 가끔은 따끔한 충고와 가르침이 있을 것이며, 부족한 제 자신이 원망스러울 때도 있을 것입니다. 그러나 본인은 좌절하지 않을 것이며, 제 자신의 발전을 위한 채찍질이라 여기며 열심히 임할 것입니다. 또한 본인의 최대 약점이 무엇인지 파악하여 개선시켜 나갈 것입니다. 이러한 초심을 유지하며 입사 3년 후에는 부족하지 않는 능숙한 면모를 보일 것이며, 여기에 안주하지 않고 맡은 일에 전문가로 거듭나기 위해 아낌없는 노력을 가할 것입니다. 그리고 선배들의 노하우를 전수받아 본인 역시 그러한 모습을 갖출 것이며, 발전하는 메가스터디를 만들기 위해 자기계발에 힘쓸 것입니다. 뿐만 아니라 현재 하고 있는 일에 자부심을 느낄 수 있도록 만드는 것은 그 누구도 아닌 제 자신임을 알기에 열정을 가지며 최선을 다할 것입니다.

3. 다음은 금호아시아나그룹에 지원한 학생의 이력서와 자기소개서이다. 이 입사
   지원서의 장·단점을 논의해보자.

<table>
<tr><td rowspan="2">수험번호</td><td rowspan="2"></td><td rowspan="2" align="center">입 사 지 원 서</td><td>구분</td><td>1지망</td><td>2지망</td></tr>
<tr><td>희망회사</td><td>금호건설</td><td>금호건설</td></tr>
</table>

사 진	성 명	홍길동	
	주민등록번호	801115-1000000	
	주소지	서울시 구로구 독산동 21번지	
	전화번호	(일반) 02) 2357-3385	(휴대전화) 010-234-5678
	e-mail	lsk80@hanmail.net	

학력	일 자	학교명	소재지	성적
	2007.2	경성고등학교 졸업	서울	(취득/만점)
	2007.3	○○대학교 경영학부 입학	서울	
	2010.2.	○○대학교 경영학부 졸업 예정	서울	3.86/4.5

경력사항	근무처	근무기간	직위	담당업무	사직이유

자격사항	자격면허증	취득일자	발행처
	정보처리산업기사	2007.08.27	한국산업인력공단
	워드프로세서 2급	2008.02.17	대한상공회의소
	인터넷 정보검색사 1급	2009.09.07	한국정보통신인력개발센터

병역	구분	1. 필	군별	육군	계급	병장
	복무기간	2008.08.15 - 2009.12.30 (02년 02월)				

외국어	영 어	TOEIC(905점, 2008년 02월 취득), TOEFL(점, 년 월 취득)
	일 어	JPT(점, 년 월 취득)
	중국어	HSK (점, 년 월 취득)
	기 타	

기타	흡연정도	2. 비흡연	보훈대상	2. 비대상

* 수험 번호란은 기입하지 말 것

금호아시아나그룹

자 기 소 개 서

1. 귀하가 금호아시아나그룹을 지원하게 된 동기에 대해 서술해 주십시오

〈공부를 한 이유를 제 자신에게 물었습니다!〉
　합리적 보상체계, 자율학습제도 등 인재를 존중하며 환경의 변화를 유연히 적응하는 귀사의 모습을 보면서 일찍이 제가 갈 길을 정했습니다. 전공 프로젝트 시에는 남들은 삼성과 LG에 대해 과제를 수행했지만, 저는 언제나 금호아시아나그룹에 대해 발표하여 최우수로 선정되었고, 왜 그토록 열의를 가지고 학습을 하였냐고 물으신다면 당당히 대답하겠습니다. 훗날 그곳에서 다시 공부하고 싶었기 때문이라고 말입니다. 세계 최고로 비상하는 귀사에 '집념의 세계인'의 날개가 될 것을 약속드립니다.

2. 5~10년 후에 경력 목표는 무엇이며, 그것을 추구하는 이유를 서술해 주십시오

〈김과장, 오늘 소주 한 잔 OK?〉
　가끔은 힘든 일에 지친 동료들을 위해 소주잔을 기울이는 편한 친구처럼, 노래방 테이블 위에 올라 탬버린을 치며 즐거움을 돋울 수 있는 분위기 메이커처럼 웃음과 편안함을 주고 싶습니다. 팀을 이끌어가는 뛰어난 리더십을 가진 전문가로 성장하여 세계 속의 금호건설을 만드는 것입니다. 이유는 회사의 승리, 동료의 승리 그리고 저의 승리를 통해 독립적이고 영구적인 신뢰를 얻고 싶기 때문입니다. 10년 후엔 '역시 이부장밖에 없어'라는 말이 사내외에서 끊임없이 들리도록 하겠습니다.

3. 귀하가 지원한 직무는 무엇이며, 지원한 직무를 성공적으로 수행할 수 있다고 생각하는 이유를 본인의 경험에 기반하여 내세울만한 강점 혹은 개성을 바탕으로 서술해 주십시오

〈뻔뻔(fun-fun)한 놈〉
　관리(1지망, 2지망). 유럽 12개국, 아시아 5개국 등 국제적 경험으로 영어회화는 수준급이며, 다수의 정보화 자격증을 취득, 업무에 대해 빠르게 숙지, 처리할 수 있습니다. '웃는 얼굴에 침 못 뱉겠다'는 저를 위한 말로써, 신중함이 곁든 활발한 성격을 지녔고 빠른 적응력과 친화력이 있어 '외계인하고도 친할 놈'이라는 말을 듣곤 합니다. 아르바이트를 할 때 매출이 저조하면 사비를 털어서라도 선배 직원과 자리를 가지면서 업무를 배워서 사장님은 항상 저를 보고 '누가 주인인지 모르겠다'고 웃곤 했습니다.

4. 예상치 못했던 문제로 인해 계획대로 일이 진행되지 않았을 때, 책임감을 가지고 적극적으로 끝까지 업무를 수행해내어 성공적으로 마무리했던 경험이 있으면 서술해 주십시오

〈初志一貫의 힘〉
　대학시절 교내 학술논문대회에 응시하기 위해 석 달 간 팀원들과 국회도서관을 내 집처럼 넘나들었던 적이 있었습니다. 최고의 스피치를 하기 위해서는 수많은 예행연습과 꼼꼼한 모니터링이 필요하다는 것을 팀원들에게 설득시켰지만, 제 성격을 불만스럽게 생각한 조원들과 마찰이 있었습니다. 그래서 '꼼꼼한 성격은 장점이 되지 못하는 구나' 하는 마음을 가졌지만 계속 설득시키며 준비했습니다. 발표 당일 저는 단 한 번의 실수 없이 '노사관계 혁신의 길'이라는 주제로 당당히 대상을 수상하는 영광을 얻었습니다.

<table>
<tr><td>5. 개인적인 어려움과 희생을 각오하고 윤리적, 도덕적으로 행동했던 경험이 있다면 서술해 주십시오.</td></tr>
<tr><td>

〈하느님의 은총〉

　대입 후 2년 동안 서초3동 성당에서 중고등부 주일학교 교사를 하던 때였습니다. 유난히 가정 형편이 어려운 학생이 있었는데 대학진학을 포기하려는 모습을 보고, 동료교사와 함께 성금을 모았지만 턱없이 부족했습니다. 서울대교구 홈페이지에 익명으로 사연을 남겨 얻은 성금, 어렵게 구한 3개월치 아르바이트를 해서 모은 것들로 하느님의 은총을 구할 수 있었습니다. 장학생으로 입학을 할 때 저희 교사들에게 보인 눈물을 아직도 잊을 수가 없습니다. 진정으로 삶이 무엇인지 느끼게 해준 그 학생에게 감사합니다.

</td></tr>
<tr><td>

본 입사지원서에 작성된 모든 내용은 사실과 다름이 없음을 확인합니다.
2010年 1月 5日 지원자 : 홍길동 (자필서명)

</td></tr>
</table>

3. 다음 각 물음에 대하여 자신을 한 단락의 글로 창의적으로 표현해보자.

　1) 꽃이나 식물에 자신을 비유하여 소개해보자.

　　_______________________________________

　2) 동물에 자신을 비유하여 소개해보자.

　　_______________________________________

　3) 물건에 자신을 비유하여 소개해보자.

　　_______________________________________

4. 개성적인 자기소개서를 작성해 보시오

　- 성장과정, 학교생활과 교우관계, 성격의 장·단점과 비전과 포부 작성

　- 헤드라인을 작성하고, 자신의 장점을 구체적인 예시로 증명할 것

자기소개서 준비

구 분	내　　　용
성장 과정	<　　　　　　　　　　　　　　　　　　　　　　　　>
대학 생활과 전공	<　　　　　　　　　　　　　　　　　　　　　　　　>

지원 동기	< >
입사 후 포부	< >

제5장 문화적인 글쓰기와 리뷰(감상문) 쓰기

1. 리뷰란 무엇인가
2. 리뷰(감상문) 작성법
3. 상호텍스트성과 통합적인 사고
4. 리뷰(감상문) 쓰기의 실제

제5장 문화적인 글쓰기와 리뷰(감상문) 쓰기

1. 리뷰(review)란 무엇인가

리뷰(review)란 전체를 대강 살펴보거나 줄거리나 내용을 대략 추려낸다는 의미이지만, 그러한 사전적 의미를 떠나 요즘 리뷰는 우리가 흔히 알고 있는 감상문 혹은 독후감이라고 해야 하겠다. 그런데 우리가 흔히 감상문이나 독후감이라고 하면, 초중고 시절에 썼던 그 무수한 감상문(독후감)을 떠올린다. 어떤 책을 읽고 감상문을 써오라는 과제에 대해, 그 책의 줄거리는 인물의 성격 정도를 대강 분석-엄밀한 의미에서 분석도 아닌-하여, "이 책은 참 재미있었다" 혹은 "이 책은 ○○○한 점에서 무척 교훈적이었다", "이 책은 참으로 기억에 남아 친구들에게 꼭 추천해주고 싶다" 정도의 감상 아닌 감상평을 붙여 쓴 적이 있을 것이다.

그러므로 우리는 감상문 쓰기에 대해 기존의 관행에서 벗어나는 것에서부터 논의를 시작해야 한다. 우리가 알고 작성했던 감상문은 사실 감상문이 아니라 책의 요약 정리 쯤이라고 생각하면 될 것이다. 또한 감상문의 대상을 우리는 책 등에 대한 것으로 고정하고 있었는데, 요즘은 그것에서 벗어나 우리를 둘러싸고 있는 모든 것을 그 대상으로 설정하고 있다. 즉, 영화, 음악, 만화, 그림, 상품, 여행, TV드라마 등 우리의 생활을 구성하고 있는 모든 것을 그 대상으로 한다는 것이다.

따라서 중요한 점 하나는, 감상문을 반드시 그 방면의 전문가만이 쓴다는 고

정관념에서 벗어나야 한다. 누구나 자신의 생활 속에서 얼마든지 감상문을 작성할 수 있는 것이고, 이 쓴다는 행위에서 절대적인 기준에 의한 우열은 있을 수 없다는 점이다. 그러므로 나름의 방법과 절차에 의해 얼마든지 좋은 감상문을 작성할 수 있는 것이다.

대학에서 리뷰(감상문) 쓰기가 중요한 이유는 대학의 과제 대부분이 바로 이 감상문 쓰기를 기초로 하고 있기 때문이다. 대학에서 중요한 학술적 글쓰기는 이 감상문 쓰기를 통해 이루어지고, 여기서 길러진 감상과 분석, 평가의 작업은 그대로 학술적 글쓰기의 토대를 이루고 있다.

2. 리뷰(감상문) 작성법

리뷰(감상문)의 형태는 매우 여러 가지다. 따라서 책인지 영화인지, 드라마인지 등 그 대상 자료의 특성에 맞추는 것이 일차적이다. 동일한 작품을 보고도 누가 보는가, 어떠한 처지와 조건에서 보는가, 현재의 정서 상태는 어떠한가, 그 대상에 대한 사전지식이나 고정관념이 있는가 등에 따라 다르게 감상된다. 즉 감상자마다 반응과 평가는 상이할 수 있다는 것이다. 따라서 여기서 중요한 것은 감상 후 반응 즉 자신의 감상이 무엇인가를 정리하는 일이 제일 중요하다. 무엇을 느끼고 어떻게 생각하는가를 이야기하는 것이 관건이기 때문이다.

그런 의미에서 감상문은 자신의 주관적인 생각을 상대방에게 설득력 있게 전달하여 공감을 얻을 때 좋은 평가를 받을 수 있다. 이를 위해서 감상문 쓰기에서는 다음의 사항에 주목해야 한다.

감상문은 자신의 감상을 나타내는데 중점을 두어야 한다. 자신의 감상이 빠진 채, 줄거리만 요약하다든가 작품의 연혁 등 작품 외적 소개에 충실한 사실만 소개해서는 좋은 감상문이 나올 수 없다. 인터넷의 발달로 감상 대상에 대한 정보에 쉽게 접근할 수 있다. 따라서 정보 수집은 감상 대상을 충분히 살펴본 후에 하는 것도 좋겠다.

자신의 감상을 구체적으로, 설득력있게 서술하기 위해서는 자신이 무엇을 어떻게 느꼈는지에 대해 구체적으로 메모해둬야 한다. 즉 대상에 대한 감상문 쓰기의 기초는 대상을 세밀하게 파악하고 있어야 한다는 점을 전제해야 하는 것이다. 감상문을 잘 쓰는 방법은 자신의 생각과 정리에 정보를 첨가해서 작성해보는 것이다. 그리고 처음부터 긴 글을 쓰려하기 보다 감상의 논점을 분명히 하는 짧은 글쓰기가 적당하다.

자신의 감상이나 생각은 없고, 전문가의 견해 위주로 글을 구성하는 태도이다. 멋지게만 구성하려고 혹은 자신도 무슨 말인지 알 수 없는 현학적인 내용을 무조건 퍼와 섞는다면, 결국 영혼이 없는 감상문이 되기 십상이다. 내 생각을 정리하고 남과 공유되는 것이 감상문의 목적이라면, 보다 접근하기 쉽고 알기 쉽게 쓰는 것이 좋다. 같은 내용을 이리저리 돌리고 어려운 말로 꾸며놓는 것은 일단은 대단하게 보일지는 몰라도 읽는 사람이 많지 않게 되어 무용지물이 되어버린다. 오히려 간단하더라도 쉽고 재밌고 정보와 의견이 많은 것이 좋은 감상문이다.

설사 자신의 감상에 논리적 오류가 있더라도, 다른 사람들이 이미 다 이야기하는 평범하거나 동어반복적인 내용보다는 훨씬 낫다. 왜냐하면 자신은 비록 오류를 범했더라고 다르게 보기 위해 노력했고, 이는 새로운 시도일 수 있기 때문이다. 우리가 감상문 쓰기에서 길러야 하는 것은 축약 능력과 분석 능력도 있겠지만, 무엇보다 비판적인 사고인 것이다. 인터넷을 통한 정보의 무한한 공유로 우리의 지적 능력이나 비판의식마저 평준화되어 감을 비판하지 않을 수 없다. 인터넷은 우리에게 상당한 정보를 제공했지만, 그 대가로 우리의 비판의식을 빼앗아갔기 때문이다.

결국 감상문 쓰기의 절차와 내용은 다음과 같아야 한다.

감상 - 분석 - 평가

3. 상호텍스트성(intertextuality)과 통합적인 사고

상호텍스트성(intertextuality)은 과거나 미래의 모든 담론들과 상호 의존하는 텍스트의 성질이다. 줄리아 크리스테바는 어떠한 새로운 문학 텍스트들도 곧 텍스트들의 교차(intersection)라는 생각을 표현하기 위하여 이 용어를 사용하였다. 즉 그것들은 변형된 과거의 텍스트들을 흡수하였고, 또한 미래의 텍스트들에 의해 흡수되고 변형되리라는 것이다. 즉 "모든 텍스트는 마치 모자이크처럼 여러 인용문으로 구성되어 있다. 모든 텍스트는 어디까지나 다른 텍스트를 흡수하고 그것을 변형시킨 것에 지나지 않는다"라고 하였다. 또한 조너던 컬러는 『구조주의 시학』에서 "시는 다른 시 그리고 독서의 관습과의 관련성을 제외하고는 창조될 수 없다"라고 하였다.

이와 같이 상호텍스트성은 독창적이고 새로운 텍스트란 이 세상에 존재하지 않는다는 것이다. 윌리엄 개스는 "전통적으로 작가들은 초서가 그의 이야기를 남에게서 훔쳤듯이 그들의 이야기를 남에게서 훔쳐왔다. 혹은 그 이야기들은 어느 한 문화나 공동사회의 공유 재산으로 생각되었는지 모른다."라고 말하였다. 미셸 푸코는 "문학작품이나 예술작품은 기록보관소"라고 하였고, 에드워드 사이드 "작가들은 점점 독창적으로 글을 쓴다고 생각하는 대신에 남의 글을 다시 고쳐 쓴다고 생각한다. 글쓰기는 이제 독창적으로 비석에 글을 새긴다는 이미지에서 남의 글을 단순히 옮겨 적는다는 필경사의 이미지로 바뀌어간다."라고 하였다. 그리고 움베르토 에코는 "나는 작가들이 이제까지 항상 알고 있었던 것을 발견하게 된다. 책들은 항상 다른 책들에 대해 말하고 있으며, 모든 이야기는 이미 행해진 이야기들을 반복하고 있다."라고 상호텍스트성에 대해 설명하였다.

포스트모더니즘사회는 경계와 중심이 해체된 시대이다. 절대적인 구분과 구조가 깨진 이 시대에서는 다른 영역과의 균형감각이 시급히 요청된다. 이는 가치판단이나 행동방식의 문제를 결정할 때뿐만 아니라, 우리 주위의 사회와 문화를 이해하는 데도 중요한 고리 역할을 담당한다. 이미 우리의 문화에서 장르 간의 질서가 해체된 지는 오래이다. 다음의 시가 이를 확실하게 반증한다.

1) 그림과 시

山

절망의산

대가리를 밀어버

린, 민둥산, 벌거숭이산,

분노의 산, 사랑의 산, 침묵의

산, 함성의 산, 증언의 산, 죽음의 산,

부활하는 산, 영생하는 산, 생의 산, 희생

의 산, 숨가쁜 산, 치밀어오는 산, 갈망하는 산,

꿈꾸는 산, 꿈의 산, 그러나 현실의 산, 피의 산,

피투성이 산, 종교적인 산, 아아너무나너무나 폭발적인

산, 힘든 산, 힘센 산, 일어나는 산, 눈뜬 산, 눈뜨는 산, 새벽

의 산, 희망의 산, 모두모두절정을 이루는 평등의 산, 평등한 산, 대

지의 산, 우리를 감싸주는, 격하게, 넉넉하게, 우리를 감싸주는 어머니

\- 황지우의 〈무등산〉

이 시는 시인 황지우가 무등산을 시로 형상화하면서 이를 마치 무등산의 실제 모양을 우리에게 보여주는 듯 산의 형상 위에 시어를 배열하고 있다. 즉 시라고 하는 것이 읽거나 듣는 것이 아니라, 눈으로 볼 수도 있음을 보여주고 있는 것이다. 이렇듯 이 시는 시와 그림의 형태를 결합한 새로운 시도이다.

아래 그림은 강요배의 <마파람1>이라는 그림으로, 제주의 폭풍이 몰아치는 정경을 드라마틱하게 잡아낸 대단히 낭만적인 화풍의 풍경화이다. 이 그림에 대해 미술평론가 이주헌은 "감수성이 남달리 예민한 예술가로서 그는 제주의 아름다움을 조금의 주저함도 없이 캔버스 위에 '물화 (物化)'했다. 그의 자연풍경이 한량들의 덧없음처럼 그려진 일반 구상 풍경과 다른 것은 바로 그의 조형을 통한 절절한 역사 체험과 그로 인해 개안된 남다른 눈 때문이다. '서사'를 아는 그이므로 진정한 '서정'이 도취감의 극치라 할 수선화처럼 피어날 수 있었다."라고 말하고 있다. 이처럼 강요배는 제주의 역사적 체험과 자연의 아름다

움을 캔버스 위에 담은 작품들로 유명하며, 자연의 풍경을 단순한 객체로서의
대상이 아니라 주체의 심적 변화를 읽는 또 다른 주체로 다루고 있다.

그런데 시인 오규원은 이 그림을 보고 <마파람>이 본래 의도하는 것이 무엇
이든지 상관없이 자기 식으로 해석하여 이를 시로 다시 쓰고 있다.

> 만물은 흔들리면서 흔들리는 만큼
> 튼튼한 줄기를 얻고
> 잎은 흔들려서 스스로
> 살아 있는 잎인 것을 증명한다
> 바람은 오늘도 분다.
> 수만의 잎은 제각기
> 잎을 엮는 하루를 가누고
> 들판의 슬픔 들판의 고독 들판의 고통
>
> 그리고 들판의 말똥도

　　다른 곳에서
　　각각 자기와 만나고 있다.

　　피하지 마라
　　빈 들판 가서 비로소 깨닫는 그것
　　우리도 늘 흔들리고 있음을.

- 오규원의 「만물은 흔들리면서」

　여기서 흥미로운 것은 거친 바람에 휘청휘청한 자연물 속에서 우리의 삶을 읽고 있다는 것이다. 단순한 자연물에 우리의 삶을 투영하여, 나무와 갈대를 비롯한 자연물뿐 아니라 우리의 모든 삶도 흔들리는데, 만물은 늘 이렇게 흔들리면서 자신의 존재를 확인하는 것이라고 시에서 말하고 있다. 그러므로 거칠게 바람이 불어오더라도 혹 그 바람에 아주 힘겹게 흔들리더라도 결코 두려워하거나 좌절하지 말라는 메시지를 우리에게 전달하고 있다.

　다음은 에드바르트 뭉크의 <절규>이다.

　에드바르 뭉크(Edvard Munch, 1863.12.12-1944.1.23)는 노르웨이 상징주의 화가이자 판화가로 인간의 내면에 숨겨진 삶과 죽음, 사랑과 관능, 공포, 질투, 고립감 등 밖으로 드러나지 않는 개인의 깊은 감정을 일관되게 표현했다. 고흐보다 심도 있게 사물에 대한 인간의 감정을 탐구했으며 불우하고 추한 인간의 내면에 대한 연민을 길게 파도치는 선과 강한 색으로 표현했다. 이는 죽음 혹은 소멸과 관계되는 정서로 뭉크는 요람에서부터 죽음을 안 사람이라고 스스로 말하곤 할 정도였다.

　이 같은 정서의 표출에는 그의 성장 배경이 한 몫을 차지한다. 그는 어려서

어머니를 여의고 누이의 죽음도 지켜봐야 했으며 정신적으로 나약한 형제들과 신경질적인 아버지 밑에서 힘들게 자랐다. 이런 유년 시절의 어두운 기억은 그의 의식 내부에 트라우마(trauma, 정신적 상흔)로 작용해 그의 작품세계에 고스란히 투영되어 있다고 하겠다. 그의 작품이 갖는 주된 테마는 죽음과 사랑이었다는 점은 그러한 사정을 반증하는 것으로, 자신의 생애 동안 죽음에 대한 불안과 두려움으로 끊임없는 갈등에 사로잡혀 있었다고 한다.

뭉크는 자신의 작품 속에서 자아의 심리적인 몰락을 연구하고 표현하기 시작했는데, 「생명의 프리즈」라는 명칭으로 이 작업에 몰두하였던 것이다. 그 가운데 하나가 바로 앞에 제시된 「절규」이다. 그림 속 깊은 곳으로 이어지는 다리 위에 두 명의 남자가 태연하게 걸어가고 있다. 전경에는 날카롭고도 강렬한 모습으로 관찰자에게 다가온 세 번째 형상이 서 있다. 성별을 알 수 없는 그는 정면을 향하고 있고, 경직돼 있으며 자신의 머리를 붙잡고 모든 것을 꿰뚫는 외침을 위해 입을 벌리고 있다. 이 인물은 철저히 고립되어 있다. 배경을 이루는 피오르드식 풍경은 하나의 정신의 지대로 그 형상의 내면적 삶을 반영한다. 하늘은 핏빛으로 빨갛게 채색되었다. 물 위에 떠 있는 배들, 그리고 교회의 탑과 같이 잔잔한 요소들은 뒤쪽에 배치되어 있다. 이처럼 강렬한 표현력을 지닌 화풍을 추구한 「절규」는 공포의 이미지를 요괴의 도용 없이 시각화함을 볼 수 있다. 하늘과 대기가 거대한 공포의 반향판으로 되어 절규의 메아리를 그림의 구석구석까지 실어가는 듯하다.

「절규」의 강렬함은 우선 그 채색에서 비롯된다. 그는 자연주의에 입각해 자신의 작품 속에서는 철저하게 색채의 신빙성을 고수하였다. 피처럼 붉은 빛의 저녁 하늘이 비치는 검푸른 물은 가을 기운이 나는 빛과 날씨 현상으로 생각할 수도 있으나, 모든 것이 전경에 있는 인물의 얼굴 표정과 자세처럼 표현을 강조하기 위해서 일그러지고 고조되어 있다. 배경의 줄무늬 채색은 종종 음파를 가시화 한 것으로 해석되기도 하고, 힘과 에너지가 물성화한 하늘의 소리 없는 아우성과 비교할 수도 있다. 죽은 자의 두개골에서 나오는 그 절규가 소리를 지녔는지, 외부로 향하는 극도의 내면적인 두려움이 그 절규의 소리를 멈추게 했는지에 대해서는 여전히 의문이지만 그 두려움의 끝을 가늠할 수조차 없을 만큼 그의 작품은 충격적이다.

　　모든 것은 등뒤에 있다.

　　몇 개의 그림자, 그리고
　　거리의 나무들은 침묵을 지키거나 아무도
　　알아차릴 수 없을 만큼만 몸을 떨었다.
　　곧 네거리에 서 있는 거대한 주유소를 지나야
　　할 테지만 나는 아무래도 기나긴 페이브먼트,
　　이 낯선 거리의 새벽 공기가 다만 불안하였다.
　　천천히 붉은 구름이 하늘을 흐르기 시작했으며
　　흐릿한 전화 부스에는 이미 술 취한 사내들
　　어디론가 가망 없는 통화를 날리며 한량없었으므로
　　나는 길 끝에 눈을 둔 채 오 분 후의 세계를
　　다만 생각할 수 있을 뿐. 어느 단단한 담 안쪽
　　으로부터 흘러나오는, 믿을 수 없는 고음역의
　　레퀴엠, 등뒤를 따라오는 몇 개의 어두운
　　그림자, 쉽게 부러지는 이 거리의
　　난간들, 나는 온힘을 다해 아주 오래된 멜로디를
　　떠올렸으나 네거리의 저 거대한 주유소,
　　그리고 붉은 불빛의 편의점 앞에서
　　결국 뒤돌아보게 되리라, 결국 뒤돌아
　　보는 그 순간 나는 어떤 눈빛을 지니게 되는지
　　두 손으로 두 귀를 막고 어떻게
　　소리 없는 비명을 지르는지
　　다만 몇 개의 그림자, 그리고
　　등뒤의 세계.

– 이장욱의 「절규」

　뭉크의 <절규>가 전해주는 강렬한 공포를 글로 표현한 것이 이장욱의 <절

규>이다. 이 시에서 등 뒤에 있는 화자를 압박하는 낯선 새벽의 세계, 계속 따라오는 어두운 그림자는 화자를 곧 질식하게 만든다. 어둠의 실체를 확인하고 싶으나 그것이 감당할 수 없는 가공할 힘을 지닌 것을 알고 있기 때문에 화자의 절망감과 공포는 더욱 증폭된다. 어떤 선택을 하든 오분 후의 상황은 능히 짐작할 수 있는 일, 다만 어떤 눈빛으로 소리 없는 비명을 지르는가가 문제이다. 특히 "다만 몇 개의 그림자"의 '다만'은 끝 간 데까지 몰린 화자의 절박감 혹은 절망감의 다른 표현이라 함이 적당하다. 이장욱은 <절규>의 상황에 보다 충실한 해석으로 어두움과 등 뒤에서 화자를 압박하는 공포와 불안의 알 수 없는 실체에 대해 그리고 있는 것이다.

2) 광고와 시

사내는 추리극장이 싫다. 국내 소식이
싫고 운동경기가 싫고 문제의 외화가
싫다. 안 본다. 그리고 방송출연하는
많은 다른 여인들이 역겹다. 나는 그녀만을 본다
여덟 시 반의 그녀를 기다린다. 보시겠습니까
15초 동안 그녀는 샴푸회사를 위해
광고하지요. 보시겠습니까
그녀는 인사를 잘한다. 안녕하셔요
그녀는 미소띠며 속삭인다
파란 물방울 무늬 잠옷을 입고
그녀는 머리를 감아 보인다. 무지개를 실은
동글동글한 거품이 티브이 화면을 완전히
메운다. 그러면 샴푸의 요정이 속삭이는 거지
새로 나온 샴푸, 당신이 결정한 샴푸라고
향기가 좋은 샴푸, 세계인이 함께 쓰는 샴푸
아마 당신은 사랑에 빠질 거예요
라고 속삭이는 것이지

미용주식회사가 있다. 아시아 굴지의
미용주식회사가 있다. 그리고
우리들에겐 요정이 있다. 현존하는 유일한 요정
매일 저녁 여덟 시 반, 티브이 화면을 찢으며
우리 곁에 날아오는 샴푸의 요정. 그녀는 14초 동안 지껄이고
캄캄한 화면 뒤로 사라진다. 여덟 시 반,
매일 저녁 여덟 시 반에는 그녀가
출연하는 광고가 있다. 기다려 주세요

광고가 끝나면 사내는 무기력하게
티브이를 꺼 버린다. 매일 저녁 15초가 필요할 뿐
사내는 사진을 들여다본다. 짝사랑하는
그녀 사진을 사내는 모은다. 방에 붙이기도 한다
흰 이를 드러내고 웃는 모습. 수영복을 입은 모습
승마복을 멋지게 입은 사진을 그는 모은다.
그리고 칼에 대어 잘라낸다. 샴푸의 요정이
어느 영화에 출연해서 보여주는
곧 입술이 닿으려는 찰나의 남자 배우 입술을
면도날로 잘라낸다.

선전문안이 들끓는 밤 열 한 시
나지막이 샴푸의 요정이 속삭이지 않는가
그녀의 노래가 귓전에 맴돌지 않는가.
쓰세요, 쓰세요, 사랑의 향기를
느껴 보세요 그리고 그녀의 약속이
가슴속에 고동치지 않는가. 오늘 밤
당신을 찾아가겠어요, 광고 속에서
그녀는 약속했었지. 욕망이 들끓는 사내의 머리통

옷을 벗는 요정. 담배불 자국이 송송한 소파에

비스듬히 눕는 요정. 신비스레 신비스레
가라앉는 요정. 뜨거운 입술로
이리 오세요 예쁜 아기, 속살거리는 요정
환영이 들끓는 밤 열 두시, 이윽고 샴푸의 요정은
그의 머리를 끌어당겨
냄새를 맡아 본다. 제가 권한 것을 쓰셨겠지요
물론 그리하셨겠지요?

0시 삼십 분. 사내는 샴푸가 아닌
다른 얘기가 하고 싶다. 무언가
시도하고 싶다. 그러나 그녀는 실내화를 끌며
얼마나 잽싸게 달아나는가. 참 잘하셨어요
샴푸는 역시 우리 것이 최고랍니다. 계속
애용해 주세요 분홍빛 잠옷을 끌며
샴푸의 요정은 사라진다. 아아
좀더 있어 주세요! 좀더!
꿈에서 깨어나
사내는 타자기를 두드려댄다.
딱딱딱딱딱
굴지의 미용주식회사가 있다.
그리고 현존하는 유일한 요정은
샴푸요정이다.

— 장정일의 「샴푸의 요정」

이 장정일의 <샴푸의 요정>은 광고의 형식과 시를 결합함으로써, 물신화된 사회의 소외 문제를 다루고 있다. 즉 가상의 이미지인 CF 속의 샴푸의 요정에 푹 빠져 친구도 운동경기도 모두 싫은 한 사내는 오직 광고 속의 샴푸의 요정을 보기 위해 집에 달려오고, 그 광고가 끝나면 깊은 실의에 빠진다. 사내는 광고 속의 연인이 아니라 실제의 연인처럼 샴푸의 요정을 대하려고 하나, 현실적인 차원에서 이는 불가능한 일이다. 그는 광고 속에서만 존재하는 가상의 이미지이기 때문이다. 이와 같이 미디어의 홍수 속에서 우리는 실제세계와 가상세계를 혼동하게 되는데, 이 시는 하나의 광고 형식으로 이를 잘 보여주고 있다. 이 시는 드라마로도 만들어져 화제가 되었던 적도 있고, 가수 이승철이 <샴푸의 요정>으로 노래 부른 바도 있다.

3) 무협지와 시

경천동지할 무공으로 중원을 휩쓸고 우뚝 무림왕국을 세웠던
무림패왕 천마대제 만박이 주지육림에 빠져 온갖 영화를 누리다
무림의 안위를 위해 창설됐던 정보기관 동창 서열 제 2위
낙성천마 금규(金圭)에게 불의의 일장을 맞고 척살 되자,
무림계는 난세천하를 휘어잡으려는 군웅들이 어지러이 할거하기 시작했다
차도살인지계(借刀殺人之計)를 누구보다도 잘 이용했던 천마대제 만박
천상옥음 냉약봉, 중원제일미 녹부용이 그의 진기를 분산시킨 것도 원인이 되겠지만,
수하친병의 벽력장에 철골지체 천마대제가 어이없이 살상당한 건
곁에 있는 사람도 자객으로 변한다, 삼라만상을 경계하라는
무림계의 생리를 너무도 잘 설명해주는 대목이었다
천마대제가 죽자 무림존폐의 위기를 느낀 동창 서열
제5위 광두일귀(光頭一鬼) 동문혹은
낙성천마를 기습, 금나수법으로 제압한 뒤 고수들을 규합하였다
그리하여 무력 18년 겨울, 고금성 주위엔 무림의 앞날을 걱정하는
천수신마, 건곤일검, 남해일노(南海一盧) 등 내공이
노화순청의 경지에 이른 초고수들이 암암리에 몰려들었다 그들은
벽안의 무사들에게 빌린 천마벽력탄과 육혈포를 가지고
동창 서열 제 3위 무적금괴 승룡(舛龍)을 제압 중원을 평정하기에 이르렀다
서역의 천마벽력탄 앞에서 무적금괴의 철풍장 정도는 조족지혈이었다
무력 19년 초봄, 칠청단이란 자객의 무리들이 난데없이 출몰해
무고한 백성들을 자객 훈련시킨다며 백골 계곡에 잡아가둔 사건이 있었다
이른바 소림삼심육방 통과보다 더 악명 높다는 지옥 십관 훈련

그러나 대부분 지옥일관도 통과하지 못하고 독가시 채찍에 맞아 원혼이 되었다
그 무렵 하남땅에서는 민초들의 항쟁이 있었다
아, 이름하여 하남의 대혈겁(大血怯)
광두일귀는 공수무극파천장(空輸無極破天掌)을 퍼부어 무림잡배의 폭동을
무사히 제압했다고 공표, 무림의 안녕을 거듭 확인했다
그날은 꽃잎도 혈편으로 흐드러졌고 봄비도 피비린내의 살점으로 튀었다
이 엄청난 혈채(血債)를 어디서 보상 받아야 하는가
무력 19년 가을, 광두일귀는 숭산의 영웅대회에서 잔혼귀존 폭풍마독 등과
형식적인 비무를 거친 뒤 무림맹주의 권좌에 등극하였다
그날 동천존자 (冬天尊者)는 그를 일컬어 달마 이후 최고의 미소라며 극찬하였고
무협신문들 또한 일제히 환영의 뜻을 표하며, 혈의방 무사들이 통천가공할 무공
을 익히며 호시탐탐 중원을 노리는 이때
강력한 무공의 소유자가 중원을 다스려야 한다고
수심에 가득 찬 기사를 썼지만 대부분 인면수심들이었다
천마대제는 갔지만 강자존 약자멸!
이 무림의 대원칙이 깨질 것을 우려한 광두일귀 및 일부 뜻있는 고수들은
武曆은 무력으로밖에 지킬 수 없다는 평범한 이치 앞에 숙연해 하며
한층 겸허하게 무공 연마에 정진할 것을 다짐했다.

– 유하의 「무림 18년에서 20년 사이」

그야말로 3류 무협지를 연상하게 하는 유하의 이 시는 무협지의 형식을 빌려, 시와 무협지의 경계를 과감하게 깨뜨려버린다. 흔히 시는 고급예술, 무협지는 아주 저급한 예술이라는 이분법이 존재하는데, 유하는 이러한 틀에서 벗어난 것이다. 즉 지난 역사의 군사정권을 무협의 세계에 비유하면서 폭력과 권모술수만이 횡행한 야만의 시대임을 이곳저곳 속에 숨겨놓은 상징적인 여러 의미 속에서 밝히고 있다. 즉 박정희 대통령의 죽음에 이은 전두환 대통령의 등극, 광주민중항쟁, 시인 서정주의 군사정권 찬양, 80년 언론사 통폐합 등 군사정권이 들어선지 18년인 1979년에서 20년인 1981년까지의 역사를 무협지에 실어 형상화한 것이다.

4) 영화와 시

시와 소설을 영화의 소재와 주제로 삼은 경우는 상당히 많다. 특히 최근에 히트한 작품들 상당 수는 원작인 있는 경우라 해도 과언은 아니다.

1

301호에 사는 여자. 그녀는 요리사다. 아침마다 그녀의 주방은 슈퍼마켓에서 배달된 과일과 채소 또는 육류와 생선으로 가득 찬다. 그녀는 그것들을 굽거나 삶는다. 그녀는 외롭고, 포만한 위장만이 그녀의 외로움을 잠시 잊게 해준다. 하므로 그녀는 쉬지 않고 요리를 하거나 쉴 새 없이 먹어대는데, 보통은 그 두 가지를 한꺼번에 한다. 오늘은 무슨 요리를 해먹을까? 그녀의 책장은 각종 요리사전으로 가득하고, 외로움은 늘 새로운 요리를 탐닉하게 한다. 언제나 그녀의 주방은 뭉실뭉실 연기를 내뿜고, 그녀는 방금 자신이 실험한 요리에다 멋진 이름을 지어 붙인다. 그리고 그것을 쟁반에 덜어 302호의 여자에게 끊임없이 갖다 준다.

2

302호에 사는 여자. 그녀는 방금 301호가 건네준 음식을 비닐봉지에 싸서 버리거나 냉장고 속에서 딱딱하게 굳도록 버려둔다. 그녀는 조금이라도 먹지 않기 위해 노력한다. 그녀는 외롭고, 숨이 끊어질 듯한 허기만이 그녀의 외로움을 약간 상쇄시켜주는 것 같다. 어떡하면 한 모금의 물마저 단식할 수 있을까? 그녀의 서가는 단식에 대한 연구서와 체험기로 가득하고, 그녀는 방바닥에 탈진한 채 드러누워 자신의 외로움에 대하여 쓰기를 즐긴다. 한 번도 채택되지 않을 원고들을 끊임없이 문예지와 신문에 투고한다.

3

어느 날, 세상 요리를 모두 맛본 301호의 외로움은 인육에게까지 미친다. 그래서 바싹 마른 302호를 잡아 스플레를 해먹는다. 물론 외로움에 지친 302호는 쾌히 301호의 재료가 된다. 그래서 두 사람의 외로움이 모두 끝난 것일까? 아직도 301호는 외롭다. 그러므로 301호의 피와 살이 된 302호도 여전히 외롭다.

– 장정일의 「요리사와 단식가」

이 시는 박철수 감독의 영화 <301 302>의 원작이 되기도 하였다.

> …내 한때 곳집 앞 도라지꽃으로
> 피었다 진 적이 있었는데,
> 그대는 번번이 먼길을 빙 돌아다녀서
> 보여주지 못했습니다, 내 사랑!
> 쇠북 소리 들리는 보은군 내속리면
> 어느 마을이었습니다.
>
> 또 한 생애엔,
> 낙타를 타고 장사를 나갔는데, 세상에!
> 그대가 옆방에 든 줄도
> 모르고 잤습니다.
> 명사관 달빛 곱던,
> 돈황여관에서의 일이었습니다.

- 윤제림의 「사랑을 놓치다」

여기서 중요한 것은 문화 혹은 장르 간의 경계가 무너진 요즘 시대에서는 통합적인 감각을 발휘하는 것이 중요하다는 것이다. 혼합잡종이 강세인 시대에서 문화와 감상의 대상에 대한 편식은 자칫 중요한 통합적 사고를 저해하거나 비판적 혹은 창의적 사고를 가로막는 요소가 될 수 있으므로, 다른 영역의 것과 관련지어 생각해보는 것이 중요하겠다.

4. 리뷰(감상문) 쓰기의 실제

단편영화 두 편을 통해 감상문을 어떻게 쓰는지 살펴보자. 여기서 감상의 대상으로 단편영화를 선정한 것은 재미라는 요소와 함께 단편영화가 지니는 예술성 때문이다. 단편영화는 자본금이 열악한 독립제작사들이 자신들의 영화 재능을 많은 이들에게 알리는 통로로 이용했고 필름 페스티벌에서도 간결한 내용과 신선한 아이디어로 영화제 의미를 더욱 부각시키는 촉매제 역할을 하였다. "우리는 모든 것을 시네마떼끄에서 배웠다. 그리고 우리가 배운 모든 것이 틀리지 않았다는 것을 단편영화에서 확인했다. 그리고 우리는 전진했다."(장-뤽 고다르)는 말과 "단편영화의 정신은 반역이다. 그 모든 것으로부터 그 모든 것을 뒤집어엎는 것이다. 그것 없이는 아무 것도 다시 시작할 수 없기 때문이다."(장 비고)라는 말처럼 단편영화는 젊고 실험적인 감각을 거대한 상업적인 자본의 간섭 없이 자유롭게 표현하는 것을 추구한다. 영화를 만드는 현실은 열악하지만 그 대신 자유로운 창작의 영혼을 선택함으로써 진정한 자기 해방을 지향해가는 것이다. 그런 의미에서 "장편영화가 산문이라면 단편영화는 시를 쓰는 것이다. 장편영화는 누구나 찍을 수 있지만, 단편영화는 진정한 예술가만이 창조해낼 수 있는 권리이다."(로베르 브레송)라는 말은 시사하는 바가 크다. 단편영화는 예술작품의 영역이라고 보기 때문이다.

그런 의미에서 단편영화는 단순히 보고 즐기는 차원이 아니다. 상업영화처럼 소위 말하는 볼거리가 충분한 것도, 유명한 배우가 출연하여 우리를 즐겁게 해주지도 않는다. 오히려 단편영화는 불편하다. 그 실험성으로 인해 구성이나 의미가 모호할 수도 있고, 전체 스토리를 다 말해주지 않는 불친절 때문에 우리를 당혹스럽게 만들기도 한다. 무엇보다 보고 난 후 오랫동안 생각하게 하기 때문에 귀찮기까지 하다. 그러나 문학적이다, 시적이다. 그렇기 때문에 오히려 다양성을 좋아하는 혹은 서사나 텍스트의 빈틈을 메우려는 강한 욕망이 으르렁거리는 젊은 세대에게 단편영화는 더 흥미롭게 다가설 수 있다고 본다.

여기서는 단편영화를 보고 느낀 자신의 감정을 그대로 표현하고, 각자가 느낀 감정을 시 혹은 소설에서 찾아보는 작업을 해본다. 시나 소설 혹은 영화나 드라마 심지어 광고 등 어떤 매체에 대한 느낌은 모두 다르다. 그리고 그 다른 느낌은 다 정답이다. 왜냐하면 감상하는 시점이 다르기 때문이다. 어떤 이는 전체적인 플롯이나 스토리에 감동을 받을 수도, 어떤 이는 분위기나 특정한 인물

또는 대사 한 마디에 큰 감명을 받을 수 있기 때문이다. 그러므로 감상이 다른 것은 당연한 것이고, 다만 왜 그렇게 생각했는지 나름의 논리만 가지면 되겠다.

1) 단편영화 「소풍」과 시의 만남 – 사고와 감상의 균형감각

「소풍」의 시놉시스

바닷가에 나란히 서 소변을 보고 있는 아빠와 어린 아들. 그리고 차에서 기다리는 엄마. 그들은 차를 타고 겨울 해변가 솔숲 속으로 들어간다. 우유 속에 수면제를 타 아이에게 주는 아빠와 아무것도 모른 채 소리를 듣고 파도를 보러 가자고 보채는 아들을 엄마는 달랜다. 아빠는 차 밖으로 나와 트렁크를 열고 호스와 테이프 등을 꺼내 자살을 준비한다. 아이에게 수면제를 탄 우유를 먹기를 강권하는 아빠, 엄마는 자신의 몫 외에 아이의 우유도 남편 몰래 다 마셔버린다. 밖으로 나와 파도를 보면서 자장가를 불러주는 엄마, 아이는 꾸벅꾸벅 졸기 시작하고 엄마도 약 기운을 이기지 못하고 급기야 해변에서 잠이 든다. 아빠는 모자를 차에 단정히 태우고 배기구를 창문에 연결한 뒤 자신도 약을 먹고 시동을 건다. 시간이 꽤 흐른 후, 숲 속의 한 노인이 자동차를 발견하고 태연하게 문을 열고 사람들을 확인한다. 아이가 숨이 붙어있는 것을 확인한 후 바닥에 눕히고 몸 구석구석을 쓸어내린다. 아이는 다행히 눈을 뜨고, 부모의 주검을 물끄러미 쳐다본다.

송일곤 감독의 「소풍」은 동반자살하는 가족의 모습을 담고 있다. '자살=소풍'이라는 아이러니한 발상이, 등장인물들의 내면심리와는 대조적인 아름다운 자연경관이, 철모르는 아이의 눈이 그리고 바다를 보고 싶다는 조그마한 소망이, '섬마을' 자장가가 잊혀지지 않는 독특하고 충격적인 영화이다.

영화 <소풍>은 제 52회 칸 영화제 폐막식에서 단편 심사위원 대상을 받은 작품으로 송일곤 감독이 폴란드에서 만든 <한가족 이야기>, <간과 감자>에 이어 '폭력과 희생의 연관관계'를 다룬 3부작의 마지막 편 영화이다. "신문에 짧게 실린 가족의 동반자살 사건을 소재로 했으며 그 가장에게 자신의 아내와 아이를 죽게 할 권리가 과연 있었는가에 대한 문제는 송일곤 감독이 계속해서 추구하는 인간 폭력과 희생에 대한 탐구를 잘 드러낸다."라는 한 평론가의 글에서 이 영화의 문제제기를 알 수 있다.

(1) '섬마을' 노래

우선 영화를 본 후에도 귓전에서 으스스하고 끈쩍하게 맴돌던 '섬마을' 노래. 수면제를 먹은 아이를 재우기 위해 어미가 불러주는 슬프고도 비장한 노래이지만 아이를 죽게 내버려 둘 수밖에 없는 안타까움으로 더욱 큰 아픔이 배어 있는 노래였다. 그럼에도 아이까지 죽음으로 내몬 비정함이 더 크다고 생각하는 마음을 그대로 반영해 주는 시가 있어 적어본다.

엄마가 섬그늘에
굴 따러 가면
아기가 혼자 남아
집을 보다가
아기가 혼자 남아
집을 보다가
여러 날 여러 날
집을 보다가
굶어
죽었다

- 마광수의 「엄마가 섬그늘에」

이 시의 끝의 두 행은 정말로 머리를 하얗게 만들었다. 기가 막히게 영화의 상황과 흡사하다. 자장가가 아니라 결국은 아이를 죽게 할 것이라는 예언 혹은 벼락과 같은 그 노랫마디는 「소풍」에서 내내 들리는 우울한 자장가의 정체를 드러내는 듯 하다. 원래 '섬마을' 노래는 고요하고 정겹고 엄마를 기다리는 아가의 간절한 기다림이 애달프게 담긴 것으로 알고 있었는데, 영화와 이 시에서는 이런 마음이 철저히 배신당했다.

그러면서 정말 아가가 기다리다 기다리다 굶어 죽을 정도의 고통과 인고의 시간에 힘겨워 했을 거라는 생각이 들었다. 항상 기다림이 우리의 전통적 미덕이라 하지만 아가에게 기다림에 대한 선택의 기회가 있었을까 싶다. 이것은 기다림이 아니라 일방적인 희생이며 그것에 대한 목숨을 내건 감내이다.

(2) 아비의 마음

「소풍」에 등장하는 아비는 대사도 거의 없고 표정도 없고 비극적 상황에 대해 감정조차도 없는 인물로 형상화되고 있다. 어떻게 죽음 앞에서 저리도 담담할 수 있는지 박수라도 쳐주고 싶은 심정이었다. 영화에서는 그들이 왜 죽음을 결심하게 되었는지 조금의 단서도 제공해 주지 않고 있다. 하지만 그렇게 담담하게 자살을 결심하고 실행하는 모습 속에서 그 아버지의 마음속에서는 얼마나 많은 짐승들이 울음을 울었을지 알 수 있을 듯 하다. 아버지가 보여주는 흐트러짐 없이 비장한 모습은 이런 이유로 참으로 슬프게 느껴진다. 사랑하는 아내와 아이를 먼저 떠나보내고 따라가는 모습은 일면 순장의 폭력을 연상시키다가도 현실적 삶의 폭력 앞에 사랑하는 사람을 두지 않겠다는 역설적인 책임감도 엿보여 더욱 가슴 아리게 한다.

> 내가 마신 술병 세는 버릇이 달라졌다. 둘이 앉아서 열 병을 마셔도, 내가 열 병을 마신 것 같고, 다섯 명이 앉아서 쉰 병을 마셔도, 내가 쉰 병을 마신 것 간다. 내 나이가 쉰이 넘었다고 하는데, 사실 생각해 보면, 모두 내가 마신 술, 내가 먹은 인생이 아니다. 우리집에는 백일 사진이라고, 왼손에 무얼 들고 서 있는 아이가 하나 있는데, 이 아이가 산 인생은 사실 내 인생이 아니다. 그리고 언젠가 나무꾼 친구들과 어울려 산을 내려오다가 찍은 사진이 하나 있는데, 거기 얼굴 새까만 꼬마가 산 인생 또한 내 인생이 아니다. 또한 내 기억에, 아버지 호주머니에서 1원짜리를 꺼내어 엿장수에게 엿을 사 먹고, 어머니에게 혼난 일이 있었는데, 그 아이가 한 행동도 내가 한 것이 아니다. 고등학교 때, 무등산 등산 기념으로 전승구와 찍은 폼쟁이 사진이 하나 있는데, 그 고등학생이 산 인생이 내 인생은 아니다. 나는 지금 고려대학교 서어서문과 교수로, 효빈이와 아란이의 아버지

로, 내 아내의 남편으로, 시인으로 이 시를 쓰고 있는데, 이 나더러 이 많은 사람들의 인생과 고독의 값을 다 지불하라는 것은 어불성설이다. 세상에는 억울한 일들이 많다. 숨박꼭질을 하다, 해으름녘이 되면, 술래가 눈을 가리고 있는 사이, 아이들은 모두 뿔뿔이 사라져 버리고, 혼자 남은 술래에게 산그림자와 부엉이 울음이 덮칠 때가 있듯이, 아니, 이 많은 술 쉰 병 전부 내가 마신 거냐? 그 코흘리개도, 나무꾼도, 고등학생도, 그 고대 교수도 다 가고, 왜 나에게만 이 고독과 어지러움과 술값을 다 감당하라는 거냐? 내가 먹은 건 이 잔뿐야, 이 잔! 알았어? 아니면, 날 죽여!

– 민용태의 「술값은 왜 내 차지냐?」

「소풍」의 아버지는 아무런 분노도 갖고 있지 않아 보이지만 슬픔과 연민을 속에 꾹꾹 눌러 담고 있으리라. 바다가 보고싶다는 아이를 얖고 바닷가에서 정신을 잃은 아내와 아이를 데려와 조금의 주저함도 없이 차 앞좌석에 눕히는 장면은 소름끼친다. 왜 "너무 슬퍼서 눈물도 나오지 않는다"는 말도 있지 않은가. 아버지의 심리상태는 너무 생채기가 많아서 아무것도 남아 있지 않은 상태이다. 여기서 우리 시대의 아버지들에게 오히려 한없는 연민이 느껴지는 건 왜일까. 아버지의 지위에 억눌려 한 사람이 가질 수 있는 다양한 감정을 거세당한 그들. 「소풍」의 아버지 또한 긍정과 부정의 경계를 넘어 최후의 아버지 노릇을 하고 있었던 건 아닐까.

시에서의 아버지는 현재 자신의 모습, 과거의 모습, 자신이 부양해야 하는 가족들의 모습에 힘들어하고 있는 듯 보인다. 내가 먹은 건 내 잔의 술뿐인데 남의 과거의 술잔까지 계속 짊어지고 가야하는 인생의 고달픔을 비추고 있다. 자신은 최선을 다했지만 여기저기 발목 잡는 일들이 많았는데 그 잘못이 모두 내 탓이라고만 할 수 있느냐라고 큰 소리 친다. 그래 이 모든 것이 어찌 아버지의 탓만 일 것인가.

(3) 아이의 마음

아버지와 어머니에게 아이는 하늘이 보내준 최고의 축복이다. 천사와 같은 아이의 천진함은 세상의 무엇과도 바꿀 수 없는 보다 상위의 어떤 것이다. 그런데 그런 아이를 부모가 죽음으로 몰고 있다. 이유는 여러 가지겠지만 어떤 이유로도 정당화될 수 없는 이 참혹한 만행에 아이는 속수무책이다. 겨우 살아남은 아이, 이 아이가 이 영화 속에서 희망의 전언이 될 수 있겠는가. "엄마!, 손에 오줌 묻었어."라고 부끄럼 없이 소리치는 아이에게 자신을 죽이려 했던 부모의 모습이, 그 슬픔이 세상을 살아갈 힘으로 희망으로 전화될 수 있겠는가. 전영택의 「화수분」처럼 겨울 벌판에서 체온으로 자신을 살린 부모의 그 사랑이 희망의 큰 힘이라면, 「소풍」에서처럼 겨우 노인에게 구출된 아이가 희망을 안고 살아갈 수 있겠는가.

천진난만하던 아이의 그 눈이 노인에게 구출된 뒤 멍하게 혹은 아주 서늘하게 죽은 부모를 바라보던 것을 떠올려보자. 부모의 죽음 앞에 아무런 감정도 갖지 않는 모든 감정이 비어버린 눈망울, 마치 타인을 바라보듯 차갑고 감정이 메마른 듯한 원망의 눈망울, 참으로 잔인한 설정이 아닐 수 없다.

아이가 얼마나 오랫동안 못 먹었는지는 알 수 없다.
그 눈빛은 이젠 밥을 보고도 아무런 반응이 없다.
그러나 아이는 아직도 자라고 있다.
침과 코, 오줌과 똥을 만들기 위해
생명은 살과 피를 짜내고 골수를 캐내고 있다.
손톱과 머리카락의 성장이 멈추지 않도록
눈알을, 혀를, 뇌수를 마지막까지 빨아들이고 있다.

생명이 뼈만 남기고 온몸을 다 파먹은 대가로
아이는 여전히 커다란 눈을 깜빡거리고 있다.
파리떼가 배 위에서 규칙적으로 부풀었다 가라앉도록
큰 숨을 몰아쉬고 있다.

　　　　　　　　　　　- 김기택의 「아이는 아직도 눈을 깜빡거리고 있다」

아마 시인이 아프리카의 난민 어린이를 보고 쓴 작품이 아닌가 하는 생각이다. 「소풍」의 아이의 모습이 왜 이 시에서 방치된 아이들의 모습과 겹쳤는지 알 수 없다. 하지만 주위의 자극에 아무런 반응을 하지 않는 아이의 모습이 「소풍」의 그 아이와 수시로 겹친다. 너무나 혹독한 현실의 충격으로 이젠 어떠한 마음의 움직임이나 행동도 발견할 수 없는 아이들의 모습, 이런 모습이 더 우울한 것은 미래에 대한 희망을 가질 수 없기 때문이 아닐까.

아이는 정상적으로 자라야 한다는 권리가 있음에도 우리는 의무를 너무나 쉽게 방기하고 있다. 아이들을 정상적으로 키울 수 없는 환경, 아이들의 기본권인 성장에 족쇄를 채우는 요인이 너무나 많다. 영화에서 '아이의 죽음에 대한 선택권'이라는 문제가 제기된다. 부모는 아이들의 생사여탈권에 아무런 권리가 없음에도 과도한 권리를 주장하고 있는 것은 아닌가. 아이들의 생존에 관한 문제는 단순히 살리고 죽이고의 문제가 아님은 주지의 사실이다. 시의 상황도 바로 아이들을 죽음으로 모는 행위인 것이다.

> 부모들은 다 죽어 마땅해
> '낳은 죄'를 저질렀으니까
> 자식한테 미리 동의도 구하지 않고
> 무조건 자식을 낳았으니까
> 부모들은 다 죽어 마땅해
> 정말 대역죄(大逆罪)인
> '낳은 죄'를 저질렀으니까
>
> — 마광수의 「낳은 죄」

동반자살을 시도한 가족을 보면 어른들은 혀를 차시며 "아이가 뭔 죄가 있다고…쯧쯧" 하신다. 아이도 죽고 싶다고 자신의 권리를 주장하고 선택한 것일까. 끝까지 책임지지 못할 것을 왜 낳았냐는 자식의 절규를 부모들은 한 번쯤 생각해 보았을까.

(4) 그래도 우리에게 희망이

영화 「소풍」이 우리에게 주는 것은 온통 회색빛 절망이다. 어쩌면 그렇게 맑은 하늘 아래 처절한 아픔을 전해줄 수 있는지 놀라울 따름이다. 영화가 보여준 이 절망의 수면 아래 그럼에도 불구하고 살아야 한다는 생각이 떠나지 않는 것은, '개똥밭에 굴러도 이승이 좋다'는 단순한 속담 너머의 감정이다. 반성적 사유이며 경계이다.

게는 이 세상이 질척질척해서
진흙 뻘에 산다
진흙 뻘이 늘 부드러워서
게는 등껍질이 딱딱하다
그게 붉은 투구처럼 보이는 것은
이 세상이 바로 싸움터이기 때문이다
뒤로 물러설 줄 모르고
게가 납작하게 엎드린 것은
살아 남고 싶다는 뜻이다
끝끝내

그래도 붙잡히면?
까짓것, 집게발 하나쯤 몸에서 떼어주고 가는 것이다
언젠가는 새살이 상처 위에
자신도 모르게 몽개몽개 돋아날 테니까

- 안도현의 「삶」

너무나 도덕적이고 미래지향적인 긍정적인 인생관인가. 그럼에도 이 시를 통해 자위하면 환기시키지 않으면 안될 것 같은 일종의 강박관념이 엄습한다. 이미 철지난 말처럼 되었지만 죽는 것보다는 사는 것이, 인생이란 것이 그리 참참하고 답답한 것만은 아니라는 것, 살만한 세상이라는 것을 이 시를 통해서라도 억지로 각인하기를 바라는 마음 가득하다.

여기저기 부딪혀 상처받고 찢기고 쓰라려도 시간이 지나면, 언젠가 새살이 돋기 마련이라는 말. 과거, 너무 견디기 힘들어 쓰러지고 도망치고 싶었던 일들도 지금 생각해보면 피식 웃음이 나오는 그냥 추억이 되고 만 일들이 많다. 한 번 견뎌보자는 생각으로 참아보면 분명 좋은 결과가 오리라는 것 그리고 그런 아픈 일들이 나를 더욱 단단하게 성장시킨다는 사실을 잊지 말았으면 한다.

산서에서 오수까지 어른 군내버스비는
400원입니다

운전사가 모르겠지, 하고
백원짜기 동전 세 개하고
십원짜리 동전 일곱 개만 회수권함에다 차르륵
슬쩍, 넣은 쭈그렁 할머니가 있습니다

그걸 알고 귀때기 새파랗게 젊은 운전사가
있는 욕 없는 욕 다 모아
할머니를 향해 쏟아붓기 시작합니다
무슨 큰일 난 것 같습니다
30원 때문에

미리 타고 있는 손님들 시선에도 아랑곳없이
운전사의 훈계 준엄합니다 그러면,
전에는 370원이었다고
할머니의 응수도 만만찮습니다
그건 육이오 때 요금이야 할망구야, 하면
육이오 때 나기나 했냐, 소리 치고
오수에 도착할 때까지
훈계하면, 응수하고
훈계하면, 응수하고

됐습니다
오수까지 다 왔으니
운전사도, 할머니도, 나도, 다 왔으니
모두 열심히 살았으니!

- 안도현의 「열심히 산다는 것」

2) 단편영화 「신도시인」에 대한 리뷰(감상문)

「신도시인」의 시놉시스

주변 어디에나 아파트가 즐비한 신시가지 거리에서 20대 초반의 지수는 밤 늦게 귀가 중이다. 평소에도 지나는 차량이나 행인이 뜸했지만 오늘따라 유난히 한산하여 을씨년스러울 정도이다. 사거리 언덕길에 거의 도달했을 때 근처 어디선가 자동차 바퀴의 날카로운 마찰음과 둔탁한 충돌음이 고요한 주변을 흔든다. 교통사고다. 놀라 장소를 응시하던 지수는 웬 중년 사내가 사고의 현장을 황급히 떠나는 걸 목격한다. 뺑소니 운전자였던 것이다. 두려움을 무릅쓰고 사고 현장을 가보니 부상한 여인의 숨은 아직 붙어있는 듯 하나, 낯익은 넥타이핀만을 들고 도망치듯 그 곳을 떠난다. 자신의 아파트에 도착한 지수는 아버지가 차의 이곳저곳을 살피면서 불안한 모양으로 무언가를 찾는 모습을 본다. 딸의 모습을 보던 아버지는 순간 당황하고, 지수는 아무렇지도 않은 듯 차 속에서 넥타이핀을 찾은 척 아버지에게 건네주고 집으로 들어간다.

〈감상문 - 학생의 글〉

新 도시인? 신도시 人!

영화를 되씹어 보면 볼수록 그 곳에 담긴 다양한 뜻을 생각하게 하는 영화였다. 때문에 어느 시대의 사람보다 생각할 필요가 있는, 현대인에게는 한번쯤 봐도 좋을 영화였다.

영화의 시작은 '불쾌함'이었다. 좋은 말로 '유비쿼터스', 속된 말로 '기계로 돌아가는 세상' 속에서 정전기는 이제 우리 인간이 피하고 싶어도 피할 수 없는 '불쾌감'이 되었다. 분명한 것은 과거 이 불쾌감은 어디까지나 기계에 해당하는 것이었다. 그러나 신도시에 사는 인간은 이 불쾌감을 인간에게서도 느끼고 있었다. 그것은 여자가 아기 엄마의 머리카락을 만지려고 했을 때, 정전기의 형태로 분명히 드러나고 있다. 불과 몇 초 전의 이 장면은 여자로 대표되는 신도시 인에게 있어 단지 같은 인간이란 종 자체는, 어떠한 감흥도 주지 않는 기계와 같은 위치라는 것을 단정적으로 보여주고 있다. 미약하게나마 손가락을 꿈틀거리고 눈썹을 바르르 떠는 아기엄마보다 여자에게 그 순간 중요한 것은, 그녀의 눈에 들어온 낯익은 물건-여자 아버지의 넥타이핀-이었다. 넥타이핀이 무심하게 지나칠 수 있는 공간과 시간에 여자를 움찔거리게 만든 것이다. 이것은 같은 인간의 불행에도 아무런 감흥 없는 여자에게도, 일말의 감정이란 것이 남아있음을 보여주는 장면이다. 그러나 넥타이핀으로 표현된 그녀의 감정이 긍정적으로 보이지만은 않는다. 단지 그것은 '감정'일 뿐이었고, 자칫 가족 이기주의로 표현되어질 소지를 가지고 있었다.

주차장에서 분노와 괴로움, 자책감이 뒤섞인 표정으로 서 있는 아버지에게, 태연히 넥타이핀을 건네는 여자의 모습은 '섬뜩' 그 자체였다. 넥타이핀이 원래 있던 장소를 왜곡하는 행위를 함으로써, 여자는 아버지를 이상적인 아빠의 모습으로 포장하려고 했다. 이러한 여자의 행위는 '가족 이기주의'를 넘어서는 '피상적 자족', 궁극적 '개인주의'의 모습을 보여주고 있었다. 여자는 부도덕한 행위를 한 아버지를 자신이 원하는 모습으로 포장했다. 이는 아버지의 내면이 도덕적 인간으로 거듭나는 것보다 겉으로 드러나는 모습을 여자가 중요시 한다는 것을 나타내고 있다. 결국 여자는 자신과 혈연적으로 연결된 사람의 내면마저 보기를 단호하게 거부한 것이다. 이것은 이미 여자가 인간다움을 상실한 채 오직 자신만을 생각하는 극한의 이기주의에 빠져있음을 나타내며, 그 원인은 크게 두 가지에서 찾을 수 있다.

첫 번째는 여자가 살고 있는 신도시에 있다. 도시 어디를 가도 똑같은 신호등, 거리, 가로수. 그것은 인간에게 만들어진 철저한 계획도시로, 인간에게 호기심이란 감정을 앗아갔다. 때문에 이 도시에 사는 인간은 어떤 물건에게도, 어떤 사람에게도 감정을 느끼지 못한다. 두 번째 원인은 도시의 신문화인 핵가족화에 있다. 요즘 도시에 3대가 함께 사는 가족은 찾아보기 힘들다. 할머니 할아버지의 얼굴을 일 년에 채 10번도 못 보는 아이들이 허다하다. 조부모는 그 가족의 역사를 보여주고, 가족의 풍습을 손녀, 손자에게 물려준다. 그러나 더 이상 3대가 함께 살지 않는 가정에게 역사를 찾아볼 수 없음은 물론이고, 그들에게 있는 것은 도시에서 배운 지식과 정교한 틀에 짜인 생활양식일 뿐이다. 가족에게마저 신도시인은 인간다움을 배울 수도, 느낄 수도 없는 것이다.

영화가 끝났지만, 아직도 내 머릿속에 사고현장에서 울렸던 핸드폰 소리가 들린다. 조용한 도로에서 울려 퍼졌던 핸드폰 소리는, 인간에 의해 만들어진 기계가, 인간에게 '인간다움이 상실'되고 있다는 것을 알려주는 최후의 경고가 아니었을까?

학과 : _______________ 학번 : _______________ 이름 : _______________

1. 최근 문화에 나타난 두드러진 현상을 예로 들어, 우리의 삶을 읽어내는 문화읽기를 해보자.

2. 최근 문학작품을 원작으로 한 영화나 드라마, 시에 곡을 붙인 노래 등 장르를 넘나드는 예술(cross over)의 한 예를 들어 다양한 문화 속의 문학을 감상해보 자.

제6장 디지털시대의 글쓰기

1. 프레젠테이션의 방법과 실제
2. 이메일 작성법과 비즈니스 글쓰기

제6장 디지털시대의 글쓰기

1. 프레젠테이션(presentation)의 방법과 실제

1) 프레젠테이션의 기본 원리와 방법

컴퓨터나 기타 멀티미디어를 이용하여 그 안에 담겨 있는 각종 정보를 사용자 또는 대상자에게 전달하는 행위로, 투영기(OHP)를 이용한 학술 발표나 컴퓨터로 작성된 화면을 영사기와 연결하여 보여주는 행위들이 그 예이다. 즉 디지털 장비를 활용하여 대상자들에게 자신의 의견을 전달하거나 설득하는 것을 말한다.

프레젠테이션은 의사소통의 한 방식이라 할 수 있으나, 일반적인 말하기와 쓰기와는 차이가 있다. 발표자의 목소리, 몸짓, 시청각자료와 청중을 참여시키는 다양한 기술을 사용하여 복합적인 매체로 메시지를 전달하기 때문이다.

프레젠테이션의 중요성은 나날이 증가하고 있다. 요즘 같은 정보화시대 핵심 인재의 조건 최우선 순위는 바로 '발표력'이다. 업무능력 중 발표력의 비중이 점점 늘어나고 있는 것이다. 따라서 발표는 정보를 돈과 기회로 연결하는 효율성 높은 부가가치의 원천이라고 할 수 있다.

또한 프레젠테이션은 종합능력을 검증하는 수단이다. 즉 분석력, 문서작성 능력, 데이터 수집력, 문장력, 어휘력, 표현력, 해독력, 창의력, 이해력, 논리력, 리더십, 데이터 가공능력, 문제파악 능력, 문제해결 능력, 과제설정 능력, 아이디어 발상력, 설득력, 설명력 등과 같은 능력을 발표력을 통해 평가할 수 있다. 요즘 기업에서 면접이나 프레젠테이션 등을 강화하는 이유도 바로 인재를 종합적인 면은 발표력을 통해 드러나기 때문이다.

2) 프레젠테이션에서 청자의 중요성

발신자(화자) → 메시지(전언) → 수신자(청자)

프레젠테이션에서는 수신자(청자)의 중요성이 변화되었음을 인지하는 것이 제일 먼저다. 20세기 초까지만 해도 탄환이론(bullet theory)이니 피하주사식 이론(hypodermic needle theory)이니 하여 발표단계에서 청자는 그야말로 수동적 존재에 불과한 것으로 인식하였다. 그러나 현대에는 어떤 것에는 주의를 기울이지 않거나, 듣되 받아들이지 않거나, 강하게 거부하며 선별적으로 수용하는 능동적인 존재로 그 지위가 변했다.

따라서 프레젠테이션에서 중요한 것은 수신자(청자)의 선유성향(先有性向, schema)을 파악하는 것이 필요하다. 같은 메시지라도 청자에 따라 다른 반응이 일어나는데, 이는 청자에게 미리 형성되어 있는 가치관, 태도, 신념, 교육정도, 문화적 관습, 성별, 출신지역에 따라 메시지 수용 양상이 다르게 나타남을 의미하는 것이다.

3) 프레젠테이션의 과정

(1) 전략세우기

프레젠테이션은 청자를 설득하는 데 그 목적이 있으므로, 이를 실현하기 위해서는 전략을 잘 세워야 한다. 이때 중요한 요소가 바로 3P분석이다. 목적(purpose), 듣는 사람(people), 장소(place)를 정확하게 분석하고 그에 적합한 설득 전략을 만들어가야 하는 것이다.

더불어 다음과 같은 요소를 더하면 좋은 프레젠테이션을 준비할 수 있다.

청자 분석	- 청자의 수, 연령층, 문화적 배경, 교육 수준, 남녀 비율 - 호의적인 청자, 중립적인 청자, 적대적인 청자 구분
발표 내용	- 주제(목적 의식, 발표 핵심) - 자료 수집 보완 - 발표 내용의 순서(구성, 개요)
발표 장소와 보조 도구 활용	- 공간의 크기, 조명시설, 마이크 설치 위치, 시청각 기재 - 발표 관련 그림, 영상자료 사용 여부

(2) 시나리오 구성

전략을 세웠다면 이를 실현할 시나리오를 구성해야 한다. 상대방이 어떤 청자인지를 고려하며, 논리적이며 설득력 있는 체제를 갖추어야 한다. 서론, 본론, 결론의 삼단구성이라든가 연역, 귀납의 논증방법을 선택하는 것이 좋겠다. 여기서 중요한 것은 시나리오는 발표자 중심이 아니라 철저하게 청자 중심이 되어야 한다는 점이다. 따라서 결과 중심의 진행방식은 바로 청자들이 일반적으로 선호하는 방법 중 하나이다.

결론 - 문제 - 원인

(3) 내용 표현하기

멀티미디어를 활용하는 프레젠테이션의 특성을 최대한 활용하여 청자들이 지루하지 않게 의견을 경청하도록 만들어야 한다. 자칫 반복적으로 드러난 글자만을 계속 보는 것은 주의 집중을 흐트러뜨릴 수 있기 때문이다. 그러나 지나친 시각적 효과는 오히려 중요한 포인트를 놓칠 수도 있어 주의해야 한다. 그러므로 중요한 부분이나 핵심이 되는 사안에 대해서만 강조하여 시각적인 효과를 줄 필요가 있다.

(4) 사실 전달하기

발표할 내용이 준비되었으면 이를 설득력있게 전달하는 것이 중요하다. 프레젠테이션의 특성상 전달과정은 언어뿐만 아니라 표정, 몸짓, 손짓, 눈빛과 같은 비언어적인 요소를 총동원하여 내용을 효과적으로 전달해야 한다. 여기서는 간결하고 자연스러운 말투와 지루하지 않게 전달하는 기술, 주어진 시간을 정확하게 지키는 것이 필요하다.

표현적인 면	- 정확하고 바른 말 - 고운 말 - 긍정적인 표현
음성적인 면	- 정확한 발음 - 적절한 크기 - 안정된 속도(호흡에 유의) - 말의 어조에 변화
시각적인 면	- 어깨를 펴고 자세 바르게 - 밝고 활기찬 표정 - 손발의 처리 - 적절한 시선 처리
주의할 점	- 문어체식 표현(연설투, 마-, 암-) - 청중의 반응 고려 - 위압적 권위적인 태도 지양 - 녹음기에 발표 내용 녹음 후 교정

(5) 프레젠테이션의 실제

① 자신의 목소리 유형 파악하여 자신만의 목소리 만들기

- 개미 목소리 : 의식적으로 목을 곧게 펴고 배에 힘을 주는 연습
- 웅얼웅얼 엉겨 붙는 목소리 : 소리 내어 책읽기(가을단풍, 갈담붕)
- 말끝이 갈라지며 지나치게 높은 톤의 목소리 : 본인은 잘 못 느끼지만, 열심히 말하면 할수록 거슬리는 정도가 심해짐 - 일정한 목소리 톤 기억, 유지

• 불안하게 떨리는 목소리 : 약 5분간 깊은 숨으로 호흡 후 목을 꼿꼿이 세운 채 발성

② 효과적으로 손동작 활용하기

손은 제2의 입이다. 입으로 하는 말과 의미가 부합되는 손동작은 훌륭한 시너지 효과를 창출한다.

• 양손을 양옆으로 펼쳐 보임 : 함께, 같이, 모두, 전체 의미, 친근해지는 느낌
• 양손을 가슴 아래에서 마주잡음 : 감사함, 소망, 의지, 정성 의미 - 공손하고 예의바른 느낌
• 양손을 목 높이에서 마주잡음 : 결심, 단호, 동참, 투지 의미 - 열정에 찬 사람이란 느낌
• 양손을 위로 향해 편 다음 배에서 가슴까지 올림 : 성장, 향상, 희망 의미 - 진실하고 의욕적이고 차분한 느낌
• 오른손을 들어 좌하단에서 우상단으로 올림 : 성장, 향상, 희망 의미 - 좀더 열정적인 느낌
• 오른손을 주먹 쥐고 눈높이까지 올림 : 도전, 결심, 자신감, 의지, 희망, 목표달성, 열정 의미
• 한손을 들어 머리의 옆 부분에 손끝을 살짝 댐 : 고민, 연구, 아이디어, 전략, 구상, 숙고 의미 - 사려 깊고 전략적인 사람이라는 느낌

③ 바람직하지 않은 손동작
• 뒷짐 지는 동작 : 거만, 불손
• 청중 향해 주먹을 휘두르거나 삿대질하는 동작 : 흥분상태, 가장 불경스러운 동작
• 손바닥으로 단상을 치거나 양손을 마주치는 사람 : 다혈질, 성급함, 예의가 부족한 사람이란 인상
• 코, 귀, 옷자락 만지작거리는 사람 : 준비 소홀, 자신이 없고 소심한 사람으로 여겨질 우려

④ 프레젠테이션 업그레이드 방법

- 자신만의 제스처 개발 : 엘비스 프레슬리, 마릴린 먼로, 제임스 딘, 나훈아, 박지성, 안정환과 같이 자신만의 인상적인 동작 개발
- 청중의 허를 찌르는 유머 감각
- 힘을 줄 때는 확실하게
  - 목소리 활용
  - 슬라이드 쇼 활용 : "결국 '○○○'한 것이 핵심입니다"
  - 제스처 활용
  - 청중의 반응 활용 : 의문형
- 기억에 남을 표현 개발 : 장미희의 "아름다운 밤이에요!"
  - 발표와 연관되는 인상적인 멘트 준비

(6) 쌍방향의 대화

프레젠테이션은 결코 혼자 하는 것이 아니므로, 청자의 피드백에 세심한 주의를 기울어야 한다. 질문을 유도해 의문에 대한 명쾌한 해답을 가져가게 하거나 청자가 스스로 판단하여 의견을 제시할 수 있는 터전을 마련하는 것이 특히 중요하다.

여기서 비언어적인 것과 언어적인 것으로 드러나는 피드백(feedback)을 통해 청자의 상황 즉각 반영해야 하는 것이 중요하다. 긍정적인 피드백의 예는 "물론이지요", "그래서 어떻게 되었는데요?", "예"라는 반응이고, 부정적인 피드백의 예는 "핵심을 잘 파악하지 못했습니다", "화제를 돌립시다", "별로요"라는 반응이다. 한편 피드백을 수용할 터전인 피드포워드(feedforward)를 적절하게 구사하는 것도 중요한다. 일테면 "오늘밤 다른 계획이 없다면…", "다음 주 과제에 대해서 이야기해 볼까"와 같은 식으로 청자의 반응을 살펴 적절하게 대응하는 것이다.

연습문제

학과 : ____________　　　　학번 : ____________　　　　이름 : ____________

1. 자신에 대한 전반적인 소개와 학과를 선택한 이유 그리고 앞으로 삶의 포부를
   1분 정도로 발표해보자.

2. 다음 중 가장 자신 있는 예시를 선택하여 설명의 방식으로 짧게 발표해보자.
   1) 자신이 두려워하는 것에 대하여

   2) 최근에 읽은 책이나 본 영화에 대하여

   3) 자신의 이성친구나 가족에 대하여

3. 다음 중 가장 자신 있는 예시를 선택하여 설득의 방식으로 짧게 발표해보자.
   1) 봉사활동을 하러 갔는데, 봉사학점만을 목적으로 와 빈둥거리는 친구에게
      열심히 일에 동참해야 하는 당위성을 주장하고자 할 때

   2) 전체적으로 균형미를 갖춘 귀여운 외모를 한 친구가 성형수술을 하려 할
      때

   3) 식당에서 아이가 너무 부산스럽게 돌아다녀 다른 손님의 식사를 방해하고
      있는데, 아이의 부모가 전혀 살피지 않고 나 몰라라 할 때(아이 혹은 아이
      의 부모 대상)

2. 이메일 작성법과 비즈니스 글쓰기

현재 우리는 이메일을 지극히 사적인 의사소통의 한 방법으로 활용하고 있다. 사적인 커뮤니케이션이므로, 형식과 내용에 아무런 제약도 없이 친교와 교제라는 목적만을 최우선적으로 생각하고 있는 것이다. 비문이나 오탈자가 나도, 제목을 적지 않아도, 인사말을 하지 않거나 마무리가 시원찮아도 상대방과의 관계에 금이 가지 않는다면 아무런 문제가 없다고 본다.

그러나 대학이나 사회에서의 이메일은 사적인 활용도 이외에 공적인 커뮤니케이션의 영역으로 더 많이 활용된다. 교수님에게 문안 인사를 드릴 때, 이는 사적인 커뮤니케이션이 아니라 공적인 영역이 된다. 그런데 친구에게 보내는 방식으로 은어, 비어, 속어, 이모티콘을 활용한 글쓰기는 예의에 어긋나는 동시에 기본자질을 의심받게 된다. 물론 정도의 문제이겠지만, 공손함은 아무리 지나쳐도 문제가 되지 않는다.

1) 이메일의 특성

이메일은 상당 부분 즉흥적으로 작성된다. 그러므로 일반 문서양식에 비해 형식의 구애를 덜 받아 자유롭다는 특성이 있으나, 그로 인해 커뮤니케이션의 오류가 더 발생할 수 있다. 따라서 공적인 영역의 이메일을 작성할 때에는 좀 더 신중해질 필요가 있다.

이메일을 공적인 영역의 글쓰기로 인식했을 때 제일 먼저 해야 할 일은 메일 주소를 다시 점검하는 일이다. 즉 중고등학교 혹은 대학 초에 만들었던 이메일 주소는 대부분 재미나 흥미 위주로 명명하는 것이 사실이다. 예를 들면 다음과 같은 이메일 주소는 자신을 대표하는 주소로 부적당하다.

darkbeast, beast, eolzzang, dancinghero, streetboy, fuckyou

물론 이메일 주소가 상대방에게 호감을 주는 하나의 수단으로 친근함이나 기억에 남을 만한 것이 되어야 하는 것은 당연하지만, 지나친 감이 없지 않다. 따라서 다음과 같이 자신의 이름을 활용하거나 되고자 하는 목표를 설정한 주소로 바꾸는 것도 좋겠다. 즉 사적인 것과 공적인 것을 구분하여 이메일을 활용하는 것도 하나의 방법이다.

　yijy, kimdh, chainpyo, ceo88, bestedition

2) 이메일 작성 시 주의사항[2]

① 핵심 내용 전달
공적인 내용을 전달할 때는 핵심적인 내용을 먼저 기술하라. 인사말과 군더더기 말들 속에 핵심 내용이 섞이지 않게, 핵심 내용에 포인트를 두어 강조한다.
② 본문은 짧게 쓴다
불필요한 내용을 길게 쓸 필요가 없다. 연애편지는 구구절절해야 하지만, 이는 연애편지가 아니다. 본론만 간결하고 이해하기 쉽게 보내는 것이 좋다.
③ 반드시 교정 후 전송
이메일은 구어체로 자연스럽게 쓴 후 전송하기 때문에 문장 오류를 범하는 경우가 허다하다. 시간이 오래 걸리더라도 차근히 교정하여 오류를 없애야 하겠다.
④ 효력 있는 안건은 공식문서를 활용
공적이 영역에서 법률적으로 효력을 갖는 내용을 처리할 경우에는 이메일을 삼가고 공식문서를 활용해야 한다. 이메일이 편리하고 신속하긴 하지만, 법률적인 효력을 가지는 것은 아니다. 따라서 이는 발송할 때와 수신할 때 모두 적용해야 한다.
⑤ 중요한 항목은 구분

---

2) 김익수, 『비즈니스 글쓰기의 기술』(하이파이브, 2004) 참조.

핵심 내용을 효과적으로 전달할 때에는 서술형의 문장보다는 1, 2, 3 혹은 첫째, 둘째, 셋째 등의 항목으로 구성하는 것이 좋다. 주문사항이 두 가지 이상 혹은 중요 사항 안에 더 중요한 사항이 있을 경우에는 항목을 구분해 쓰는 것이 수신자를 위한 길이다.

⑥ 상대방의 입장에서 생각

모든 글쓰기에 적용되는 문제이지만, 공적인 영역의 이메일 작성에서는 최종적으로 상대방의 입장이 되어 다시 읽어볼 필요가 있다. 상대방이 이를 어떻게 생각할지, 혹 자신의 의도와 다르게 판단하지는 않을지 잘 따져봐야 한다.

⑦ 문서 검수 과정은 필수

비즈니스 문서는 문서 검수자의 검수를 받는 것이 좋다. 비즈니스의 모든 문서는 기업의 이익과 관련된 것이므로, 이 문서가 조직의 이익에 반하지 않는지 객관적으로 판단할 필요가 있다. 특히 외부로 유출되는 이메일은 다소 시간이 걸리더라도 보안차원에서 검수 받는 과정이 필요하다.

⑧ 재차 확인

이메일의 최대 장점은 전달 속도가 매우 빠르다는 것이다. 따라서 불확실한 내용을 재차 확인하더라도 업무처리가 크게 지연되지는 않는다. 상사로부터 구두로 지시받은 사항이 분명치 않을 때, 외부로부터 받은 문서의 의미가 불명확할 때는 확인 메일을 보내 정확하게 이해하는 과정이 필요하다. "그러니까 1 2 3의 내용은 이런 것인지요?"하고 말이다.

⑨ 제목에 주의

이메일은 제목만으로 열어볼지 말지를 결정하는 경우가 대부분이다. 수많은 스팸메일 속에서 정작 읽어봐야 할 것을 판단하기가 쉽지 않기 때문이다. 따라서 중심 주제어를 제목에 담아 보내되, 제목 앞에 ( )를 통해 발신자명을 표기하는 것이 정확하게 일을 처리하는 방법이다.

⑩ 개인 감정은 자제

공적인 영역에서 이메일을 작성하다보면 가끔 사적인 메일과 혼동하는 경우가 있다. 그리고 아무리 공적인 일이라도 친숙한 사이에서는 다정다감하게 메일을 쓰고 싶은 것이 인지상정이다. 그러나 직장 등의 공적인 업무 메일에서는 개인의 감정을 드러내서는 곤란하다. 직장의 모든 일이 바로 업무이기 때문이다.

⑪ 전송은 1회에 완벽하게

이메일은 처음 보낼 때 완벽하게 작성하는 것이 좋다. 전송이 편리하다는 이유로 대충 적었다가 다시 추가되는 내용을 보내는 경우도 있는데, 같은 일에 한해서는 한번에 완벽하게 처리해야 한다. 상대방 입장에서도 정리하기 편하고 정확한 내용을 수신할 수 있기 때문이다.

⑫ 수신과 참조의 황용 주의

이메일은 일정한 양식을 갖고 있다. 보낸이(발신)와 받는이(수신), 함께 받는이(참조), 비밀 참조의 항목으로 구성되어 있다. 일대일로 메일을 주고받을 때에는 상관없지만 여러 사람에게 동시에 보낼 때에는 신중해야 한다. 자신의 이름이 '수신'에 적혀 있으면 메일을 정독하고 '참조'에 있으면 속독하는 경향이 있다. 상대방이 정독해야 한다고 생각될 때에는 반드시 '수신'에 상대의 이름을 적는다. 그리고 하나의 메일을 한꺼번에 여러 사람에게 보낼 때에는 '비밀 참조'를 활용한다. '비밀 참조'는 이름만 표시하는 만큼 다른 사람의 메일 주소를 노출시키지 않는 장점이 있다.

3) **효과적인 이메일 작성법**3)

(1) 제목 달기

이메일의 제목 쓰기는 그리 쉽지 않다. 앞에서도 언급했지만, 각종 스팸 메일과 광고 메일의 홍수 속에서 자칫 제목을 잘못 쓰면 바로 삭제되는 수가 많다. 이메일 제목은 크게 두 유형이 있다.

첫째, 일상적 서술형

일상생활에서 말하듯 평범하게 전개하는 것으로, 상대방과 어느 정도 친분을 유지하고 있는 경우에 많이 쓴다. 또 기존에 거래가 없었더라도 사전에 전화나

---

3) 황성근, 『너무나도 쉬운 비즈니스 글쓰기』(한겨레출판, 2006) 참조

메일로 내용에 대한 기본적인 언급이 있었던 경우에는 써도 된다.

> 한국대학 이재능입니다
> 한국교육 이초롱입니다

둘째, 본문 축약형

본문의 내용 가운데 핵심적인 문구나 집약적인 표현을 사용하는 것으로, 이 형식이 일반적 서술형보다 보편적이다. 이 형식은 무엇보다 언급하고자 하는 내용의 핵심을 전달해야 하며, 짧고 간결하게 표현한다. 이메일의 제목은 10자를 넘지 않는 것이 좋다. 제목을 달 때에는 길이를 감안하여 하나의 문장으로 표현해도 되고 명사구로 작성해도 무방하다.

> 콘서트 참가 문의
> 강의 관련 질문
> 성적 이의 신청입니다

(2) 본문 쓰기

업무용 이메일은 용건 중심으로 서술한다. 개인적인 이메일은 용건과 함께 주변적인 내용을 적어도 좋으나, 업무용 이메일은 업무와 관련된 내용만을 간략하게 담아야 한다. 또한 여러 가지 내용을 전달할 경우에는 단락 구분을 확실하게 하는데, 단락과 단락 사이에는 한 줄을 띄어 상대가 읽기 쉽게 한다. 공적인 이메일 작성에는 두 가지 방법이 있다.

첫째, 문서 형식으로 메일에다 바로 담아내는 형식

문서 형식의 이메일 작성은 역피라미드형식을 취하는 것이 좋다. 역피라미드 구성은 핵심적인 내용을 명확하게 전달하는 데 상당히 효과적인 구성이다. 문서 형식일 경우 안부 인사를 먼저 하는 경우가 있는데, 이 인사도 어느 정도 거래가 있는 경우에 한한다. 안부 인사를 하게 될 경우에도 서두에 하기 보다는 용건을 적고 난 다음에 하는 것이 좋다. 서두에 안부를 묻게 되면 용건의 핵심 내용이 희석될 수도 있고, 중요하지 않은 메일로 간주되어 읽지 않는 경우가 생길 수도 있다.

> 콘서트 자료에 관해 문의 드립니다.
> 이번 콘서트에 우리 회사 직원들과 함께 업무상의 이유로 참여하고자 합니다.
> 콘서트가 언제, 어디서 개최되는지 정확한 자료를 보내주시기 바랍니다.
> 참가 시 필요한 준비 사항도 메모해 주시기 바랍니다.
> 감사합니다.

둘째, 첨부문서를 전달하기 위해 사용하는 형식

이 경우에는 역피라미드형식을 취하지 않아도 된다. 이때에는 본문 내용보다는 첨부문서가 더 중요하므로, 첫 부분에 인사를 하고 첨부파일을 보낸다는 사실을 언급하면 된다. 그리고 부탁이 있을 때에는 마지막 부분에 서술한다.

> 안녕하세요.
> 콘서트와 관련된 자료를 첨부파일로 보내드리니, 참고하시기 바랍니다.
> 이 행사에 참가하실 때에는 참여 인원이 중요하니, 반드시 다시 연락 부탁드립니다.
> 좋은 하루 되세요. 감사합니다.

(3) 답장하기

일상적인 메일에 대한 답장은 사안에 따라 바로 보내지 않아도 좋으나, 비즈니스 메일은 반드시 즉답해야 한다. 업무상 바쁘다는 이유로 미루게 되면 일이 지연되거나 무산되는 것은 물론 상대방이 무성의하다고 생각할 수 있어 이미지에 심대한 타격이 될 수 있다.

답장 메일은 용건 중심으로 간단하게 작성한다. 어떤 메일을 받았는지에 따라 다르나, 답 메일은 일반적으로 최대한 겸손하게 표현한다. 특정 업체에서 발송된 메일에 대해서는 특정 문구의 자동 회신을 설정해도 좋다. 공적인 성격을 많이 띠는 업체일수록 이렇게 해도 좋으나, 개별적으로 거래가 이루어지는 업체에 대해서는 손수 답장을 적어야 한다.

메일 잘 받았습니다.
자세히 검토한 후 빠른 시일 내에 답변 드리겠습니다.
앞으로도 지속적인 관심 부탁드립니다.
감사합니다.

학과 : _____________   학번 : _______________   이름 : ______________

1. 현재 수강하고 있는 교과의 담당교수님에게 이메일로 교과내용에 대한 궁금한
   점을 이메일로 작성해 문의해보자.

2. 학과 OT나 MT 일정이 강의시간과 겹쳤다. 꼭 참가하고 싶은 행사여서 불가피
   하게 이번 주 강의에 결석해야 한다. 그러한 상황에서 담당교수님에게 선처를
   부탁하는 이메일을 작성해보자.

제7장 재미있는 한자 여행

1. 한자에 대한 새로운 인식
2. 잘못 알고 있는 한자의 의미
3. 생활과 관련된 한자

제7장 재미있는 한자 여행

1. 한자에 대한 새로운 인식[4]

1) 한자(漢字)에 대한 우리의 오해(誤解)를 교정(矯正)하며

한자라는 독특한 문자로 기록된 우리 민족의 문화유산은 한문유산(漢文遺産)이다. 우리 민족은 아득한 옛날부터 한자로써 문자생활을 해왔고, 따라서 한자를 남의 문자라고 생각하지 않았다. 아주 옛날에는 각 지역마다 한자의 형태(形態)가 달랐다. 중국 전국시대(戰國時代)의 일곱 개 나라는 각 나라마다 쓰고 있는 한자의 형태가 각각 달랐다. 진시황(秦始皇)이 천하를 통일한 뒤에 일곱 나라의 문자를 통일한 것이 이를 증명한다.

한자는 창힐(創頡)이 만들었다고 하지만, 사실은 장구(長久)한 시간에 걸쳐 여러 사람들이 만들어 낸 문자다. 우리 조상들이 만든 한자도 적지 않을 것이고, 그밖에 한족 이외의 여러 소수민족들도 한자를 만드는 일에 참여했으리라 짐작된다. 따라서 오늘날 그냥 '한자'라는 명칭으로 부르고 있지만, 이는 타당하지 못한 명칭이다. 한자를 '한(漢)나라 시대의 문자(文字)'라고 정의한다면, 한자는 한나라보다 훨씬 이전부터 존재했기 때문에 타당하지 않다. 또한 한자를 '한족(漢族)들이 쓰는 문자(文字)'라고 정의한다면, 한자는 한족들만이 만들

---

4) 전국한자교육추진총연합회 홈페이지(www.hanja-edu.com) 참조

어 한족들만이 쓰는 문자가 아니기 때문에 역시 타당하지 못하다. 따라서 한자는 동양의 공통문자(共通文字)라고 보는 것이 정당하다.

한자는 획수(劃數)가 너무 많아 배우기 어렵고 쓰기 어렵다는 주장이 있다. 물론 한자는 글자가 많은 것이 사실이다. 『강희자전(康熙字典)』에는 4만2,714자, 1986년 중화에서 나온 『한어대사전(漢語大字典)』에는 5만4,000여자의 한자가 수록되어 있다. 그러나 한문 문헌에서 자주 쓰이는 글자는 3,300여 자에 불과하다. 『사서삼경(四書三經)』에 쓰인 글자수도 5,000여자에 불과하다. 한자 5만여 자 중 반 이상은 어떤 문헌에도 용례가 전혀 없는 자전(字典)에만 수록되어 있는 한자이고, 용례가 있는 한자는 2만3,000여자에 불과하다. 이 2만3,000여자도 반쯤은 특정한 고전에 한두 번 나오거나 고유명사(固有名詞) 등으로만 쓰였다. 따라서 6,000자 정도만 알면 일반적으로 고전을 읽는데 문제가 없다는 통계가 나와 있다.

우리나라에서는 지금 교육용한자 1,800자를 선정해 놓았다. 이 1,800자만 알면 우리나라에서 쓰이는 한자어를 90% 이상을 알 수 있다. 한자를 전용하는 중화에서도 1,500자를 모르는 사람을 문맹자(文盲者)로 간주한다. 다시 말해서 1,500자 정도의 한자만 알아도 중국본토에서도 문맹자 취급을 당하지 않는다는 것이다. 1,500자의 한자만 알면 약 10만 개의 단어를 거의 저절로 알 수 있다. 예를 들면 '배울 學'자만 알면, '學'자가 들어가는 '學界', '學年', '學力', '共學', '博學', '入學' 등을 배우지 않고서도 수백 개의 한자어를 거의 자동적으로 알 수가 있다. 알고 있는 한자가 많으면 많을수록 저절로 알 수 있는 한자어는 기하급수적으로 불어난다.

한자는 표의문자(表意文字)라서 표음문자(表音文字)인 우리말을 표기하는 데 부족한 점이 많다는 주장이 있는데, 사실 한자는 표의문자의 장점을 가졌으면서도 동시에 표음문자의 기능도 갖고 있다. 더욱이 우리는 우리의 독특한 한자 발음을 갖고 있다. 이 발음은 본래는 중국의 발음과 한 가지였을 것이지만, 오랜 세월 동안 여러 가지 음운변화를 거치면서 우리 민족의 발음기관에 가장 적합하게 변화하여 오늘에 이르렀다. 우리말의 80% 이상이 한자어이고, 더구나 학술용어 등은 거의 99% 이상이 한자어이다. 이것을 한글로만 적어놓은 것을 발음만 할 줄 아는 것과 아는 것과는 다르다. 고등학교 국사 교과서에 나오는 '즐문토기'나 지리 교과서에 나오는 '조경' '사빈' 등은 이 단어를 이전에 외우지 않은 학생은 글자만 보고서 이 단어의 뜻이 무엇인지를 알 수가 없다. 그러나 '櫛紋土器(즐문토기)', '潮境(조경)', '沙濱(사빈)'으로 써 놓으면, 한자를 아는 학생은 그 뜻을 알 수 있다. 그리고 서명, 작품명, 사건명, 지명 등을 한자로 적어 놓으면 그 내용을 전부 혹은 일부를 알 수 있지만, 한글로 적어 놓으면 자신이 이미 배워서 기억하고 있는 경우가 아니면 전혀 그 내용을 알 수가 없다.

한자의 가장 뛰어난 점은 무궁무진한 조어력(造語力)과 단어를 구성하는 응집력(凝集力)이다. 오늘날 급변하는 세상에 매일 새로운 물품이 발명되어 나오고 있다. 이런 새로운 산물에 명칭을 부여하려면, 조어력이 제일 좋은 한자를 사용하여 조어(造語)하는 수밖에 없다. 인공위성에 쓰이는 부속품이 대략 200만 개나 된다고 하는데, 한자를 사용하여 조어하는 두 자 내지 석자의 단어로 그 명칭을 다 만들어 낼 수 있다고 한다.

또한 문장 속의 단어의 뜻을 파악하려 할 때 앞뒤를 살피면서 노력해도 되지 않을 때가 있다. '안중근 의사'라고 책에 나왔을 때, '安重根이 義士냐? 醫師냐?'하는 문제이다. 문장의 앞 뒤 관계를 보면 알 수 있는 것 아니냐고 할 수 있으나, 우리가 안중근이 '義士'라는 사실을 아는 것은 문장의 앞뒤 관계 때문이 아니고, 이전에 습득해 둔 지식 때문에 아는 것이다. 안중근 의사에 대한 사전지식이 없는 사람이라면 아무리 우리말을 잘 하고 앞 뒤 관계를 살펴봐도 도무지 알 수 없는 것이다.

2) 한자는 소통(疏通)뿐만 아니라 경쟁력의 제고(提高)를 위해서도 필요하다[5]

한국과 중국, 일본을 묶어 한자문화권이란 말을 자주 쓴다. 한자문화권이란 한자를 통해 문화적 소통이 가능한 지역을 일컫는 말이다. 중국말이나 일본말

---

5) 정민 외, 『살아있는 한자교과서』(휴머니스트, 2004) 참조

을 전혀 몰라도 한자만 쓸 줄 알면 그 나라에 가서도 의사소통에 큰 문제가 없다. 한자는 이렇게 지금도 한국과 중국, 일본을 하나로 이어주는 연결고리이다. 한자를 몰라서 생활에 큰 불편은 없지만, 한자를 배워 익히면 여간 편리한 게 아니다.

한자를 익히는 것과 중국말을 배우는 것은 다르다. 한자로 된 한문(漢文)이 중국 사람들이 일상 대화에서 쓰는 중국말, 즉 백화문(白話文)과 같지는 않다. 중세 영국과 독일, 프랑스에도 자기 나라의 말이 있었지만, 사람들은 자신의 사상이나 문학 작품을 표현할 때는 모두 라틴어로 썼다. 유럽의 고전문화를 이해하려면 라틴어를 모르고서는 안 된다. 마찬가지로 동양문화를 알려면 한문을 몰라서는 안 된다.

한글은 참으로 소중하고 자랑스러운 문화유산이다. 그래서 어떤 사람들은 우리말인 한글이 있으니 한자를 애써 배울 필요가 없다고 말한다. 심지어는 한자를 배워야 한다고 하면 사대주의(事大主義)에 물든 사람으로 몰아세우기까지 한다. 하지만 한글을 아끼고 사랑하는 것과 한자를 배우는 것과는 별개의 문제다. 한자어도 엄연히 우리말이다. 우리는 알게 모르게 한자말 속에 파묻혀 살고 있다. 사전에 올라 있는 어휘의 70% 이상이 한자말인 것이 엄연한 실정이다. 이 가운데는 매일 쓰면서도 의미를 제대로 알지 못하는 말도 아주 많다. 한자는 뜻글자이기 때문에, 글자가 지닌 뜻을 알고 그 말을 새겨보면 그 의미가 분명해진다.

현대는 경쟁과 속도의 시대이다. 한자를 배우자는 것은 과거로 돌아가는 뜻이 아니다. 오히려 미래를 준비하기 위해서다. 중국은 무서운 속도로 발전하고 있다. 세계에서 가장 큰 경제대국으로 성장할 날도 얼마 남지 않았다. 중국은 머지않은 장래에 한국 젊은이들의 주 활동 무대가 될 것이다. 한자는 우리 문화를 읽는 코드일 뿐 아니라 중국을 여는 열쇠이다. 이것이 한자 문화권에 속해 있는 우리가 한자를 열심히 배워야 하는 또 다른 이유이다.

3) 언제까지 '한글 전용'이냐, '국한문혼용'이냐를 따질 것인가

한국에서 해묵은 논쟁 가운데 하나가 '한글 전용'과 '국한문혼용(國漢文混用)'의 문제이다. 이 논쟁은 학자들 간에 타협이나 뚜렷한 결론이 없이 계속 평행선(平行線)을 그어왔다. 국어학계에 형성된 학맥·학파의 고집과 자존심까지 곁들어 양쪽 주장이 매우 팽팽하기 때문이다.

역사적으로 우리나라의 문자생활은 한자와 한글, 두 개의 문자를 사용하여 온 특수한 상황이다. 국한문혼용의 문자생활은 근세와 일제(日帝) 그리고 광복·건국과 군사정권기를 거치면서 한글전용 방향으로 변화되어 왔다. 건국 후 한글전용 법률이 제정되어 한글전용시책과 한자교육 중단 등 문자정책이 수시로 변용(變更)되어 왔으며, 근래 한글전용논자들은 한자 사용을 거부(拒否)한 채 한글전용만이 애국이고 이제는 한글전용이 보편화되었다고 주장하고 있다.

국한혼용논자(國漢文混用論者)들은 한글전용은 한글로 표기만 했을 뿐이지 언어생활에서 70%를 차지하는 한자어를 정확하게 이해할 수 없으며, 표음문자(表音文字)인 한글과 표의문자(表意文字)인 한자를 조화시켜 사용함이 문화 진작(振作)의 길이라 주장한다.

한편 한문교육논자(漢文敎育論者)들은 한자교과를 필수화함이 시급(時急)하다고 한다. 초등학교에서 한자교과가 재량(裁量)(선택)과목(3년~6년)이긴 하나, 필수과목인 영어시간 증대로 사실상 재량시간이 없어졌기 때문이다.

한글전용이 강행된 후 한글 사용이 교육, 언론, 출판 등 각계에 파급되어, 그 결과 문화의 표피화, 공동화 현상을 초래하여 문화경쟁력 저하와 한자문화권에서의 고립 그리고 통일 후 한자교육 불균형 문제 등 '문화위기'의 초래를 많은 사람들이 경고하고 있다.

현재 동북아권에서는 중국이 상용한자(常用漢字) 3,500자, 일본 교육한자 1,945자, 대만 표준자체표 4,808자, 북한이 1964년 한자교육을 부활해 교육한자 3,000자를 쓰고 있다. 박정희 정권시절 한글 전용이 강행된 뒤 한글사용이 교육·언론·출판 등 각계에 파급됐다. 이와 관련 일각에선 문화의 표피화(表皮化), 공동화(空洞化) 현상을 초래해 문화 경쟁력 저하와 한자문화권에서의 고립, 통일

뒤 한자교육의 불균형 문제 등 문화위기(文化危機)의 초래를 경고하기도 한다.

최근 역대 교육부장관(敎育部長官) 13명은 오늘의 심각한 문화위기를 근본적으로 극복하기 위해서는 초등학교에서 한자교육을 실시하도록 대통령에게 건의했다. 우리말의 70% 이상이 한자어휘(漢字語彙)로 돼 있어 한글로만 표기하면 그 뜻을 제대로 알 수 없어 대부분 젊은이들이 불확실한 어의(語義)로 국어생활을 하고 있다는 지적이다. 또 한바탕 논란이 예상된다. 요즘엔 중국어 습득 열풍이 불고 있는 가운데 한자교육에 관심이 커지고 있다. 한글 일색이던 신문 지면에도 한자사용이 눈에 띄고 있다. 이번 건의를 계기로 해묵은 논쟁은 종식됐으면 하는 바람이다. 동북아권에서 한자를 아는 건 바로 힘이다. 한자교육은 빠를수록 좋다고 본다.

2. 잘못 알고 있는 한자의 의미[6]

1) 너무 섬뜩한 위협 - "울지 마라, 에비가 잡아간다"

어린아이가 울면 어른들은 "울지 마라, 에비가 잡아간다."라고 말하며 달래려 한다. 어린아이가 위험한 행동을 못하게 할 때도 '이비!' 또는 '애비!'라는 말을 쓴다. 그러나 정확한 표현은 에비가 아니라 '이비' 혹은 '이비야(耳鼻爺)'이다. 이는 임진왜란 때 만들어진 말로, 일반적으로 생각하듯 무섭게 야단치다 혹은 경계 삼는다는 의미가 아니다.

임진왜란 때 전라도 남원성과 전주성 전투가 치열하였다. 당시 일본군들은 자신들의 전공(戰功)을 뽐내기 위하여 조선 사람만 보면 코를 베고 귀를 잘라갔다. 그래서 수천수만 조선 사람의 코와 귀를 베어 소금에 절여서 상자에 담아 일본에 가져갔다. 지금도 일본에는 그 때 가져갔던 조선인의 코와 귀를 묻

---

6) 정민 외의 『살아있는 한자교과서』와 남광우 외의 『국어대사전』(민중서원, 1994)과 인터넷 자료 참조

은 코무덤과 귀무덤이 남아 있다고 한다.

그런데, 심지어는 아이를 갓 낳은 집에 금줄을 끊고 들어가 산모의 코는 물론이고 갓난아이의 코까지 잘라간 일까지 있었다. 그래서 당시 전라도 사람들은 일본군을 "코 베어가고 귀 떼어 가는 사람"이라는 뜻으로 '이비야(耳鼻爺)'라고 불렀다. 그래서 '이비야가 온다'라고 하면 울던 아이도 무서워서 울음을 뚝 그쳤다는 것이다. 이후 이비야는 가장 무서운 존재를 나타내는 뜻이 되었다. 참으로 가슴 먹먹한 우리 역사의 슬픈 한 장면이 아닐 수 없다.

2) 사탕 사다먹던 가게는 사실은 임시로 지은 집

가게는 물건을 파는 집을 가리키는 말이다. 우리말인 것 같지만 사실은 한자말인 '가가(假家)'에서 온 말이다. '가가'를 글자 그대로 풀면 '가짜 집'이다. 정식 건물이 아니라 길가나 장터 같은 데서 물건을 벌여놓고 팔기 위하여 임시로 지은 집인 것이다. 요즘 식으로 하면 길가의 가판대나 포장마차에 해당한다고 할까. 이 '가가'가 발음이 불편하여 편한 대로 하다보니 '가게'로 바뀌었다. 다른 말로는 '전방(廛房)'이라고도 한다.

우리 속담에 '가게 기둥에 입춘방(立春榜)'이라는 말이 있다. 예전에는 입춘(立春)이 되면 집 대문에 입춘대길(立春大吉)과 같은 입춘방(立春榜)을 써 붙였는데, 제대로 된 집도 아닌 가게에 입춘방을 붙여놓았으니 얼마나 우스꽝스러웠겠는가. 그야말로 '개발에 편자', 속(俗)된 표현으로는 '돼지머리에 진주목걸이'가 아니겠는가.

이전 물건을 파는 사람은 이곳저곳을 다니면서 파는 사람과 가게를 차려놓고 한자리에서 파는 사람이 있었다. 전자(前者)를 행상(行商)이나 보부상(褓負商)이라고 했고, 후자는 고인(賈人)이라 해서 좌판을 벌이거나 가게를 차려 물건을 파는 사람으로 구분하였다. 보부상은 다시 보상(褓商)과 부상(負商)으로 나뉘는데, 봇짐장수와 등짐장수가 그것이다.

<우리말로 귀화한 한자말>
썰매 - 雪馬 미끄러운 눈 위를 말처럼 달리는 기구. "설마가 사람 잡는다."
김치 - 沈菜 배추를 소금물에 담궈 절인 것.
짐승 - 衆生 사람을 포함한 모든 살아 있는 것들.
구린내 - 高麗臭 고려인의 냄새.
동네 - 洞里 동리→동니→동네.
복걸복 - 福不福 복 있음과 복 없음.
숭늉 - 熟冷 밥 끓인 물을 식힌 것.
장난 - 作亂 어지러운 짓을 함.
얌체 - 廉恥 부끄러움을 아는 마음.
성냥 - 石硫黃 유황을 돌처럼 굳혀 불을 붙이는 물건.
술래 - 巡邏 밤에 지역을 돌아다니며 순찰하던 관원
화냥년 - 還鄕女 행실이 좋지 못한 여자를 이르는 말
아둔 - 愚鈍 어리석어 몹시 둔함.
서랍 - 舌盒 숨어 있다가 혀처럼 쏙 내미는 그릇.

3) 영계가 아니고 연계(軟鷄)다

삼계탕(蔘鷄湯)은 인삼과 찹쌀, 대추 등을 닭의 뱃속에 넣고 실로 꿰매 푹 고 은 것이다. 옛날부터 한여름의 무더위를 이기는 건강식품으로 인기가 높았다. 백숙(白熟)이란 다른 양념을 하지 않고 그냥 푹 고은 것을 말한다.

영계는 원래 연계(軟鷄)에서 나왔다. 연(軟)은 부드럽고 연하다는 의미다. 그 러니까 연계(軟鷄)는 병아리보다 조금 큰 살이 연하고 부드러운 중간 크기의 닭을 가리키는 말이다. 오늘날 영계는 아니 어린 남녀를 가리키는 비속어(卑俗 語)로 쓰여 좋지 않은 뜻을 나타내는 경우가 많다. 사람을 두고 닭에 견주는 것 은 옳지 않다.

4) 하룻밤에 만리장성(萬里長城 혹은 蠻人長成)을 쌓는다고?

만리장성(萬里長城)은 진시황이 북쪽의 흉노족을 막기 위해 쌓은 성이다. 이렇게 엄청난 성을 어떻게 하룻밤에 쌓을 수 있을까? "하룻밤을 자더라도 만리장성을 쌓는다."라는 속담은 하룻밤의 짧은 인연으로도 깊은 정을 맺을 수 있다는 의미로 많이 쓰인다.

그런데 조선시대 우리 속담을 소개한 책에는 이를 다르게 설명하고 있다. 즉 "비록 잠시 머문다고 해도 마땅한 대비가 없어서는 안 된다는 말"(「이담속찬(耳談續纂)」)이라고 풀이하고 있으며, 「송남잡지(松南雜識)」에서는 이보다 자세한 설명이 나온다.

> 지금은 남녀가 하룻밤을 자고 인연을 맺는 것을 두고 하는 말이다. 일본군이 우리 나라에 쳐들어왔을 때, 비록 단 하룻밤을 자고 가더라도 반드시 성을 쌓았다. 지금도 그 때 쌓은 성이 산 위에 남아 있다. 적을 막기 위함이다.

이것을 참고하면, 임진왜란 때 일본군들은 단 하룻밤을 주둔해도 반드시 성을 쌓아, 뜻하지 않은 적의 침입에 대비했다는 뜻으로 이해된다. 그래서 학자들은 이 속담이 원래 "하룻밤을 자더라고 만인(蠻人)은 성을 쌓는다."인데, 잘못

기장 죽성리 왜성(부산 기장리 기장읍 죽성리 소재. 부산 기념물 제48호. 임진왜란 당시 일본 장수 구로다 나가마사가 조선군과의 장기전에 대비하여 지은 일본식 석성)

전해져 "하룻밤을 자더라도 만리장성을 쌓는다."로 바뀐 것으로 본다.

만인은 야만스러운 사람이라는 뜻이다. 일본인을 얕잡아보아 한 말이다. 하지만 언제 어디서든 만약의 사태에 대비하는 일본인의 유비무환(有備無患)의 자세만큼은 본받아야 한다. 유비무환은 대비가 있으면 근심이 없다는 말이다. 거안사위(居安思危)라는 말도 있다. 편안하게 지낼 때도 늘 위태로운 때를 생각한다는 말이다. 미리 미리 대비해두면 무슨 일이 생겨도 아무 걱정이 없다.

<믿거나 말거나>

하룻밤을 자도 만리장성을 쌓는다는 이야기는 옛날 만리장성을 쌓던 때 나온 이야기라고 한다. 그 옛날, 중국의 어느 부자가 덕을 많이 베풀어 많은 사람이 따랐는데 생일날 축하하러 온 사람들이 구름같이 모여들었다. 때마침 관청에서는 만리장성을 쌓을 인력을 모으기가 어려워지자 이 부자의 생일날을 기하여 모인 사람들을 모두 징발해 갔다. 이때 부자의 부인은 남편이 만리장성을 쌓는데 붙잡혀가서 살아 돌아오기가 어렵게 되자 걱정이 태산 같았다.

마침 부자의 집 젊은 하인이 부인인 주인마님을 사모하여 생과부인 주인마님에게 사랑을 고백하게 된다. 이에 부인은 하룻밤을 동침하는 대신 남편에게 편지를 전해주도록 머리를 썼다. 내용을 모르는 하인은 편지를 전해주러 갔다가 관리들에게 붙잡혀 부인의 편지에 쓰인 내용대로 부자를 대신하여 만리장성을 쌓는 일을 하게 되고 부자는 고향으로 돌아오게 된다는 이야기가 그 유래가 되었다는 설도 있다.

하인의 입장에서 하룻밤을 마님과 자고 평생을 만리장성을 쌓은 것이다. 요즘의 의미로 '잠깐 사귀어도 깊이 정이 든다.'라는 뜻이다.

5) 장광설(長廣舌)은 부처님의 혀

석가모니에게는 보통 사람들과는 다른 32가지의 신체적인 특징이 있었다고 한다. 그 특징 가운데 하나가 보통 사람들보다 훨씬 길고 넓은 혀이다. 그의 혀는 길고도 넓은 데다 한없이 부드러워 혀를 길게 내밀면 혀끝이 머리카락까지 닿았다고 한다. 부처님 이전에도 내밀면 코를 덮을 정도로 긴 혀를 가진 사람들이 많았는데 이들은 모두 거짓말을 하지 못했다고 한다. 그러니 머리카락까지 닿는 혀를 가진 석가모니야말로 진실하고 알찬 말만 했을 것이다.

장광설은 이와 같이 처음엔 거짓 없는 진실한 말을 하는 사람을 가리키는 말이었다. 그런데 오늘날에는 한번 말을 했다 하면 사람들이 지루해지도록 끝도 없이 길게 하는 말을 가리키는 뜻으로 쓴다.

6) 興淸亡淸(흥청망청)하다가 나라를 잃은 연산군(燕山君)

사치향락에 휩쓸리는 일을 두고 '흥청거린다', '흥청망청한다'라는 표현을 쓴다. '흥청거린다'고 할 때의 '흥청(興淸)'은 기생의 한 종류를 가리키는 말이다. 정사를 뒤로 하고 허구헌날 놀이에 열중했던 연산군이 만들어낸 용어이다.

연산군은 전국의 기생 가운데서 미모가 출중한 일등급 기생만을 엄선하여 대궐 내에 출입시켰는데, 이들을 일컬어 흥청이라 하였다. 흥청은 처음에는 백여 명 정도였는데, 나중에는 천 명을 헤아릴 정도로 늘어났다. 이처럼 숫자가 많다 보니 흥청이라 하더라도 임금을 곁에서 모실 수 있는 자는 극히 일부였다. 그래서 임금을 가까이서 모실 수 있는 기생에겐 특별히 地科興淸(지과흥청)이란

<도봉구 방학동 산77번지에 있는 연산군과 그 부인의 묘>

명칭을 붙여 주었고, 임금의 각별한 사랑을 받아 잠자리까지도 같이 할 정도로 인정받은 기생에게는 天科興淸(천과홍청)이란 최고의 명칭이 주어졌다.

한편 홍청이란 말을 그 자체로만 보면 '맑음을 일으킨다'는 뜻이다. 조선왕조실록 연산군일기에 이 홍청의 뜻을 "나쁜 기운을 씻어 없애다는 의미(所謂興淸乃蕩滌邪穢之意也)"라 하였다. 기생들과 어울려 놀면서 마음속에 쌓인 나쁜 기운을 씻어낼 수 있는 좋은 제도라고 의미를 부여한 것이다. 이런 고상한 명분 위에서 연산군은 홍청망청 놀았고, 그 결과 정치는 엉망이 되었다.

홍청망청이라 할 때 '亡淸(망청)'은 별 뜻 없이 후렴처럼 붙은 말이다. 따라서 망청은 한자로 표기되지 않는다. 그런데 이 망청의 '망'자는 마치 한자로 '亡'자를 연상하게 하는 듯하다. 개인이든 나라든 홍청망청 놀다가는 망하고 만다는 의미를 연상하게 하는 묘한 표현이다.

7) 정말로 삼수갑산(三水甲山)에 가서 밥 먹고 싶다고?

삼수(三水)는 함경남도 북서쪽에 있는 고장으로 대륙성 기후의 영향으로 국내에서 가장 추운 지대에 속한다. 겨울에는 평균 영하 16~18도에 이르고 눈이 수척의 높이로 쌓인다고 한다. 또한 교통이 불편하여 옛날에는 유배지로 유명했다. 갑산(甲山)은 함경남도 북동쪽에 있는 고장으로 삼수와 마찬가지로 매우 춥고 교통이 불편한 지역이다. 두 지역 모두 지형이 험한데다 유배지로 이름이 나서 사람들이 가기를 꺼려하는 곳이다.

> 삼수갑산(三水甲山) 내 왜 왔노 삼수갑산이 어디뇨
> 오고나니 기험(奇險)타 아하 물도 많고 산첩첩(山疊疊)이라 아하하
> 내 고향을 도로 가자 내 고향을 내 못 가네
> 삼수갑산 멀드라 아하 촉도지난(蜀道之難)이 예로구나 아하하
> 삼수갑산이 어디뇨 내가 오고 내 못 가네
> 불귀(不歸)로다 내 고향 아하 새가 되면 떠가리라 아하하
> 님 계신 곳 내 고향을 내 못 가네 내 못 가네

오다 가다 야속타 아하 삼수갑산이 날 가두었네 아하하
내 고향을 가고지고 오호 삼수갑산 날 가두었네
불귀로다 내 몸이야 아하 삼수갑산 못 벗어난다 아하하
　　　　-김소월의 「삼수갑산(三水甲山)-차안서삼수갑산운(次岸曙三水甲山韻)」

김소월의 이 시는 고향으로 가고 싶은 화자의 간절한 바람을 담고 있다. 그러나 삼수갑산에 갇혀 고향으로 돌아가지 못하고 있는 안타까운 상황을 노래하고 있다. 이 시에서 삼수갑산은 여러 상황적 요건으로 비유될 수 있겠지만, 중요한 것은 화자의 원망을 가로막고 있는 장벽의 역할을 하고 있다는 것이다. 이와 같이 '삼수갑산을 가다'고 하면 아주 멀고 험한 곳으로 가거나 아니면 매우 어려운 지경에 이른다는 뜻을 나타낸다.

따라서 음식점 상호 등으로 쓰이는 '산수갑산(山水甲山)'하고는 다르다. 흔히 "산수갑산을 가더라도 먹고나 보자"라는 것의 산수갑산은 아름다운 경치를 의미하는 것인데, 원래의 사실과는 다른 의미다. 삼수갑산의 '삼'은 '뫼 산(山)'자가 아닌 '석 삼(三)'자라는 것을 알아야 하겠다.

○ 더 알아두면 힘이 되는 한자 단어
어디 가서 신랑감 좀 물색(物色)해 봐.
그렇게 어영부영하다가는 나중에 큰 코 다치지.
넌 왜 아직도 그에게 미련(未練)을 못 버리고 있니.
정말로 그는 왜 그렇게 주착(主着)인지 몰라.
도대체 무슨 영문(營門)인지 모르겠어.
한채영이 송강호와 밀월(蜜月)여행을 간단다.
그 녀석은 건달(乾達)이 틀림없어. 절대 결혼은 안 돼.
우리나라에 과연 진정한 의미의 좌익(左翼)이 있는가.
이거 완전히 난장(亂場)판이잖아.
애들이 왜 이리 야단법석(野壇法席)이야.
나도 결심했어. 이제 이판사판(理判事判)이라구.
그 이야기는 널리 인구(人口)에 회자(膾炙)되었다.

> 난 하루종일 일해 완전히 진(津)이 빠졌어.
> 사람들로 입추(立錐)의 여지(餘地)가 없다.
> 그가 합격하는 것은 떼어논 당상(堂上)이다.

3. 생활과 관련된 한자

1) 말과 관련된 한자

식언(食言)은 말을 번복하거나 약속을 지키지 않고 거짓말을 일삼는다는 뜻으로 『서경(書經)』의 탕서(湯書)에 나오는 이야기이다. 은나라 탕왕이 하나라 걸왕의 폭정을 보다 못해 군사를 일으켜 정벌하기로 했다. 그는 영지(領地)에서 백성들을 모아 놓고 말했다. "그대들은 나 한 사람을 도와 하늘의 벌을 이루도록 하라. 공을 세운 자에게는 큰 상을 내릴 것이니라. 나는 거짓말을 하지 않는다(朕不食言)." 즉 자신이 한 말을 번복하지 않고 약속을 지킨다는 뜻으로 한 말이다.

『춘추좌씨전』에도 나오는데, 노나라 애공(哀公)이 월나라에서 돌아왔을 때 계강자와 맹무백이란 두 대신이 오오(吾梧)까지 마중 나와 축하연을 베풀었다. 애공은 이 신하들이 곽중을 내세워 자신을 자주 비방한 일을 알고 있었다. 맹무백이 곽중을 보고 살이 많이 쪘다고 하자 애공은 "그야 말을 많이 먹었으니(食言) 살이 찔 수밖에 없지 않겠소?" 하고 농담 반 진담 반으로 말했다. 이는 계강자와 맹무백이 곽중을 통해 자신을 비방하는 거짓말을 일삼을 것을 꼬집어 말한 것이다.

바로 여기에서 한번 입 밖에 낸 말을 다시 입 속에 넣는다는 말로 약속을 지키지 않고 자신이 한 말을 밥 먹듯이 바꾼다는 것을 가리켜 말하게 되었다. 금석맹약(金石盟約)까지는 아니더라도 보편적인 도덕과 윤리의 차원에서 식언하지 않는, 말에 책임을 지는 사회가 되어야 하겠다. 구설수(口舌數)에 올라 창피

(猖披) 당하지 않으려면 말이다. 실천 없이 말뿐인 것은 구두선(口頭禪)일 뿐이다. 염불에는 관심이 없고 잿밥에만 관심이 있는 공염불(空念佛)이다.

그러지 않기 위해서 평소 잠언(箴言)을 자기 삶의 경계로 삼을 필요가 있다. 잠언은 사람이 살아가는 데 교훈이 되고 경계(警戒)가 되는 짧은 말이다. 구체적으로는 구약 성경 중 솔로몬 왕의 지혜로운 말을 모아 엮은 내용을 의미한다. 금언(金言) 혹은 격언(格言)이라 해서 우리 삶을 강제하는 하나의 수단으로 쓰인다. 이러한 잠언은 경우에 따라서 고언(苦言)이 될 수도 있다. 자신의 한계를 명명백백(明明白白)하게 드러내니 얼마나 아프겠는가. 그러나 감언(甘言)으로 인생을 망치는 것보다는 아픔으로 자신의 주위를 추슬러보는 것이 더 좋지 않겠는가.

또한 궤변(詭辯)도 경계의 대상이다. 궤변은 얼른 들으면 옳은 것 같지만 실은 이치에 닿지 않는 말을 억지로 둘러대어 합리화시키려는 허위적인 변론(辯論)을 일컫는 말이다. 상대방을 속여 참을 거짓으로, 거짓을 참으로 잘못 생각하게 하거나 또는 거짓인줄 알면서도 상대방이 쉽게 반론(反論)할 수 없도록 하기 위해 사상적 혼란과 감정이나 자부심 등을 교묘하게 이용하여 말하는 경우가 많다. 궤변은 처음부터 어떤 진실을 밝히기 위해서가 아니라 다른 목적을 위해서 이루어지고 있다는 점이 특징이므로 매사 철두철미(徹頭徹尾)하게 따지지 않고서는 자칫 무엇이 진실인지 알 수 없다. "형이 서울독서실에서 공부하여 서울대에 갔다고 자신도 서울독서실에서 공부하고 있으니 서울대에 갈 것이다."라고 말하는 것이 과연 정당한 논리인가. 사랑하지 않는다고 다 그럼 미워하냐고 묻는다면 미움을 당할 수밖에. 왜냐하면 멍청하니까.

말과 관련된 고사성어(故事成語)

▶교언영색(巧言令色) : 공자의 말씀으로 "교묘한 말과 아첨하는 얼굴을 하는 사람은 착한 사람이 적다(巧言令色鮮矣仁)."라는 뜻이다. 즉 말을 그럴 듯하게 꾸며대거나 남의 비위를 잘 맞추는 사람, 생글생글 웃으며 남에게 잘 보이려는 사람치고 마음씨가 착하고 진실된 사람은 적다는 의미이다.

▶구밀복검(口蜜腹劍) : 입에는 꿀을 바르고 뱃속에는 칼을 품고 있다는 말로,

겉으로는 꿀맛 같이 절친한 척하지만 내심으로는 음해할 생각을 하거나 돌아서서 헐뜯는 것을 비유한 말이다. 『십팔사략(十八史略)』에 있는 이야기로, 당(唐)나라 현종(玄宗)은 45년 치세(治世)의 초기에는 측천무후(則天武后) 이래의 정치의 난맥(亂脈)을 바로잡고 안정된 사회를 이룩한 정치를 잘한 인물로 칭송을 받았다. 그러나 시간이 흐르면서 정치에 염증을 느끼고 양귀비(楊貴妃)를 총애하여 주색에 빠져들기 시작하였다.

이 무렵 이임보(李林甫)라는 간신(奸臣)이 있었는데, 환관(宦官)에게 뇌물을 바친 인연으로 왕비에 들러붙어 현종의 환심을 사 출세하여 재상이 된 사람이다. 이임보는 황제의 비위만을 맞추면서 절개가 곧은 신하의 충언이나 백성들의 간언(諫言)이 황제의 귀에 들어가지 못하게 하였다. 한번은 비리를 탄핵(彈劾)하는 어사(御使)에게 이렇게 말했다.

"폐하께서는 명군(名君)이시오 그러니 우리 신하들이 무슨 말을 아뢸 필요가 있겠소. 저 궁전 앞에 서 있는 말을 보시오. 어사도 저렇게 잠자코 있으시오. 만일 쓸데없는 말을 하면 가만두지 않겠소" 이런 식으로 해서 신하들의 입을 봉해 버렸다. 설령 직언을 생각하고 있는 선비라 할지라도 황제에게 접근할 엄두조차 낼 수 없었다. 그래서 "임보는 현명한 사람을 미워하고 능력 있는 사람을 질투하여 자기보다 나은 사람을 배척하고 억누르는, 성격이 음험한 사람이다. 사람들이 그를 보고 입에는 꿀이 있고 배에는 칼이 있다고 말했다[李林甫 妬賢嫉能 性陰險 人以爲 口有蜜腹有劍]."라고 하는데서 유래한 말이다.

소리장도(笑裏藏刀)도 비슷한 의미이다.

▶ 눌언민행(訥言敏行) : 언어에는 과묵하지만 자기 개혁(改革)이나 선행(善行)에는 민첩하다는 말이다. 공자는 『논어(論語)』「이인(里仁)」편에서, "군자는, 언어에는 둔하여도 실천하는데는 민첩해야 한다[君子欲 訥於言 而敏行]."라고 가르치고 있다. 배우는 사람은 스승과 논쟁하거나 자신의 주장을 내세워 스승의 가르침과 대립해서는 안 된다는 것이 과거 성현(聖賢)들의 가르침이었다. 말만 번지르르하고 행동이 이에 따르지 못하는 그런 사람들에 대한 경고로 보아야 할 것이다.

▶도청도설(道聽塗說) : 길에서 들은 일을 길에서 이야기한다는 뜻으로, 무슨 말을 들으면 그것을 깊이 생각지 않고 다시 옮기는 경박한 태도를 이르는 말이다. 또한 천박한 사람은 좋은 말을 들어도 그것을 깊이 자기의 것으로 간직하지 못한다는 것에도 비유된다. 공자의 『논어(論語)』「양화편(陽貨篇)」에 나오는 말로 『道聽而塗說 德之棄也(길에서 듣고 길에서 이야기하는 것은 덕을 버리는 짓이다)』에서 비롯되었다.

아무 근거 없이 널리 퍼진 소문 혹은 터무니없이 떠도는 말, 즉 뜬소문의 의미인 유언비어(流言蜚語)와 부언낭설(浮言浪說), 부언유설(浮言流說)과 비슷한 의미이다.

▶조삼모사(朝三暮四) : 남을 농락하여 자기의 사기나 협잡술 속에 빠뜨리는 행위를 비유하는 말이다. 송나라의 저공(狙公)이란 사람은 원숭이를 많이 기르고 있었는데 먹이가 부족하게 되자 저공은 원숭이들에게 말하기를 "앞으로 너희들에게 주는 도토리를 아침에 3개, 저녁에 4개로 제한하겠다."라고 말하자 원숭이들은 화를 내며 아침에 3개를 먹고는 배가 고파 못 견딘다고 하였다. 그러자 저공은 "그렇다면 아침에 4개를 주고 저녁에 3개를 주겠다."라고 하자 그들이 좋아하였다는 일화에서 유래하였다.

▶횡설수설(橫說竪說) : 조리가 없는 말을 함부로 지껄임, 또는 그 말을 의미한다. 원래는 가로 세로로 즉 앞뒤좌우를 잘 재서 조리 있게 말한다는 의미였으나 횡(橫)에는 가로라는 의미뿐만 아니라, '멋대로, 함부로'라는 뜻도 있어 조리(條理)가 정연(整然)하지 못한 말을 의미하는 것으로 되었다.

2) 욕(辱)과 관련된 한자

"병신(病身)이 육갑(六甲)한다?"라고 이것은 인격 유린(蹂躪)이다. 욕 가운데 해서는 안 될 가장 야비한 것이 신체적인 결함을 빗대어 하는 말이다. 우리말에 '장님 단청 구경하듯'이라는 말이 있다. 장님은 아무것도 보지 못하는데, 절에 와서 울긋불긋한 단청(丹靑) 구경을 한다고 하니, 실제는 아무 것도 볼 수 없으면서 보는 시늉만 하는 것을 놀려 하는 말이다. 눈이 멀어 보지 못하는 것

만도 서러운 일인데, 이런 식으로 비유를 만들어 놀리는 것은 차마 못할 짓이다.

흔히 터무니없는 엉뚱한 짓을 할 때 조롱하는 말로 병신(病身)이 육갑(六甲)한다고 한다. 병신은 몸에 장애가 있는 사람을 뜻하고 육갑은 '육십갑자(六十甲子)'의 줄임말이다. 여기서 육십갑자는 '갑을병정무기경신임계(甲乙丙丁戊己庚辛壬癸)의 십천간(十天干)과 '자축인묘진사오미신유술해(子丑寅卯辰巳午未申酉戌亥)'의 십이지지(十二地支)를 결합하여 '갑자(甲子), 을축(乙丑), 병인(丙寅) 등등'으로 이어지는 60년 단위의 명칭이다.

이 육갑은 정상적인 사람도 다 외우기가 쉽지 않다. 그러나 병신이 이 말을 다 외우기란 거의 불가능하다. 따라서 이 말은 야비한 조롱을 의미를 가진다. 능력도 안 되는 사람이 자꾸 나설 때, 이것을 조롱하는 말인 것이다.

또한 등신(等神)은 신과 같은 사람을 의미하는 것인가, 그렇다면 대단하지 않은가! 우리는 어리석은 사람을 가리켜 등신(等神)이라고 한다. 즉 신과 같은 사람이다. 얼핏 들으면 좋은 말 같지만, 이 때 신은 귀신이나 영혼을 나타내는 것이 아니라 사람모양의 신상(神象) 즉 짚이나 흙으로 만든 사람 모양의 형상을 가리킨다. 형상(形象)만 사람일 뿐 아무 것도 아닌, 한 마디로 사람도 아니라는 것이다. 그래서 정신이 나간, 어리석은 사람을 가리키는 뜻으로 썼다. 이 때 등신은 초인(草人)이라고도 한다. 이상의 시에서는 '제웅'이라는 말도 있는데, 이 말은 집안에 아픈 사람이 있을 때 초인을 만들어 환자의 옷을 입혀 대문 밖에 걸어놓으면 역신(疫神)이 환자인 줄 알고 스미는데, 이때 이 옷을 때우면 환자의 병이 낫는다는 속신(俗信)이 있다. 여기서의 제웅은 일종의 희생양(犧牲羊)과 같은 의미로도 쓰인다.

3) 신체(身體)와 관련된 한자

우리의 신체와 관련한 한자는 참으로 많은데, 그 중에서도 얼굴에 관련된 것이 으뜸이다. 또 눈은 그 중에서도 많으니, 아마도 세상과 통하는 창(窓)이기 때문일 것이다. 볼 견(見)도 눈 밑에 사람다리가 붙어 있고, 소경 맹(盲)은 눈을 잃어버렸다. 또한 살필 성(省)은 사물을 자세히 관찰하려고 눈을 가늘게 뜨고 있는 모습이고, 볼 간(看)은 멀리 보려고 눈 위에 손을 얹어놓고, 무릅쓸 모(冒) 같은 경우는 눈을 투구가 덮었으니 아예 눈에 뵈는 것이 없다. 그러니 위험한 일도 마다하지 않는 것이다. 보이지 않으니 말이다.

한편 백안시(白眼視)는 대상을 부정적으로 바라보는 것이다. 눈동자 없이 흰 자위로만 째려보는 것을 말하는 것으로 남을 무시하거나 업신여기는 태도를 말한다. 눈동자 없는 눈이 나를 째려본다고 상상해 보라. 얼마나 원망에 찬 시선(視線)이겠는가. 이 말의 유래는 죽림칠현(竹林七賢)의 한 사람인 완적(阮籍)이 그 사람됨을 싫어하던 혜희(嵇喜)를 백안시했다는 것에서 전해진다.

이의 반대는 청안시(靑眼視)로 푸른 눈으로 반갑게 맞이한다는 의미이다. 푸른 눈의 그윽한 시선을 받는 사람은 얼마나 기분이 좋을 것인가. 이 청안을 눈동자 색깔로만 오해해서는 곤란하다. 눈은 마음의 창이라 했던가. 가슴 깊숙한 곳에서 우러나오는 마음이 눈을 통해 전해지는 것이다.

그러나 어떠한 시선이든 간에 면목(面目)이 서지 않는 짓을 하고도 전혀 부끄러워하지 않는 사람을 두고는 철면피(鐵面皮) 혹은 후안무치(厚顔無恥)한 사람이라고 한다. 얼굴에 철판을 깔았거나 피부가 너무 두꺼워 부끄러움을 모른다는 뜻이다.

백미(白眉)는 흰 눈썹을 가진 사람이나 여럿 중에서 가장 뛰어난 사람이나 물건을 일컫는 말이다. 천하가 위(魏), 오(吳), 촉(蜀)의 세 나라로 나뉘어 서로 패권을 다투던 삼국 시대의 일이다. 유비(劉備)의 촉나라에 문무(文武)를 겸비한 마량(馬良)이라는 이름난 참모가 있었는데, 그는 제갈량과 문경지교(刎頸之交)를 맺은 사이로 한번은 세 치[三寸]의 혀 하나로 남쪽 변방의 흉포한 오랑캐의 한 무리를 모두 부하로 삼는데 성공했을 정도로 덕성(德性)과 지모(智謀)가 뛰어난 인물이었다. 오형제 중 맏이인 마량은 태어날 때부터 눈썹에 흰 털이 섞여 있었다. 그래서 그는 고향 사람들로부터 '백미(白眉)'라는 별명을 얻었다. 그들 오형제는 모두 재주가 비범하였으나 그 중에서도 마량이 가장 뛰어났다. 그래서 사람들은 마씨(馬氏)네 오형제 중에서 '백미'가 가장 뛰어났다며 마량을 특히 칭송했다.

초미(焦眉)도 눈썹에 관련한 말로, 눈썹에 불이 붙은 형상이다. 눈썹에 불이 붙었으니 얼마나 다급하겠는가. 그래서 흔히 초미의 관심사는 아주 다급하고 중요한 일이라고 한다.

중국 사람들은 인물화를 그릴 때 코부터 그렸다고 한다. 이는 태중(胎中)의 아이 형상에서 코가 제일 먼저 그 형태를 이루는 것과 일맥상통(一脈相通)한다. 얼굴의 중심 또는 모든 일의 시초에 해당하는 것이 바로 코이다. 비조(鼻祖)는 이러한 맥락에서 사물의 시초(始初), 처음이라는 뜻을 지닌다. 신체에 관련된 말은 아니지만 이를 뜻하는 것으로 우리에게 익숙한 원조(元祖)가 있고, 남상(濫觴), 효시(嚆矢), 파천황(破天荒) 등이 있으니 살펴볼 필요가 있다.

다음은 손에 관계된 것으로 솜씨나 실력이 뛰어난 사람을 고수(高手)라 하고, 그 반대를 하수(下手)라 한다. 손은 주로 재주, 솜씨로 관련하여 많이 쓰이는데 실수(失手)라든가 백수(白手)같은 것이 대표적이다.

비견(比肩)은 어깨를 견준다는 뜻이니 우열을 가리기 어려운 지경을 말한다. 난형난제(難兄難弟), 백중숙계(伯仲叔季)와 같은 사자성어도 같은 의미이다.

복안(腹案)은 뱃속에 품은 생각이니, 정말로 가까이 두고 믿을 수 있는 사람을 심복지인(心腹之人)이라고 한다. 한심(寒心)은 심장이 차가워졌다는 뜻이다. 마음 심(心)은 심장을 의미하는 것으로 이 속에서는 뜨거운 피가 흘러야 한다. 그러나 심장이 차가워지면 그 만큼 혈액순환이 늦어져 기능이 저하(低下)된다. 그러면 의욕도 없어져 도무지 일할 맛이 나지 않는다. 뜨거운 심장으로 희망을 달구어야 하는데 전혀 그러하지 못하는 것이다. 그러니 열심(熱心)히 심장을 데우는 수밖에 도리가 없다.

진(晉)나라 환온(桓溫)이 촉(蜀)을 정벌하기 위해 여러 척의 배에 군사를 나누어 싣고 가는 도중 양쯔강 중류의 협곡인 삼협(三峽)이라는 곳을 지나게 되었다.

이 곳은 중국에서도 험하기로 유명한 곳으
로, 여기를 지나면서 한 병사가 새끼원숭이
한 마리를 잡아왔다. 그런데 그 원숭이 어미
가 환온이 탄 배를 좇아 백여 리를 뒤따라
오며 슬피 울었다. 그러다가 배가 강어귀가
좁아지는 곳에 이를 즈음에 그 원숭이는 몸
을 날려 배 위로 뛰어올랐다. 하지만 원숭이

는 자식을 구하려는 일념으로 애를 태우며 달려왔기 때문에 배에 오르자마자
죽고 말았다. 배에 있던 병사들이 죽은 원숭이의 배를 가르자 창자가 토막토막
끊어져 있었다. 자식을 잃은 슬픔이 창자를 끊은 것이다. 배 안의 사람들은 모
두 놀라고, 이 말을 전해들은 환온은 새끼원숭이를 풀어주고 그 원숭이를 잡아
왔던 병사를 매질한 다음 내쫓아버렸다.

이것이 단장(斷腸)의 유래이다. 창자가 끊어진다는 말로, 마음이 몹시 슬프다
는 뜻이다. 장(腸)의 다른 표현으로는 애와 배알 혹은 밸, 속된 표현으로는 똥줄
이라는 말이 있다. 어미 원숭이가 얼마가 애가 탔으면 애가 다 끊어졌겠는가.
'애끊다'라는 표현은 참으로 아프고 참담(慘憺)한 표현이다.

한산섬 달 밝은 밤에 수루(戍樓)에 혼자 앉아
큰 칼 옆에 차고 깊은 시름하는 적에
어디서 일성호가(一聲胡笳)는 남의 애를 끊나니

이순신의 시조이다. 전쟁 중에도 나라와 백성을 생각하다가 착잡해진 마음을
이와 같이 표현한 것이다. 나라를 걱정하는 마음이 얼마나 크고 당시의 조선이
얼마나 위급(危急)한 상황에 처해 있었으면 이런 노래를 불렀겠는가.

제 정신이 아닌 행동을 두고 흔히 환장(換腸)했다고 한다. 창자가 뒤집힌 것
이다. 이렇게 되면 창자가 심하게 꼬여 심한 복통을 일으키게 된다. 이는 배알
이 뒤틀리거나 밸이 꼬인다고도 표현한다. 그리고 몹시 초조하거나 불안하면
'똥줄이 탄다'라고 말한다. 모두 상당한 아픔을 전제로 하는 말이다.

신체와 관련된 사자성어

▶ 적수공권(赤手空拳) : 맨손과 맨주먹이란 의미로 아무 것도 가진 것이 없다는 뜻이다.

▶ 고장난명(孤掌難鳴) : 외손뼉, 즉 한 손으로는 소리가 나지 않는다는 말이다. 손뼉이 울리기 위해서는 두 손바닥이 마주쳐야만 한다는 뜻이다. 혼자서는 일을 이룰 수 없음을 비유하거나 맞서는 사람이 없으면 싸움이 되지 않음을 비유할 때 쓴다. 어떤 일을 할 때 의견이 서로 맞지 않아 일이 성사되지 않을 경우, "손바닥도 마주쳐야 소리가 나지"라고 하는데, 고장난명을 우리말로 옮긴 것이다. 긍정적인 결과보다는 부정적인 결과가 생겼을 때, 주로 비방하는 투로 많이 쓴다. 독장난명(獨掌難鳴)과도 같다.

▶ 여반장(如反掌) : 손바닥 뒤집는 것만큼 쉽다는 뜻이다. 서한(西漢) 시기, 오왕(吳王) 유비(劉妃)의 수하에 매승이라는 사람이 있었는데, 초왕(楚王), 조왕(趙王) 등의 제후들과 결탁하여 모반을 꾀하는 유비에게 "왕께서 곧 생각을 바꾸신다면, 이는 손바닥을 뒤집는 것보다 쉬울 것이며 편안하기로는 태산보다 든든하실 것입니다(變所欲爲, 易于反掌, 安于泰山)"라고 충언한 것에서 유래한 말이다.

▶ 면종복배(面從腹背) : 겉으로는 복종(服從)하는 체 하면서 속으로는 배신(背信)한다는 뜻이다. 면종후언(面從後言) 겉으로는 순종하고 나중에 비난함과 구밀복검(口蜜腹劍) 겉으로는 말을 좋게 하고 속으로는 해칠 생각을 가지는 것, 표리부동(表裏不同) 겉과 속이 다른 것을 의미하는 것과 비슷한 말이다.

▶ 각골난망(刻骨難忘) : 다른 사람에게 입은 은덕(恩德)에 대한 고마움이 마음속 깊숙이 사무쳐 결코 잊을 수 없다는 뜻이다. 풀을 묶어서, 즉 죽어서라도 은혜를 갚는다는 뜻의 결초보은(結草報恩)이나 죽어서 백골이 되어도 그 은혜를 잊을 수 없다는 뜻의 백골난망(白骨難忘)과 비슷한 말이다.

4) 마음과 관련된 한자

사람의 마음 즉 감정은 참으로 여러 가지다. 희노애락애욕오(喜怒哀樂愛慾惡)

의 칠정(七情)이 그 대표일텐데, 그 중 으뜸은 바로 웃음이다. "웃으면 복이 온다고 했던가(笑門萬福來)." , 웃음은 바로 인간만의 특권이다.

우리는 매우 기쁘고 즐거울 때 희희낙락(喜喜樂樂)이라고 한다. 얼마나 기뻤으면 희(喜)와 락(樂)을 겹쳐 쓰고 있을까. 웃음에도 강도가 있다. 손뼉을 쳐가며 크게 웃는 것을 박장대소(拍掌大笑), 껄껄대며 크게 웃는 것을 가가대소(呵呵大笑), 얼굴표정이 일그러질 정도로 크게 웃는 것을 파안대소(破顏大笑), 아예 배를 잡고 데굴데굴 구르며 웃는 것을 포복절도(抱腹絕倒)라 한다.

우리의 삶은 기쁨의 양만큼의 슬픔도 존재한다. 이별과 죽음, 질병과 근심·걱정으로 인해 우리는 한없는 슬픔에 휩싸인다. 슬픔을 표현하는 가장 흔한 한자는 비(悲)와 애(哀)이다. 비는 원래 비(非)자는 날개의 깃「羽」이 서로 반대가 되어 날 수 없는 상황을 의미한다. 따라서 마음이 뒤틀린 상황이 바로 슬픔을 의미하는 말이 되었다. 그리고 애는 입「口」을 옷「衣」으로 가리고 우는 장면을 합하여 만든 글자이다. 슬픔은 그 강도(強度)에 따라 마음에 아픔을 가져다준다. 애통(哀痛)이나 비통(悲痛)이란 표현이 그것이다. 애도(哀悼)는 죽은 사람을 두고 슬퍼하는 것이다.

우리는 사이가 아주 좋은 부부를 "금슬(琴瑟)이 좋다"라고 표현한다. 금슬은 거문고를 의미한다. 금은 다섯 줄 혹은 일곱 줄의 거문고이고, 슬은 이보다 훨씬 큰 열다섯, 스물다섯, 스물일곱 줄의 거문고이다. 음악을 연주할 때 금에서 나오는 섬세한 소리와 슬에서 울리는 크고 웅장한 소리의 조화는 그야말로 환상적이다. 이것이 조화를 이루지 못하면 불협화음(不協和音)이 되지만 부족한 부분을 메워 음양의 화합으로 통일을 이루면 최고의 음악을 연주할 수 있게 된다. 이것이 사랑의 마음이 없이는 불가능한 것임은 두 말의 여지가 없다.

남녀간의 사랑을 비유한 말 중에 비익조(比翼鳥)가 있다. 암컷과 수컷이 각각 눈과 날개가 하나씩이라서 짝을 짓지 않으면 날지 못한다는 상상의 새가 바로 비익조다. 이 역시 지극히 금실이

좋은 부부를 비유하여 이르는 말이다. 이와 비슷한 표현으로 연리지(連理枝)도 있다. 뿌리가 다른 나뭇가지가 서로 엉켜 마치 한 나무처럼 자라는 것으로 원래 효성이 지극함을 나타냈으나 현재는 남녀 사이 혹은 부부애가 진한 것을 비유한다.

이는 『후한서(後漢書)』 「채옹전(蔡邕傳)」에 나오는 이야기로, 후한 말의 문인인 채옹(蔡邕)은 효성이 지극하기로 소문이 나 있었다. 채옹은 어머니가 병으로 자리에 눕자 삼년 동안 옷을 벗지 못하고 간호해드렸다. 마지막에 병세가 악화되자 백일 동안이나 잠자리에 들지 않고 보살피다가 돌아가시자 무덤 곁에 초막을 짓고 시묘(侍妙)살이를 했다. 그 후 옹의 방 앞에 두 그루의 싹이 나더니 점점 자라서 가지가 서로 붙어 성장하더니 결(理)이 이어지고 마침내 한 그루처럼 되었다. 사람들은 이를 두고 채옹의 효성이 지극하여 부모와 자식이 한 몸이 된 것이라고 말했다. 연리근(連理根)은 뿌리가 서로 붙은 경우이고, 연리목(連理木)은 줄기가 붙은 경우이다.

당나라의 시인 백거이(白居易)는 당현종과 양귀비의 뜨거운 사랑을 읊은 시 「장한가(長恨歌)」에서 다음과 같이 그 사랑을 노래하고 있다.

七月七日長生殿	7월 7일 장생전에서
夜半無人和語時	깊은 밤 사람들 모르게 한 약속
在天願作比翼鳥	하늘에서는 비익조가 되기를 원하고
在地願爲連理枝	땅에서는 연리지가 되기를 원하네
天長地久有時盡	높은 하늘 넓은 땅 다할 때가 있건만
次恨線線無絶期	이 한은 끝없이 계속되네.

그럼 비목어(比目魚)는 어떤가?

외눈박이 물고기처럼 살고 싶다.
외눈박이 물고기처럼 사랑하고 싶다.

두눈박이 물고기처럼 세상을 살기 위해
평생을 두 마리가 함께 붙어 다녔다는
외눈박이 물고기 비목처럼
사랑하고 싶다.

우리에게 시간은 충분했다
그러나 우리는 그만큼 사랑하지 않았을 뿐
외눈박이 물고기처럼 그렇게 살고 싶다.
혼자 있으면 그 혼자 있음이 금방
들켜 버리는 외눈박이
물고기 비목처럼 목숨을 다해 사랑하고 싶다.
– 류시화의 「외눈박이 물고기의 사랑」

류시화의 이 시에서 외눈박이라고 형상화된 물고기는 기실(其實) 광어나 가자미 등속(等屬)으로 바다 밑바닥에 붙어 엎드려 헤엄치는 물고기들일 게다. 그런데 이들도 비익조처럼 한눈으로는 홀로 살아갈 수 없으니, 반대쪽을 보기 위해서는 서로 붙어살 수밖에 없다는 상상력을 발휘한 것이다. 즉 지극히 사랑하여 한시라도 떨어지지 않고 서로의 다른 쪽 눈이 되는 관계를 의미하게 된 것이다.

이러한 마음은 주로 남녀간의 사랑을 의미하지만, 부모와 자식간의 사랑으로도 확대해 볼 수 있다. 그런데 만약 부모 자식간의 사랑을 산술적으로 따지는 못난 짓을 하여보면 부모의 사랑 쪽으로 훨씬 기우는 것이 아닐까 싶다. 지독지정(舐犢之情)이라 했던가. 어미 소가 송아지를 핥아 주며 귀여워한다는 뜻으로 "어버이가 자식을 사랑하는 지극한 정"을 비유하여 이르는 말이다. 노파심(老婆心)은 어떤가. 사전적인 의미로는 "남의 일에 대하여 지나치게 염려하는 마음"이지만, 여기서 그 남은 주로 자식이다. 우리는 노파심이라면 흔히 쓸 데 없이 참견하는 것 정도로 이해하고 있지만, 그래 기우(杞憂)와 비슷한 의미로 쓰고 있지만 사실 부모의 마음에서 경계(境界)나 한도(限度)가 어디 있겠는가. 항상 문에 기대어 사랑하는 자식이 언제 올 곳인가 학처럼 고개 내밀고 있는 의문망(倚門望)의 마음이 부모의 마음 아니겠는가.

그럼에도 부모의 자식 사랑에 대한 고사성어보다 자식의 효행(孝行)을 강조하는 고사성어가 훨씬 많은 것은 우리의 효가 부족한 때문이리라. 부족하니 경계(警戒) 삼아 고치고 바르게 실천하라는 의미가 아닐까. 혹은 부모님의 사랑이 어찌 한 마디 말로써 표현되겠는가 하는 생각이다. 말 못하고 가슴 저 깊숙한 곳에 꼭꼭 묻어두고 늘 한결같은 나무처럼 든든하게 우리를 지키며 모두 내어 주고 있는 것이 아닐까 한다.

열자(列子)의 「탕문편(湯問篇)」에는 백아와 종자기에 대한 이야기가 나온다. 주지(主知)하다시피 우정(友情)에 관한 고사이다. 친구에는 면우(面友)도 있고 주우(酒友)도 있어, 사귐에는 망년지교(忘年之交)도 있어 그 우정을 자랑하지만 지음(知音)의 관계였던 백아와 종자기의 그것에는 미치지 못할 것이다.

춘추전국시대 원래 초(楚)나라 사람이지만 진(晉)나라에서 고관을 지낸 거문고의 달인 백아가 있었다. 백아에게는 자신의 음악을 정확하게 이해하는 절친한 친구 종자기(種子期)가 있었다. 백아가 거문고로 높은 산들을 표현하면 종자기는 "하늘 높이 우뚝 솟는 느낌은 마치 태산처럼 웅장하구나."라고 하고, 큰 강을 나타내면 "도도하게 흐르는 강물의 흐름이 마치 황허강 같구나."라고 맞장구를 쳐주기도 하였다. 또 두 사람이 놀러 갔다가 갑자기 비가 쏟아져 이를 피하기 위해 동굴로 들어갔다. 백아는 동굴에서 빗소리에 맞추어 거문고를 당겼다. 처음에는 비가 내리는 곡조인 임우지곡(霖雨之曲)을, 다음에는 산이 무너지는 곡조인 붕산지곡(崩山之曲)을 연주하였다. 종자기는 그때마다 그 곡이 의미하는 바가 무엇인지를 조금도 틀리지 않게 정확하게 알아 맞혔다. 이렇듯 종자기는 백아가 무엇을 표현하려는 지를 정확히 이해하고 감상할 수 있는 능력을 가졌고, 백아와는 거문고를 매개로 서로 마음이 통하는 음악 세계가 일치하는 사이였다. 그런데 종자기가 병으로 갑자기 세상을 등지자 너무나도 슬픈 나머지 그토록 애지중지하던 거문고 줄을 스스로 끊어 버리고[伯牙絶絃] 죽을 때까지 다시는 거문고를 켜지 않았다고 한다. 자신의 음악을 알아주는 사람(「知音」)이 이 세상에는 더 이상 없다고 생각했기 때문이다.

이해관계에 따라 친구를 사귀거나 친구를 배신하는 현대 사회의 이기적인 모습에서 진실한 우정을 생각하게 하는 고사성어이다. 백아파금(伯牙破琴) 혹은 고산유수(高山流水)라고도 한다.

우정과 관련된 사자성어

▶ 죽마고우(竹馬故友) : 온호와 환온이라는 사람이 어릴 적에 노는데, 대나무로 말을 만들어 함께 타고 놀았다는 것에서 유래한다. 가까운 친구라는 뜻으로 더 많이 쓰이지만, 어려서부터 같이 자란 친구라는 뜻으로도 쓰인다.

▶ 관포지교(管鮑之交) : 친구 사이의 매우 다정하고 허물없이 교제하는 사이란 뜻이다. 제(齊)나라의 관중(管仲)이 포숙(鮑叔)과 함께 장사할 이익을 많이 가져도 포숙이 나를 욕심이 많다고 여기지 않았고, 일을 도모하다가 곤궁해져도 어리석다 여기지 않았으며, 세 번 벼슬을 하였다가 세 번 쫓겨나도 못났다고 하지 않았고, 세 번 싸움에 세 번 도망갔으나 포숙은 관중을 겁쟁이라 여기지 않았다. 관중이 말하기를, "나를 낳아 주신 분은 부모이지만 나를 알아 준 사람은 포숙이다(生我者父母, 知我者鮑叔也)."라고 말했다.

▶ 수어지교(水魚之交) : 물과 고기의 사귐이란 뜻으로, 고기가 물을 떠나서는 잠시도 살 수 없는 것과 같은 관계에 비유한 말이다. 이 말은 유비(劉備)와 제갈량(諸葛亮)의 사이를 비유한 데서 비롯된 것으로, 유비와 제갈량과의 사이가 날이 갈수록 친밀하여지는 것을 관우(關羽)와 장비(張飛)가 불평하자, 유비가 그들을 불러 "나에게 공명(孔明)이 있다는 것은 고기가 물을 가진 것과 마찬가지다. 다시는 불평을 하지 말도록 하게(孤之有孔明 猶魚之有水也 願諸君勿復言)."라고 타일렀다. 이리하여 관우와 장비는 다시는 불평하지 않았다고 한다. 이는 어수지친(魚水之親)이라고도 하고, 부부 사이나 남녀가 매우 사랑하는 것은 어수지락(魚水之樂)이라고 한다.

▶ 문경지교(刎頸之交) : 서로 죽음을 함께 할 수 있는 막역(莫逆)한 사이를 이르는 말이다. 조(趙) 나라 혜문왕(惠文王) 때의 명신 인상여(藺相如)와 염파(廉頗)장군은 한때 인상여의 출세를 시기하는 염파로 인하여 불화하였으나 끝까지 나라를 위하여 참는 인상여의 넓은 도량에 감격한 염파가 깨끗이 사과함으로써 다시 친한 사이가 된다는 고사에서 비롯되었다.

▶ 금란지계(金蘭之契) : 친구 사이의 굳은 우정을 이르는 말이다. 『역경(易經)』
에 "두 사람의 마음이 같으니 그 예리함이 金石을 자를 수 있고, 같은 마음에
서 나오는 말은 그 향기가 蘭과 같다(二人同心 其利斷金 同心之言 其臭如
蘭)."라 한 데서 나온 말이다. 금란지교(金蘭之交), 금석지교(金石之交), 단금
지계(斷金之契), 단금지교(斷金之交) 등 여러 말이 있다.

5) 나이와 관련된 한자

"子曰, 吾十有五而志于學 三十而立 四十而不惑 五十而知天命 六十而耳順,, 七
十而從心所欲 不踰矩" 「論語」의 「爲政篇」에 실린 문장이다. "공자가 말하길,
나는 15세에 학문에 뜻을 두었고, 30세에 뜻을 세우게 되었고, 40세에 현혹되
지 않았고, 50세에 하늘의 명을 알았고, 60세에 귀가 순해졌으며, 70세에 마음
이 하고자 하는 바를 좇아 해도 법도를 넘지 않았다"라는 의미이다. 우리가 흔
히 나이에 대한 한자를 공부할 때 제일 먼저 익히는 것이 바로 이 구절(句節)이
다.

그러나 나이에 관련된 것은 이것만이 아니다. 아주 어린 아이부터 노인까지
그 표현이 아주 다양하다. 먼저 태어난 지 100일이 되면 백일(百日)잔치를 한
다. 유아사망률이 높았던 과거, 100일 동안의 보살핌으로 아이를 남에게 보여
주어도 좋을 만큼 건강해졌고 면역도 생겼으니 와서 아기의 앞날을 축복해주라
는 잔치이다.

이때, 곰 한 마리와 범 한 마리가 같은 동굴에 살고 있었다. 그런데 이들은 늘
신웅, 즉 환웅천왕에게 와서 사람이 되고 싶다고 기원했다. 신웅은 이들에게 신
령스러운 쑥 한 줌과 마늘 스무 개를 주면서 말했다.
"너희들은 이것을 먹어라. 그리고 백날을 햇빛을 보지 않으면 소원대로 사람의
몸으로 바꾸리라."
곰과 범은 쑥과 마늘을 받아먹고 금기(禁忌)에 들어갔다. 삼칠일을 금기하여
곰은 마침내 사람의 몸, 그것도 여체로 탈바꿈했다. 그러나 성질이 눅지 못한 범

은 금기를 제대로 견뎌내지 못했고 따라서 사람의 형체를 얻지 못했다.
- 「단군신화」 중에서

「단군신화」에서 곰과 호랑이는 백일 동안 금기를 하라는 명령을 받는다. 왜 하필이면 100일일까. 100이란 숫자에 어떤 상징적인 의미가 숨어 있는 것일까. 만약 그렇다면 다 찼다는 의미의 완전함의 상징이 아닐까 한다. 그리고 그러한 완전함을 기리는 것은 아이의 출생 후 백일잔치를 하는 것과도 관계한다. 이쯤 되면 한 인간으로서 살아가는데 전혀 이상이 없다는 하나의 선언일 수도 있는 것이다. 호랑이는 삼칠일 즉 21을 견디지 못하고 사람이 되지 못하는데, 이는 아이 출생 후 삼칠일 안에는 방문(訪問)하지 않는 우리의 풍습과도 연관된다. 지극히 과학적인 바탕을 두고 있는 풍습이다. 백일잔치는 이렇게 상징적인 것과 과학적인 것 양쪽으로 생각해 볼 일이다.

2~3세의 아이를 해제(孩提), 아제(兒提), 해자(孩子), 해아(孩兒), 해동(孩童), 해치(孩稚), 해유(孩幼), 해유(孩孺)라고 한다. 어디로 튈지 몰라 이 시기의 어린아이 「孩」는 끌고[提] 갈 수밖에 없는 아주 어린이 「子, 兒, 童, 稚, 幼, 孺」기 때문이다. 10세 전후 초등학교 이후의 아이는 충년(沖年)이라 한다. 여전히 어린(沖) 나이라는 뜻이다.

그런데 정말로 남녀칠세부동석(男女七歲不同席)인가. 남녀가 일곱 살 되면 같은 자리에 있으면 안 된다는 것인가. 그렇지는 않다. 다만 자리 석(席)에 대한 해석 부분인데, 원래는 잠자리를 의미하는 것으로 7세 이상의 남녀는 같은 잠자리를 하지 말라는 의미였는데, 조선시대를 거치면서 좀더 그 내용이 과도하게 해석된 경우이다.

15세를 표현하는 것은 지우학(志于學) 혹은 지학(志學)이란 것 말고도 육척(六尺)이란 말도 있다. 주(周)나라의 척도에 1척(尺)은 두 살반[二歲半(이세반)] 나이의 아이 키를 의미하는데, 따라서 육척(六尺)×2.5세=15세의 나이가 되는 것이다. 그러니 삼척동자(三尺童子)는 얼마나 어린아이를 뜻하는지 계산이 될 것이다.

한편 총각(總角)은 성년이 되고도 결혼하지 않은 남자를 뜻하는 것이지만, 조선시대에는 어린 남자아이를 지칭하는 것이었다. 남자아이들의 머리를 가운데에서 두 갈래로 나누어 머리 양쪽에 마치 뿔[角]처럼 맨 모양을 표현한 것이 바로 총각이다. 혼인을 하지 않아 상투를 틀지 못하는 남자는 어린애와 마찬가지여서 남자 대접을 받지 못한다는 뜻으로 쓰였으나, 오늘날은 미혼 청년을 지칭하는 말로 바뀌었다.

16세는 파과(破瓜)라 한다. 이는 파과지년(破瓜之年)의 준말로 과(瓜)를 세로로 쪼개면「破」, 즉 팔(八)이 둘이 되므로 八+八=16이 된다. 여자의 경우 예전에는 초경(初經)을 경험하는 나이가 이때라 했다. 흔히 이팔청춘(二八靑春)이라고 하여 가장 왕성한 활동력과 아름다움을 자랑할 때가 바로 이 시기이다. 춘향과 이몽룡이 만난 나이도 바로 16세가 된다. 따라서 과년(瓜年)은 결혼하기에 가장 적당한 여자의 나이를 뜻하는 것이나, 요즘 '과년한 딸'은 혼기(婚期)를 다소 놓친 여식(女息)을 의미하는 것으로 바뀌어가고 있다.

남자의 경우 20세를 弱冠(약관), 弱年(약년), 冠歲(관세)라 한다. 남자는 관례(冠禮), 여자는 계례(筓禮)를 치러 성인이 된다는 뜻이다. 남자는 상투를 틀어 관을 씌우는 의식을 통해, 여자는 쪽을 찌고 비녀를 꽂음으로서 비로소 성인이 되는 것이다. 이때 남자의 경우에는 아명(兒名)을 버리고 새로이 관명(冠名) 혹은 자(子)를 받았는데, 여기에는 그 사람에 대한 주위의 바람을 담아 새롭게 이름을 지어주었던 것이다. 그리고 관례를 올리고 나면 그에 대한 어른의 말투나 예절도 달라졌으니, 어른 대접을 한 것이라 하겠다. 요즘의 성인식(成人式)이 국적불명(國籍不明)의 허례(虛禮)로 치닫는 것에 비해 상당히 의미 있는 일이 아닐 수 없다.

특히 20세를 전후한 여자의 나이는 방년(芳年) 또는 방령(芳齡)이라 한다. 방(芳)은 꽃다울 방으로 꽃다운 젊은 나이를 이르는 것이다. 또한 묘령(妙齡), 妙年(묘년)이라 20세 안쪽의 젊은 나이를 의미하였다.

30세는 而立(이립)으로 마음이 확고하게 도덕 위에 서서 움직이지는 않으나 학문의 기초를 확립하는 시기이고, 32세는 이모(二毛)라 하여 머리카락 색깔이 흰색과 검은 머리가 반반인 반백(半白)이 되는 시기를 뜻하였다.

40세는 불혹(不惑) 또는 강사(强仕)로 외물(外物)에 현혹되지 않는 시기를 의미한다. "四十曰强而仕(사십은 강이니, 벼슬길에 나아감"을 뜻한다. 41세는 망오(望五)로 쉰을 바라본다는 뜻이고, 48세는 상년(桑年)이다. 여기서 상(桑)의 속자(俗字)는 十자 세 개 밑에 木을 쓰는데, 이 글자를 파자(破字)하면 十자 4개와 八이 되기 때문에 48를 의미하게 된다.

50세는 지천명(知天命), 지명(知命)이라 하여 하늘의 명을 아는 시기 혹은 애년(艾年)이라 하여 머리털이 약쑥처럼 희어지는 시기라는 의미로 쓰였다. 51세는 망륙(望六)으로 역시 예순을 바라본다는 뜻이다.

60세는 耳順(이순)이라 해서 귀로 들으며 그 뜻을 알아들음, 귀가 순해짐, 모든 것을 이해할 수 있음을 뜻하였고, 육십갑자(六十甲子)가 다 돌았다는 의미에서 육순(六旬)이라고도 하였다. 61세는 70을 바라본다고 망칠(望七), 육십갑자의 새로운 시작이라고 還甲(환갑), 回甲(회갑), 甲年(갑년)이라 하였다. 또한 華甲(화갑)이라고도 하였는데, 화(華)를 파자하면 十이 여섯 개, 一이 하나가 되기 때문이다. 62세는 진갑(進甲), 진갑(陳甲)이라 하여 환갑 다음해의 생일을 의미하였다.

칠순(七旬)은 일흔 살의 의미로 종심(從心)이라고 한다. 앞서도 말했지만, 공자가 70세가 되어 종심소욕(從心所欲 : 마음이 하고자 하는 바를 좇았으되) 불유구(不踰矩 : 법도에 어긋나지 않다)하였다고 한데서 유래하였다. 고희(古稀)라고도 하는데, 두보가 「곡강시」에서 "人生七十古來稀(자고로 인생에서 70세는 드물다)"에서 온 말이다. 71세는 망팔(望八), 77세는 희수(喜壽)로 喜자의 초서체가 '七十七'을 합쳐 놓은 것과 비슷한데서 유래한다.

80세는 팔순(八旬) 또는 산수(傘壽)라 하는데, 傘의 약자가 세로로 '八十'이기에 이르는 말이다. 81세는 망구(望九) 또는 半壽(반수)라 한다. 반수는 半을 파자하면 八十一이 되므로 그리 불렀다. 88세는 미수(米壽)로 米자를 파자하면 '八十八'이 되는 데서 이르는 말이다.

90세는 졸수(卒壽)라 하는데, 卒의 속자(俗字)가 '九 밑에 十'을 쓰는 데서 이르는 말이다. 동리(凍梨)라고도 하는데, 노인의 피부에 반점(斑點)이 생기는 것이 흡사 언 배의 껍질 같다는 데서 노인의 피부나 90세 노인을 이르는 말이 되었다. 91세는 망백(望百), 99세는 백수(白壽)라 하는데, '百 - 一 = 白'이라는 재미있는 산술법을 적용한 결과이다. 그리고 100세는 상수(上壽)라 한다.

6) 질병(疾病)과 건강(健康)에 관련된 한자

인간의 오복(五福) 중에는 질병에 시달리지 않고 제 명(命)대로 사는 고종명(考終命)이란 항목이 있다. 예나 지금이나 건강에 대한 관심은 인간 생활의 초미(焦眉)의 관심사다. 그러나 과거에는 의약기술이 미천(微賤)하여 어릴 적부터 질병이 상당수의 목숨을 앗아갔으니 그 중 대표적인 것이 바로 천연두(天然痘)이다.

두창(痘瘡) 혹은 포창(疱瘡)이라고도 하며, 속칭으로는 마마(媽媽)와 호환마마(虎患媽媽), 손님이라고도 불린다. 고열과 전신에 나타나는 특유한 발진(發疹)이 주요 증세다. 전염력이 매우 강하고, 예전에는 대유행을 되풀이하여 많은 사망자를 내기도 했으나 종두의 보급으로 잦아들었다.

그러나 마마가 얼마나 무서웠으면 국왕이나 왕비 등 지체 높은 사람들에게 붙이는 존칭을 붙였을까 생각해본다. 당대 사람들에게 마마는 평생토록 아픈 기억으로 남아있다. 우리가 흔히 곰보라고 속되게 불렀던 얽은 자국이 바로 마마가 지나간 흔적이다. 못생긴 여인을 흔히 박색(薄色)이라 부르는데, 이는 원래 얽은 얼굴이란 의미이다.

또한 장티푸스라고 부르는 장질부사(腸窒扶斯)와 콜레라라 하는 호열자(虎列刺), 호열랍(虎列拉) 등도 우리의 생명을 위협하는 큰 위험이었다. 조선시대에는 전쟁으로 죽은 사람들보다 역병(疫病)으로 죽은 사람이 훨씬 많다는 기록은 질병으로 고통 받았던 선조들의 고단한 삶을 잘 말해준다.

서울 밝은 달에(東京明期月良)

밤 깊도록 놀고 다니다가(夜入伊遊行如可)

들어와 잠자리를 보니(入良沙寢矣見昆)

다리가 넷이로구나(脚烏伊四是良羅)

둘은 내 것이었고(二隱吾下於叱古)

둘은 누구의 것인가(二隱誰支下焉古)

본디 내 것이지마는(本矣吾下是如馬於隱)

빼앗은 것을 어찌하리(奪叱良乙何如爲理古)

- 「처용가」

신라 헌강왕 때의 8구체 향가인 이 노래는 벽사진경(辟邪進慶)의 염원을 담은 노래이다. 자신이 저지른 잘못을 용서한 처용에게 역신(疫神)은 "당신이 있는 집에는 다시는 오지 않겠다."라고 했던가. 집집마다 문 위에 처용의 얼굴을 붙여 놓은 것은 당시 역병으로 인한 피해가 얼마나 자심(滋甚)한 지를 알 수 있다.

우리는 어떤 일을 당해 엄청난 고생을 했을 때, "학을 뗐다" 혹은 "학 뗐다"라고 한다. 이는 몹시 혼났다는 말인데, 바로 학질(瘧疾) 즉 말라리아를 의미한다. 요즘도 동남아 여행객에게서 종종 발견되는 질병으로 모기로 전염되어 일정한 시간에 오한(惡寒)이 나면서 발작적으로 심한 열이 나는 병이다. 이 병은 경아법(驚訝法) 등 별의별 방법이 다 동원해도 좀처럼 떨어지지 않아 사람들은 죽을 고생을 한 것이다.

흔히 병들어 기댈 녁(疒)자가 부수로 쓰인 한자는 모두 질병과 관련된다. 疾(병 질)과 病(병 병) 등 병을 통칭하는 것부터 瘡(부스럼 창), 痍(상처 이), 疥(옴 개) 등과 같은 구체적인 병명, 痛(아플 통), 痒(앓을 양) 등 일반적인 통증(痛症)이 그것이다. 그런데 같은 병이라도 벽(癖)과 치(癡) 등은 좀 다른 성격이다. 물론 이 자들도 어떤 기호에 대해 지나치게 집착하거나 뭔가를 자꾸 의심하는 것으로 병임에는 틀림없지만, 조선 후기에는 이런 벽과 치를 찬미하는 분위기가 연출되었다.

불광불급(不狂不及), 즉 미치지 않으면 미치지 못한다는 것으로 무슨 일이든 미친 듯이 몰두(沒頭)하지 않으면 높은 경지에 도달할 수 없다는 의미이다. 이덕무는 책만 읽는 바보라 해서 간서치(看書痴)라 했고, 정철조는 벼루를 만드는 데 뛰어난 재능을 보임으로써 스스로 호를 석치(石痴)라 하였다. 이정의 아버지는 그림을 잘 그려도 천한 대접만 받았으므로 아들이 그림을 그리는 것을 달가워하지 않았다. 그러나 그림을 너무나 그리고 싶었던 이정은 다락방에 숨어 그림을 그리다가 아버지에게 들켜 혼이 났다. 매 맞는 중에 눈물이 떨어지자 저도 몰래 눈물을 찍어서 새를 그렸다. 이 모습을 본 아버지는 그림 그리는 것을 허락했다고 한다.

반대로 노인이 되었어도 젊은 사람같이 왕성한 정력을 뽐내는 어르신도 있으니 이런 분을 가리켜 노익장(老益壯)을 과시하고 계시다고 말한다. 노익장은 노당익장(老當益壯)의 준말로, 늙어갈수록 더욱 씩씩해진다는 뜻이다. 늙으면 뇌질환으로 지적 능력이 저하되어 치매(癡呆) 등 퇴행성질환(退行性疾患)을 겪게 된다. 이때 노망(老妄)이 들었다거나 망령(妄靈)을 부린다고 한다.

그러나 조선시대에는 연로(年老)한 임금이나 문관(文官)으로 정이품(正二品) 이상의 70세 이상의 노인들을 기로소(耆老所)에 모시고 국가적인 차원에서 예우(禮遇)하였으니, 명퇴가 대세(大勢)된 요즘과는 상당히 다르다. 그들의 연륜(年輪)을 적절히 이용한 것이었으니 당시는 정년(停年)이 70세인 것을 보면 격세지감(隔世之感)을 느낀다. 당시와 지금의 평균 수명을 감안(勘案)하면 더욱 그러하다.

질병과 건강에 관련한 고사성어
▶ 삼천갑자동방삭(三千甲子東方朔) : 오래 산 사람을 이르는 말이다.
▶ 동병상련(同病相憐) : 같은 병을 앓고 있는 사람끼리 서로 가엾게 여긴다는 뜻이다.
▶ 식소사번(食少事煩) : 먹는 것은 적고 일은 많다는 뜻으로, 몸을 돌보지 않고 바쁘게 일한다는 것이다.

7) 죽음에 관련된 한자

누구도 경험해보지 못한 죽음에 대해서는 여러 가설(假說)을 세워본다. 아마도 한번만, 그 누구에게도 오로지 한번만 경험한다는 측면에서 죽음은 그 자체로 신비롭다. 또한 죽음으로써 타계(他界)를 경험한다는 측면에서도 죽음은 의문의 세계이다. 유명(幽明)을 달리한 세계, 마냥 어두운(暗) 세계가 아니라 그윽한 어두움(幽)의 세계인 까닭에 밝은 곳에서 사는 우리의 궁금증은 더욱 증폭(增幅)되는 것이다.

사람은 누구나 운명(殞命)한다. 즉 목숨이 끊어지는 것이다. 숨이 목까지 차올라 더 이상 숨을 쉴 수 없게 된다. 앙상한 뼈 알(歹)자가 부수(部首)로 쓰인 것은 모두 죽음 혹은 재앙과 관련된 글자가 많다. 죽을 사(死)를 비롯해 歿(죽을 몰), 殃(재앙 앙), 殄(다힐 진), 殆(위태할 태), 殊(죽일 수), 殉(따라죽을 순), 殘(해칠 잔), 殞(죽을 운), 殮(염할 염), 殯(염할 빈) 등이 모두 그러하다.

임종(臨終)은 목숨이 끊어지려고 하는 사이를 의미한다. 한국의 상례(喪禮)에서는 부모의 죽음을 지켜보는 것을 임종이라 한다. 병이 위중(危重)하면 남자는 정침(正寢), 여자는 내침(內寢)으로 옮겨 머리를 동쪽으로 두고 북쪽 창문 밑에 눕힌다. 침상(寢床)을 치우고 바닥에 눕히는데 이때 새 옷으로 갈아입힌다. 이때 아들과 딸이 곁에서 손발을 잡고 운명을 지켜보며 유언을 듣는다. 남자는 여자의 손에 운명하지 않고, 여자는 남자의 손에 운명하지 않는다고도 한다. 숨이 끊어진 것으로 인정될 때에는 햇솜을 코와 입에 대어 확인한다.

과거에는 임종하지 못하는 것을 큰 불효로 생각했다. 이는 오복(五福)의 하나였던 것이다. 먼저 수(壽)로 장수하는 것, 둘째는 부(富)로 물질적으로 넉넉하게 사는 것, 셋째는 강령(康寧)으로 몸이 건강하고 마음이 편안한 것, 넷째는 유호덕(攸好德)으로 덕을 베풀며 사는 것, 다섯째는 고종명(考終命)으로 제 명대로 살다가 편히 죽는 것이다. 바로 이 다섯째가 임종과 관련된 것으로 오복의 하나가 된다. 옛날에는 객사(客死)한 경우는 시신(屍身)을 집안에도 들이지 않았으니 임종을 지킨다는 것이 망자(亡者)에게나 이를 지키는 자에게나 얼마나 중요한 것이었겠는가. 편의를 쫓아 전문 장례식장의 이용이 보편화된 요즘과는

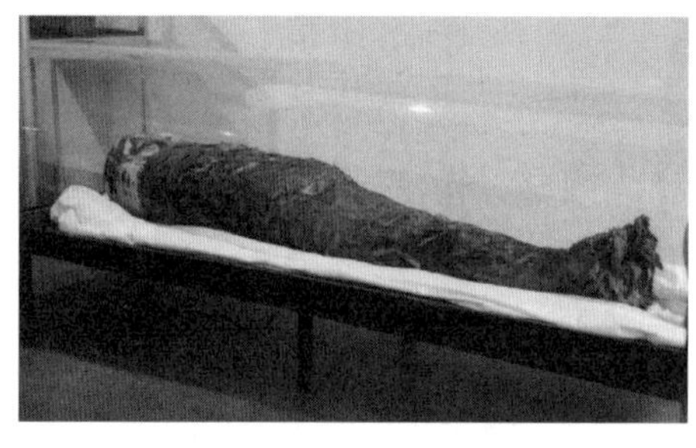

상당한 차이가 있다.

가끔 미라(mirra)가 사망(死亡) 당시의 원형 그대로 복원되어 우리를 놀라게 한다. 미라는 천연적 또는 인공적인 처리로 오랫동안 원형(原形)에 가까운 형상(形狀)을 그대로 보존하고 있는 인간 또는 동물의 시체를 말한다. 중국식으로 말하면 강시(殭尸)다. 그러니 중국영화에서 얼굴에 분바른 귀여운 아이 강시가 깡충깡충 뛰어다니는 것은 거짓이다. 강(殭)은 '굳어진, 썩지 않은, 허옇게 마른' 등의 뜻이다. 한마디로 썩지 않은 뼈다귀가 뛰어다니는 것이다.

우리나라에서 죽음은 혼비백산(魂飛魄散)하는 것을 의미한다. 흔히 급박한 일이나 위험한 상황에 직면하여 본 경우 혼비백산했다고 하는데, 이는 죽음의 문턱까지 가본 경우이다. 우리는 사람이 몸이 죽으면 정신 즉 혼령(魂靈)은 하늘로, 신체(身體) 즉 백(魄)은 땅에 묻혀 자연으로 돌아가는 것으로 알고 있다. 혼백은 잘 분리되어 음양(陰陽)의 기운으로 분리되어야 하는데, 한(恨) 많은 인생으로 그리하지 못하면 구천(九泉)을 떠돌게 된다. 이승과 저승의 틈새에서 떠돌며 방황하게 되는 것이다.

접동
접동
아우래비 접동

진두강(津頭江) 가람가에 살던 누나는
진두강 앞 마을에
와서 웁니다.

옛날, 우리 나라

먼 뒤쪽의
진두강 가람가에 살던 누나는
의붓어미 시샘에 죽었습니다.

누나라고 불러 보랴
오오 불설워
시샘에 몸이 죽은 우리 누나는
죽어서 접동새가 되었습니다.

아홉이나 남아 되는 오랍동생을
죽어서도 못 잊어 차마 못 잊어
야삼경(夜三更) 남 다 자는 밤이 깊으면
이 산 저 산 옮아 가며 슬피 웁니다.

- 김소월의 「접동새」

누이가 얼마만큼 동생들이 염려되었으면 저승으로 가지도 못하고 주위를 맴돌고 있을까. 참으로 가슴 아픈 사연이 아닐 수 없다. 우리나라의 설화에서는 이렇게 한(恨)을 안고 죽으면 접동새가 된다고 하였으니, 접동새가 피를 토하듯 우는 모습이 한의 깊이를 가늠할 수 없게 한다. 이 설화에서 누이를 죽인 범인은 의붓어미이다. 누이를 죽이고 아버지와 동생들을 불행하게 살게 한 대가로 이 의붓어미에게 내려진 벌은 화형(火刑)이다. 누이를 죽인 수법과 같은 방법으로 죄를 치른 것이다.

장례법(葬禮法)에는 여러 가지 방법이 있다. 우리나라에서는 매장(埋葬)이 일반적이었으나 국토의 활용면을 고려하여 화장(火葬) 등 다른 예법을 권장(勸獎)하고 있다. 원래 장(葬)에는 주검을 풀 사이에 던져둔다는 뜻이 내포되어 있다. 자연의 일부로 돌아가게 하는 방식이다. 이와 비슷한 것으로 풍장(風葬)이 있다. 천장(天葬)은 티베트 등의 고지대에 사는 사람들의 장례법인데, 추위 땅을 파는 것이 용이(容易)하지 않으므로 높은 언덕에 주검을 올려놓는 것으로 예식을 치르는 것이다. 순장(殉葬)은 참으로 끔찍한 것이니, 죽은 자야 같이 가면 덜 심심하겠지만 산 자 혹은 산 목숨이 강제로 죽임을 당해야 하는 일은 권력의 힘을 남용(濫用)한 결과라 아니 할 수 없다. 죽음이 천상병 시인의 노래처럼 "아름다운 이 세상 소풍 끝내는 날" 하늘나라로 돌아가는[歸天] 것이면 얼마나 다행이겠는가.

죽음과 관련된 고사성어

▶ 태산퇴양목괴(泰山頹梁木壞) : 태산이 무너지고 대들보가 꺾인다는 말로, 한 시대의 스승이나 존경하는 사람의 죽음을 뜻하는 것으로 예기(禮記)에 나온다. 자공(子貢)은 "태산이 무너진다면 나는 누구를 사모하고 우러러볼 것인가. 대들보가 꺾여지고 철인이 병든다면 나는 장차 어디에 의지할 것인가. 부자께서는 아마 장차 병들려는 것이다"라고 말한 바 있다.

▶ 두우륙(杜郵戮) : 충신이 죄 없이 죽음을 당하는 것을 뜻한다.

▶ 인금구망(人琴俱亡) : 가까운 이들의 죽음에 대한 애도(哀悼)의 정(情)을 비유한 말이다. 동진(東晋)의 유명한 서예가인 왕희지(王羲之)의 다섯째 아들 왕휘지(王徽之:字는 子猷)와 일곱째 아들 왕헌지(王獻之:字는 子敬) 형제가 모두 병에 걸렸는데, 동생인 자경이 먼저 세상을 떠났다. 형 자요는 곁에 있는 사람들에게 "어찌 자경의 소식은 없는 것입니까? 그 애가 이미 죽은 게 아닙니까?"라고 물으면서 조금도 슬퍼하거나 울지는 않았다.

형 자요는 즉시 수레를 타고 동생의 빈소로 달려가서는 동생의 관(棺) 위에 올라가 동생이 평소에 좋아하였던 거문고를 꺼내들고 타보았다. 그러나 거문고가 소리를 내지 않자, 자요는 이를 내던지며 "자경아, 자경아, 너와 거문고가 함께 죽었구나(子敬, 子敬, 人琴俱亡)."하면서 한참동안이나 애통해 하였다. 그러다 한 달쯤 지나 형 자요도 그만 세상을 떠났다.

비슷한 뜻으로 인금병절(人琴幷絶)이 있다.

▶ 吾事畢矣(오사필의) : 말 그대로 "나의 일은 끝났다."라는 뜻으로, 곧 담담히 죽음을 맞는 사람의 마지막 一聲(일성)을 말한다. 오늘날은 그저 일반적으로 자신의 역할을 다 끝냈을 때 쓴다.

학과 : ___________   학번 : ___________   이름 : ___________

1. 다음 단어의 뜻을 구분해보자.

1) 변명(辨明)
   변별(辨別)
   변론(辯論)
   변호(辯護)
   변설(辯舌)

2) 미소(微笑)
   함소(含笑)
   고소(苦笑)
   냉소(冷笑)
   실소(失笑)
   고소(苦笑)

3) 효와 관련된 고사성어
풍수지탄(風樹之嘆), 망운지정(望雲之情), 백리부미(百里負米), 반의지희(斑衣之戲), 반포보은(反哺報恩), 오조사정(烏鳥私情), 동온하정(冬溫夏凊), 혼정신성(昏定晨省), 반의지희(班衣之戲), 출고반면(出告反面), 호천망극(昊天罔極), 백유지효(伯兪之孝), 자로부미(子路負米)

4) 이름에 대한 여러 명칭
아명(兒名), 관명(冠名), 자(子), 호(號), 함(銜), 휘(諱), 시호(諡號)

5) 죽음을 의미하는 다음의 한자를 구분해보자.
사(死), 붕(崩), 훙(薨), 몰(歿), 졸(卒), 시(弑), 살(殺), 폐(斃)

2. 학과별 전공 한자어 단어를 찾아 한자로 쓰고 꼭 외우도록 하자.

3. 다음은 한자의 핵인 기본 300자입니다. 이것을 익히면 한자를 빠르고 의미가
   분명하게 배울 수 있다. 부록에 제시한 연습을 통해 기초를 완벽하게 습득하기
   바란다.

    1) 人體類(인체류) 耳, 目, 手, 足, 口, 舌, 齒, 牙, 自, 身, 心, 血, 胃, 毛, 眉,
   而, 首, 面, 骨, 亦, 凶, 乃
    2) 呼稱類(호칭류) 父, 母, 子, 女, 兄, 弟, 夫, 妻, 老, 兒, 朋, 友, 人, 我
    3) 動物類(동물류) 牛, 犬, 羊, 豕, 兎, 馬, 虎, 魚, 鳥, 象, 鹿, 龍, 龜, 貝, 蟲,
   燕, 鳳, 焉
    4) 植物類(식물류) 木, 竹, 桑, 禾, 米, 來, 果, 栗, 華, 苗, 瓜, 豆
    5) 天體類(천체류) 日, 月, 星, 光, 雨, 雲, 雪, 雷, 電, 雹
    6) 地理類(지리류) 山, 水, 川, 谷, 泉, 火, 石, 土, 田, 丘, 州, 原
    7) 衣食類(의식류) 衣, 皮, 革, 絲, 衰, 匹, 肉, 食, 卵, 乳
    8) 住居類(주거류) 門, 戶, 井, 瓦, 家, 舍, 倉
    9) 道具類(도구류) 工, 斗, 合, 巨, 因, 其, 也, 筆
    10) 數字類(숫자류) 一, 二, 三, 四, 五, 六, 七, 八, 九, 十, 萬
    11) 方位類(방위류) 上, 下, 中, 央, 內, 東, 西, 南, 北, 本, 末, 高, 方
    12) 兵器類(병기류) 刀, 刃, 弓, 矢, 干, 戈, 矛, 車, 舟, 兵, 丸, 介, 斤
    13) 宮室類(궁실류) 王, 主, 玉, 臣, 民, 長, 京, 世, 冊, 典, 免, 亞, 囚, 爵
    14) 時節類(시절류) 春, 夏, 秋, 冬, 旦, 夕, 早, 莫, 今, 昔, 曾
    15) 干支類(간지류) 甲, 乙, 丙, 丁, 戊, 己, 辛, 壬, 癸, 丑, 卯, 辰, 巳, 午, 未

酉, 戌, 亥

16) 部首類(부수류) 氵, 宀, 厂, 广, 卄, 辶, 邑, 阜, 巾, 示, 爿, 穴, 罒, 欠, 夂, 殳, 走, 疒

17) 動態類(1)(동태류 1) 入, 之, 去, 止, 言, 行, 力, 見, 生, 步, 至, 及, 比, 立, 竝, 共, 包, 交, 回, 求, 用

18) 動態類(2)(동태류 2) 易, 束, 反, 大, 小, 甘, 亡, 無, 失, 良, 互, 先, 永, 司, 曲, 直, 成, 飛, 鬪, 爭

19) 動態類(3)(동태류 3) 勿, 非, 弗, 看, 奇, 休, 安, 孝, 保, 具, 豊, 從, 射, 乘, 降, 拜, 爲, 受, 奉, 集, 畢, 興, 齊, 奪, 兼, 卽, 商, 業, 盡, 雙

20) 其他(기타류) 白, 丹, 朱, 黃, 文, 字, 由, 以, 卜, 鬼, 羽, 尾, 角, 片, 凡, 才, 氏, 寸

*출전 : 陳泰夏 지은 『漢字의 핵 300자(머리에 쏙쏙 정확한 자원풀이)』 참조

부록/ 한자 쓰기

1) 人體類(인체류)

耳	귀 이							
目	눈 목							
手	손 수							
足	발 족							
口	입 구							
舌	혀 설							
齒	이 치							
牙	어금니 아							
自	스스로 자							
身	몸 신							
心	마음 심							
血	피 혈							
胃	위장 위							
毛	털 모							
眉	눈썹 미							
而	말 이을 이							
首	머리 수							
面	얼굴 면							
骨	뼈 골							

亦	또 역								
凶	흉할 흉								
乃	이에 내								

2) 呼稱類(호칭류)

父	아비 부								
母	어미 모								
子	아들 자								
女	계집 녀								
兄	맏 형								
弟	아우 제								
夫	지아비 부								
妻	아내 처								
老	늙을 로								
兒	아이 아								
朋	벗 붕								
友	벗 우								
人	사람 인								
我	나 아								

3) 動物類(동물류)

牛	소 우							
犬	개 견							
羊	양 양							
豕	돼지 시							
兎	토끼 토							
馬	말 마							
虎	범 호							
魚	물고기 어							
鳥	새 조							
象	코끼리 상							
鹿	사슴 록							
龍	용 룡							
龜	거북 귀							
貝	조개 패							
蟲	벌레 충							
燕	제비 연							
鳳	봉황 봉							
焉	어찌 언							

4) 植物類(식물류)

木	나무 목							
竹	대 죽							
桑	뽕나무 상							
禾	벼 화							
米	쌀 미							
來	올 래							
果	실과 과							
栗	밤 률							
華	빛날 화							
苗	싹 묘							
瓜	오이 과							
豆	콩 두							

5) 天體類(천체류)

日	날 일							
月	달 월							
星	별 성							
光	빛 광							

雨	비 우							
雲	구름 운							
雪	눈 설							
雷	우뢰 뢰							
電	번개 전							
雹	우박 우							

6) 地理類(지리류)

山	메 산							
水	물 수							
川	내 천							
谷	골 곡							
泉	샘 천							
火	불 화							
石	돌 석							
土	흙 토							
田	밭 전							
丘	언덕 구							
州	고을 주							

原	근원 원								

7) 衣食類(의식류)

衣	옷 의								
皮	가죽 피								
革	가죽 혁								
絲	실 사								
衰	쇠할 쇠								
匹	짝 필								
肉	고기 육								
食	밥 식								
卵	알 란								
乳	젖 유								

8) 住居類(주거류)

門	문 문								
戶	집 호								
井	우물 정								
瓦	기와 와								

家	집 가								
舍	집 사								
倉	창고 창								

9) 道具類(도구류)

工	장인 공								
斗	말 두								
合	합할 합								
巨	클 거								
因	인할 인								
其	그 기								
也	어조사 야								
筆	붓 필								

10) 數字類(숫자류)

一	한 일								
二	두 이								
三	석 삼								
四	넉 사								

五	다섯 오								
六	여섯 육								
七	일곱 칠								
八	여덟 팔								
九	아홉 구								
十	열 십								
萬	일만 만								

11) 方位類(방위류)

上	윗 상								
下	아래 하								
中	가운데 중								
央	가운데 앙								
內	안 내								
東	동녘 동								
西	서녘 서								
南	남녘 남								
北	북녘 북								
本	근본 본								

末	끝 말							
高	높을 고							
方	모 방							

12) 兵器類(병기류)

刀	칼 도							
刃	칼날 인							
弓	활 궁							
矢	화살 시							
干	방패 간							
戈	창 과							
矛	창 모							
車	수레 거							
舟	배 주							
兵	병사 병							
丸	알 환							
介	끼일 개							
斤	도끼 근							

13) 宮室類(궁실류)

王	임금 왕							
主	주인 주							
玉	구슬 옥							
臣	신하 신							
民	백성 민							
長	긴 장							
京	서울 경							
世	인간 세							
册	책 책							
典	법 전							
免	면할 면							
亞	버금 아							
囚	죄수 수							
爵	벼슬 작							

14) 時節類(시절류)

春	봄 춘							
夏	여름 하							

秋	가을 추							
冬	겨울 동							
旦	아침 단							
夕	저녁 석							
早	일찍 조							
莫	말 막							
今	이제 금							
昔	옛 석							
曾	일찍 증							

15) 干支類(간지류)

甲	갑옷 갑							
乙	새 을							
丙	남녘 병							
丁	고무래 정							
戊	천간 무							
己	몸 기							
辛	매울 신							
壬	북방 임							

癸	천간 계							
丑	소 축							
卯	토끼 묘							
辰	별 진							
巳	뱀 사							
午	낮 오							
未	아닐 미							
酉	닭 유							
戌	개 술							
亥	돼지 해							

16) 部首類(부수류)

冫	얼음 빙							
宀	집 면							
厂	언덕 한							
广	바위집 엄							
艹	풀 초							
辶	쉬엄쉬엄갈 착							
邑	고을 읍							

阜	언덕 부							
巾	수건 건							
示	보일 시							
爿	장수장 변							
穴	구멍 혈							
罒	그물 망							
欠	하품 흠							
攴	칠 복							
殳	창 수							
走	달릴 주							
疒	병질 엄							

17) 動態類(1)(동태류 1)

入	들 입							
之	갈 지							
去	갈 거							
止	그칠 지							
言	말씀 언							
行	갈 행							

力	힘 력							
見	볼 견							
生	날 생							
步	걸을 보							
至	이를 지							
及	미칠 급							
比	견줄 비							
立	설 립							
竝	아우를 병							
共	함께 공							
包	쌀 포							
交	사귈 교							
回	돌아올 회							
求	구할 구							
用	쓸 용							

18) 動態類(2)(동태류 2)

易	바꿀 역							
束	묶을 속							

反	돌이킬 반								
大	큰 대								
小	작을 소								
甘	달 감								
亡	망할 망								
無	없을 무								
失	잃을 실								
良	어질 량								
互	서로 호								
先	먼저 선								
永	길 영								
司	맡을 사								
曲	굽을 곡								
直	곧을 직								
成	이룰 성								
飛	날 비								
鬪	싸울 투								
爭	다툴 쟁								

19) 動態類(3)(동태류 3)

勿	말 물								
非	아닐 비								
弗	아닐 불								
看	볼 간								
奇	기이할 기								
休	쉴 휴								
安	편안 안								
孝	효도 효								
保	지킬 보								
具	갖출 구								
豊	풍년 풍								
從	따를 종								
射	쏠 사								
乘	탈 승								
降	내릴 강								
拜	절 배								
爲	할 위								
受	받을 수								
奉	받들 봉								

集	모일 집								
畢	마칠 필								
興	일어날 흥								
齊	가지런할 제								
尊	높을 존								
兼	겸할 겸								
卽	곧 즉								
商	장사 장								
業	업 업								
盡	다할 진								
雙	쌍 쌍								

20) 其他(기타류)

白	흰 백								
丹	붉을 단								
朱	붉을 주								
黃	누를 황								
文	글월 문								
字	글자 자								

由	말미암을 유								
以	써 이								
卜	점 복								
鬼	귀신 귀								
羽	깃 우								
尾	꼬리 미								
角	뿔 각								
片	조각 편								
凡	무릇 범								
才	재주 재								
氏	성씨 씨								
寸	마디 촌								

□ 저자

이진호

문학박사(시가문학 전공)로 여주대학 교수로 재직하고 있다. 『신문학기 가사문학의 연구』, 『여주
지방의 민요연구』 등의 저서와 『시사와 교양을 위한 대학 한자쓰기 교본』을 비롯한 여러 교재를
집필하였다. 현재는 여주의 지역문화와 관련된 연구에 관심을 기울이고 있다.

이진영

문학박사(현대문학 전공)로 상지대학교 겸임교수로 재직하고 있다. 『한국 모더니즘 문학론과 현
실의 조응』, 『글쓰기의 이론과 활용』 등의 저서를 집필하였다.

글쓰기와 생활

초판   발행 2010년 2월 25일
재판 2쇄 발행 2012년 2월 25일

지은이 이진호 · 이진영
발행인 이진영
발행처 도서출판 솔문

주소 서울시 서대문구 북가좌2동 295-24
전화 02-306-9588
팩스 02-309-9588
이메일 solmun21@hanmail.net
출판신고 제312-2009-000041호(2009.9.10)

ISBN 978-89-963987-1-4 93710

값 12,000원